中國學術思想

研究輯刊

二二編

林慶彰 主編

第 12 冊

荀子與儒家六藝經典化
——出土文獻視野下荀子與儒家經典生成研究

崔存明 著

花木蘭文化出版社

國家圖書館出版品預行編目資料

荀子與儒家六藝經典化——出土文獻視野下荀子與儒家經典
生成研究／崔存明 著 -- 初版 -- 新北市：花木蘭文化出版社，
2015〔民 104〕
目 6+194 面：19×26 公分
（中國學術思想研究輯刊 二二編：第 12 冊）
ISBN 978-986-404-369-9（精裝）
1.（周）荀況 2.學術思想 3.儒家
030.8   104014683

ISBN- 978-986-404-369-9

中國學術思想研究輯刊
二二編　第十二冊　　　　　　　ISBN：978-986-404-369-9

荀子與儒家六藝經典化
——出土文獻視野下荀子與儒家經典生成研究

作　　者　崔存明
主　　編　林慶彰
總 編 輯　杜潔祥
副總編輯　楊嘉樂
編　　輯　許郁翎
出　　版　花木蘭文化出版社
社　　長　高小娟
聯絡地址　235 新北市中和區中安街七二號十三樓
　　　　　電話：02-2923-1455／傳眞：02-2923-1452
網　　址　http://www.huamulan.tw 信箱 hml 810518@gmail.com
印　　刷　普羅文化出版廣告事業
封面設計　劉開工作室
初　　版　2015 年 9 月
全書字數　169430 字
定　　價　二二編 22 冊（精裝）新台幣 40,000 元

荀子與儒家六藝經典化
——出土文獻視野下荀子與儒家經典生成研究

崔存明　著

作者簡介

崔存明，北京印刷學院社會科學部教授、「北印學者」。1970 年生，籍貫遼寧大連。1999 年獲北京師範大學歷史學碩士學位；2011 年獲首都師範大學歷史學博士學位。主要從事先秦史與大學公共歷史課教學與研究工作，發表學術論文 21 篇，出版古籍整理著作《萬曆杭州府志》（中華書局 2005 年，合著）、《傳習錄注》（首都經貿大學出版社 2007 年），譯著《語言的歷史》（中央編譯出版社 2012 年，合譯）。

提　要

　　經荀子發展的儒家思想對漢代以降中國社會制度的演變與文化傳承都產生了實質性影響。與此不相適應的是學術史上對荀子的評價卻長期毀譽參半，造成荀子對儒家思想貢獻與其歷史命運的悖反。這種現象直到清代才有所改觀：考據學家們在對宋明理學之弊的反思過程中，揭示出荀子對儒家經典文獻的闡釋與傳承之功，從而開啓了一條重新評價荀子歷史地位的新途徑。透過這一新視角考察發現，荀子一生以發揚光大孔子所開創的六藝之學爲己任，他的學術活動主要是以儒家六藝之學的講授與傳承爲根本。荀子在講授六藝之學的過程中，對諸子思想進行充分的批判與綜合，吸取各家思想之精華、捨棄其糟粕，實現儒家思想的綜合創新，從而不斷加強了儒家六藝文獻的影響。因此，荀子對儒家六藝的講授與傳承一方面實現了儒家思想的綜合創新，另一方面也促進了作爲儒家思想載體的六藝文獻的經典化，使之得以傳承千載。然而，清代以前的傳統荀子研究大多聚焦在討論荀子對儒家思想的貢獻方面，而忽略他對儒家經典的形成與傳承之功的考察。有鑒於此，本書在清儒成就基礎上引入經典化理論視角，利用出土文獻研究荀子與儒家六藝經典化，以期爲結合時代發展重構荀子及其思想的學術價值與歷史地位做出新的努力。

本書係北京印刷學院北印學者計劃
及北京印刷學院重點項目的階段性成果

目次

緒論　荀子對儒家經典傳承的貢獻及其歷史命運的悖反

　　經荀子發展的儒家思想對漢代以降中國的社會制度演變與主流文化傳承都產生了實質性的影響。然而，與此不相適應的是，人們對荀子思想的看法卻往往毀譽參半，從漢唐以來的「尊荀——抑荀」觀念的消長，到清末民初以來的「二千年荀學」與「唯物主義代表」，甚至於出現了「實質繼承和心理抗拒」的矛盾現象。所以，當前要推動荀子思想研究發展，首先要對這一現象加以分析與解答。

一、荀子對儒家六藝經典化的貢獻及其歷史命運的雙重性

　　孔子所開創的儒家思想，經過其弟子的發揚光大，特別是到了漢代，經過董仲舒的進一步努力，儒家文化就成為官方獨尊的主流文化，也就逐漸成為此後二千餘年中國文化的主幹。如果對儒家文化的早期發展進行歷史考察，我們就會發現，儒家文化之所以會取得這一地位，是與孟子和荀子為代表的孔門後學的努力分不開的。當我們深入考察儒家思想發展的內在邏輯時，卻發現儒家思想之所以能夠成為二千年中國文化的主流，主要是由於荀子成功地將其與社會實踐相結合，使儒家思想在掌握了理論高度的同時，又具備了解決實際問題的能力。如果說荀子使儒家思想具有了與時俱進的品質的話，孟子則著重發揮了它的志存高遠的理論求真精神。因此，在漢代以前，人們往往孟荀並稱，但是到了漢代以後，孟子地位日益提高，而荀子地位卻毀譽參半。這一特點到今天仍然是值得我們深入思考的。這一問題的解決，

對於我們全面理解與掌握儒家思想的歷史發展特點，全面繼承與發展其優秀品質具有重要的理論與現實意義。

（一）荀子對儒家六藝經典化的貢獻

荀子是春秋戰國「百家爭鳴」時代的集大成思想家。根據現有文獻記載，荀子學術活動的地點主要在齊國的稷下。近年來稷下學研究的成果表明，人們耳熟能詳的百家爭鳴「主要就是在稷下學宮中進行的，……古代學術思想在這裡得到了極大的發展，經歷了它的黃金時代」〔註1〕。據《史記·孟子荀卿列傳》記載，荀子在稷下曾經「三爲祭酒」。這說明其學術成就在當時就得到了學界公認。所以郭沫若言：「荀子是先秦諸子中最後一位大師，他不僅集了儒家的大成，而且可以說是集了百家的大成的。」〔註2〕

荀子在稷下的學術活動中，通過對諸子思想的批判與綜合，吸取各家精華，用以解釋和發展儒家六藝思想，完成了儒家思想的綜合創新。根據周予同的考證六藝也就是六經：「以《詩》、《書》、《禮》、《樂》、《易》、《春秋》六者爲『六經』，始見於《莊子·天運篇》。稱六經爲『六藝』，始見於《史記·滑稽列傳》。其後，班固《漢書·藝文志》襲用劉歆《七略》，編次儒教經典的書籍，稱爲『六藝略』；所謂六藝，亦就是六經。」〔註3〕這樣，荀子的學術活動一方面加快了儒家六藝，即《詩》、《書》、《禮》、《樂》、《易》、《春秋》的經典化步伐，而經典化也就是文化權威化；另一方面也使儒家思想在吸收諸子思想中治世思想精髓後，開始確立了儒家思想的經世致用品質。正如王中江發現：「荀子推重和稱引儒家經典，把經典看成是知識和眞理的源泉，通過經典爲自己的觀念和價值尋求合理性和正當性依據，這就是我們所說的『經典權威主義』。這種經典權威主義爲孔子開創，中經孔門後學和孟子，到荀子被大大擴展。漢以後隨著體制性經學的建立，儒家經典成了中國學術和知識統一體系的大本營，也成了保證意識形態、教學、教化和價值統一的基礎。」〔註4〕這一觀點將荀子對儒家經典權威化及儒家思想制度化的作用給予了肯定。

〔註1〕白奚，《稷下學研究》，三聯書店，1998年9月，第1頁。

〔註2〕郭沫若，《十批判書·荀子的批判》，東方出版社，1996年3月，第218頁。

〔註3〕周予同，《群經概論》，中國書籍出版社，2006年9月，第6頁。

〔註4〕王中江，《傳經與弘道——荀子的儒學定位》，載姜廣輝主編，《經學今詮三編》，遼寧教育出版社，2002年4月，第258頁。

（二）「尊荀——抑荀」：荀子歷史命運的雙重遭遇

荀子對於儒家思想傳承做出的貢獻，自漢代司馬遷《史記》至清代，都有學者加以記述與肯定。司馬遷《史記‧儒林列傳》載：「孟子荀卿之列，咸遵夫子之業而潤色之，以學顯於世。」劉向《孫卿新書三十二篇敘錄》說：「孫卿善為《詩》、《書》、《禮》、《易》、《春秋》。」唐代楊倞在《荀子序》中對荀子傳承儒家文化給予了高度評價：「昔周公稽古三五之道，損益夏殷之典，制禮作樂，以仁義理天下，其德化刑政存乎詩。至於幽、厲失道始，變風變雅作矣。平王東遷，諸侯力政，逮五霸之後，則王道不絕如線。故仲尼定禮樂、作春秋，然後三代遺風弛而復張，而無時無位，功烈不得被於天下，但門人傳述而已。陵夷至於戰國，於是申、商苛虐，孫、吳變詐，以族論罪，殺人盈城，談說者又以慎、墨、蘇、張為宗，則孔氏之道，幾乎息矣。有志之士所為痛心疾首也。故孟軻闡其前，荀卿振其後，觀其立言指事，根極理要；敷陳往古，掎挈當世；撥亂興理，易於反掌，真名世之士、王者之師。又其書亦所以羽翼六經、增光孔氏。」〔註5〕清代汪中對荀子傳經做了充分的肯定：「荀卿之學，出於孔氏，而尤有功於諸經。……六藝之傳賴於不絕者，荀卿也。周公作之，孔子述之，荀卿子傳之，其揆一也。」〔註6〕皮錫瑞也認為「惟荀卿傳經之功甚巨……荀子能傳《易》、《詩》、《禮》、《樂》、《春秋》，漢初傳其學者極盛。」〔註7〕近代以來，很多學者對荀子在經學上的貢獻加以肯定，如劉師培的《經學教科書》、馬宗霍的《中國經學史》、吳雁南主編的《中國經學史》。

然而，在學術史上對於荀子傳經與發展儒家思想也有著懷疑、非議和否定的一派。學者論及此問題，往往將對荀子貶抑追溯到韓愈的「大醇小疵」說。其實，這一思潮自漢代就開始出現。漢文帝時，《孟子》列為博士而《荀子》未能，《荀子》研究受到抑制。《荀子》自劉向校定為三十二篇後，直到唐代中期才有楊倞作注。由於韓愈作為唐宋八大家之一的影響力，所以其觀點就易於普及。其實，韓愈對荀子貶抑的關鍵在於他在自己倡導的儒家道統中，將荀子排除於儒家道統之外。《原道》所謂「孔子傳之孟軻，軻之死，不

〔註5〕楊倞，《荀子集解‧荀子序》，《諸子集成》（2），上海書店影印出版，1986年7月，第2頁。

〔註6〕汪中，《述學》，見王先謙，《荀子集解‧考證下》，載《諸子集成》（2），上海書店影印出版，1986年7月，第14頁。

〔註7〕皮錫瑞，《經學歷史》，中華書局，2004年7月，第31～32頁。

得其傳焉」。這樣，就直接導致宋明理學在以維護儒家道統爲己任的背景下，從學術思想的主流上形成了對荀子思想的排斥，甚至於出現了將荀子排除在儒家之外的觀點。這一思維的流風餘韻，直到民國時期的古史辨派仍有人在疑古惑經的旗幟下加以繼承與延續。李鳳鼎的《荀子傳經辨》就是這一觀點的代表。李鳳鼎針對汪中對荀子傳經之功的肯定，從對《毛詩》、《春秋穀梁傳》、《春秋公羊傳》及《春秋左傳》等三部經典的傳承譜系的考證上，否定荀子對此三經的傳承，從而也就否定了汪中對荀子傳經的肯定。〔註8〕同時代之著名國史專家錢穆也在其早年之力作《先秦諸子繫年‧孔門傳經辨》中對儒家傳經的統序進行了考證，其中與荀子有關之《詩》統與《穀梁傳》的統系，皆被其考證爲不可信〔註9〕。在當代學者中也有人通過出土文獻提供的新材料，對荀子傳經思想表示置疑，如江林昌的《郭店楚簡〈詩論〉與早期經學史的有關問題》〔註10〕。

綜上所述，我們可以發現，在荀子傳經的問題上自漢代以來就存在著兩種相互對立的觀點。與此相關，人們對荀子的認識也形成了「尊荀——抑荀」交互共存的歷史。而且，對立雙方往往都持之有據，言之成理。所以，我們今天要準確地把握荀子思想是如何在繼承孔子思想的基礎上，結合時代發展進行了綜合創新，就有必要對這樣一種幾乎貫穿漢代以來整個學術史的爭論，進行一番清理，做到辨章源流，考訂眞僞，從而便於我們正確繼承與利用荀子的思想。

二、荀子思想被「實質繼承和心理抗拒」的近現代命運之反思

進入近現代以來，人們對於荀子及其思想的認識仍然繼承了歷史上長期存在的尊崇與貶抑並存的現象。更有甚者，儘管我們很多人實際上是遵循，卻在理論上反對荀子思想的悖反現象。正如臺灣學者劉又銘所指出：「值得一提的是，由於後代學者對荀子所謂『性惡』、『天人之分』的觀點成見頗深，對荀學自覺不自覺地排擠往往過度，甚至因爲（在同一個人身上）實質繼承

〔註8〕 李鳳鼎，《荀子傳經辨》，載羅根澤編著《古史辨》第四冊，海南出版社，2005年5月，第89～91頁。

〔註9〕 錢穆，《先秦諸子繫年》，商務印書館，2001年8月，第96～101頁。

〔註10〕 參見江林昌，《郭店楚簡〈詩論〉與早期經學史的有關問題》，載姜廣輝主編《經學今詮三編》，遼寧教育出版社，2002年4月，第208頁。

和心理抗拒的並存而出現了『孟皮荀骨』的怪異現象。」〔註 11〕所以，我們今天要正確理解荀子思想必須對這一現象加以分析與解決，才能保證我們全面準確地掌握荀子思想中的精髓，爲當前之文化發展提供有意義之因素。

經過我們的研究，歷史上長期形成的這種悖反現象實際上是與人們長期以來對荀子思想的評價與解讀方式的必然結果。如前所述，在關於荀子傳經問題的分析中，我們已經總結出近代以前人們對荀子的評價方式形成了一種「尊荀──抑荀」長期並存的傳統模式。進入近代以來，影響人們對荀子思想正確評價的原因可分爲兩個階段，其一是對傳統「尊荀──抑荀」模式的延續；其二是受強勢的西方文化影響而形成的荀子思想的西方式解讀。

（一）「尊荀──抑荀」模式的延續及其轉換

在近代荀學研究史上，延續「尊荀──抑荀」模式的學者大多處於清末民初這一歷史轉折時期。由於新舊時代的劇烈轉換，新舊文化的激蕩消長，使這些學者在延續這一模式的同時，也常常表現出學術立場的前後搖擺不定，甚至出現前後相反的情況。我們這裡以康有爲、譚嗣同、梁啓超、劉師培和章太炎爲代表。

康有爲作爲近代維新變法的領袖，對近代中國的政治與學術的推陳出新都產生了較大的影響。然而，對康有爲學術思想在新舊時代轉換視角下前後不一致的特點研究，歷來似乎重視較少。我們今天就可以從其對荀子研究觀點的前後相悖上來加以領會。有學者已經發現「康有爲對荀子的評價有反覆」〔註 12〕。這主要表現在康有爲在 1894 年成書的《桂學答問》中認爲「孔門後學有二大支：一爲孟子，一爲荀子……聖學原有此二派，不可偏廢。而群經多傳自荀子，其功尤大。」〔註 13〕這是康有爲對荀傳經之功及其對孔子思想的繼承與發揚光大的肯定。但是在他 1897 年完成的《禮運注敍》中又說：「康有爲乃獵纓奮袿而正言：吾中國二千年來，凡漢、唐、宋、明，不別其治亂興衰，總總皆小康之世也。凡中國二千年儒先所言，自荀卿、劉歆、朱子之

〔註 11〕 劉又銘，《荀子哲學典範及其在後代的變遷轉移》，載《漢學研究集刊第三期·荀子研究專號》，國立雲林科技大學漢學資料整理研究所刊行，2006 年 12 月，第 33 頁。

〔註 12〕 陳榮慶，《荀子與戰國學術思潮》，西北大學博士學位論文，2007 年 5 月，第 3 頁。

〔註 13〕 康有爲，《康有爲全集》第 2 集，上海古籍出版社，1990 年 4 月，第 54～55 頁。

說，所言不別眞僞精粗美惡，總總皆小康之道也。」〔註14〕可見，康有爲在講學時又對荀子做了否定式的評價，即認爲他同劉歆、朱熹一道，將本來以恢復大同之道爲己任的孔子之道，做了庸俗化的傳承，也就是窄化爲小康之道。

譚嗣同「二千年荀學說」已經成爲一個對荀子的評價方面普及度很高的觀點，即所謂：「二千年之政，秦政也，皆大盜也；二千年之學，荀學也，皆鄉愿也。惟大盜利用鄉愿，惟鄉愿工媚大盜。二者交相資，而罔不託之於孔。被託者之大盜鄉愿，而責所託之孔，又烏能知孔哉？」〔註15〕這段文字出自譚嗣同的代表作《仁學》，而《仁學》一書的寫作與成書大致在 1896 年譚嗣同居南京期間。同樣是在這一年，譚嗣同在寫給唐才常的信中，又有這樣的說法：「荀卿生孟子後，倡法後王而尊君統，務反孟子民主之說，嗣同嘗斥爲鄉愿矣。然荀卿究天人之際，多發前人所未發，上可補孟子之缺，下則衍王仲任之一派，此其可非乎？」〔註16〕這顯然是對自己不久前之說法，進行了修正。

梁啓超對荀子的研究大致也走了譚嗣同的路線，先是爲了宣傳維新，而以荀子爲二千年專制之替罪羊，大概在譚嗣同提出「二千年荀學說」的前後，也在《清代學術概論》中表達了相近的觀點：「啓超謂孔門之學，後衍爲孟子荀卿兩派，荀傳小康，孟傳大同。漢代經師，不問爲今文家古文家，皆出荀卿（汪中說）。二千年間，宗派屢變，壹皆盤旋荀學肘下，孟學絕而孔學亦衰。於是專以紺荀申孟爲旗幟，引孟子中誅責『民賊』、『獨夫』、『善戰者服上刑』、『授田制產』諸義，謂爲大同精義所寄，日倡導之。又好墨子，誦說其『兼愛』、『非攻』諸論。」〔註17〕這是梁啓超早期荀子觀的完整表述：紺荀申孟。其原因，一方面是繼承了唐宋以來傳統的荀孟對說的路數，另一方面，從梁啓超曾經進一步從孟子思想中尋找出「民主」思想相聯繫，我們就可以知道梁氏是順著傳統說法，試圖爲中國的思想界尋找出與近代西方思想接軌的元素。有意思的是，同康有爲與譚嗣同一樣，當梁啓超利用荀子批判的方法完成了維新思潮的宣傳，重新回到嚴肅的學術研究上來的時候，其荀子觀也向

〔註14〕湯志鈞編，《康有爲政論集》（上），中華書局，1981 年 2 月，第 193 頁。

〔註15〕譚嗣同，《仁學》，載《譚嗣同全集》，中華書局，1981 年 1 月，第 337 頁。

〔註16〕譚嗣同，《仁學》，載《譚嗣同全集》，中華書局，1981 年 1 月，第 525 頁。

〔註17〕梁啓超，《清代學術概論》，東方出版社，1996 年 3 月，第 76 頁。

前二位一樣發生了前後不同的轉變。梁氏荀子觀的轉變，同他個人學術思想的轉變相聯繫。江心力的研究認為「梁啓超對荀子的點評也受到他思想轉變的制約，1902 年後，梁啓超主要成為一個實行的革命家，開始對荀子有所肯定。第一次世界大戰結束後，逐漸開始了講學生活，對荀子在中國思想學術史上的地位進行了充分的肯定。」〔註18〕到 1922 年，梁啓超在《先秦政治思想史》中開始重新認識荀子在先秦政治與社會發展中的作用。值得注意的是，梁氏在此書中主要從社會起源與重視物質的角度，對荀子思想加以肯定。這顯然是受到了西方社會學與唯物史觀的影響。這已經折射出梁啓超的荀子思想研究也在向近代模式轉變。到 1927 年，梁啓超《儒家哲學》發表時，對荀子做出了「創為儒家的知識論」的論斷：「墨家長處，在以知識為立腳點。荀子很受他們的影響，對於知識，以有條理有系統為必要。他的《解蔽》、《正名》諸篇，所討論都是知識的問題，譬如論理的憑藉是什麼？知識的來源是什麼？這類問題，孔孟時所不注重，到了荀子就不能不注重了。這是荀子受墨家的影響而創為儒家的知識論。此外受墨家影響的地方還多，墨子有天志、明鬼論，最信鬼神，荀子的《天論》等篇，正是對墨而發，與墨子持反對的論調。」〔註19〕這標誌著他完成了從早年的「絀荀申孟」向最後的全面肯定荀子思想的轉變。

　　錢玄同在《劉申叔先生遺書序》中對劉師培的學術變化做了總結：「劉君著述之時間，凡十七年，始民元前九年癸卯，迄民國八年己未（1903～1919），因前後見解之不同，可別為兩期：癸卯至戊申（1903～1908）凡六年為前期，己酉至己未（1909～1919）凡十一年為後期。姑較言之，前期以實事求是為鵠，近於戴學，後期以篤信古義為鵠，近於惠學。又前期趨於革新，後期趨於循舊。」〔註20〕江心力認為按照這一分期，劉師培早期荀學研究的成果主要體現在 1905 年發表的《周末學術史序》中，其特點是利用西方的學科分類研究法，重點解讀了荀子思想的心理學和論理學（名學）意義，同時結合西方邏輯學知識，肯定了荀子在名學上的貢獻。劉師培後期的荀學研究成果主

〔註18〕江心力，《20 世紀前期的荀學研究》，中國社會科學出版社，2005 年 2 月，第
　　　　34 頁。
〔註19〕梁啓超，《儒家哲學》，載陳其泰、陸樹慶、徐蜀編，《梁啓超論著選粹》，廣
　　　　東人民出版社，1996 年 4 月，第 385 頁。
〔註20〕錢玄同，《劉申叔先生遺書序》，載寧武南氏校本，《劉申叔先生遺書・序五》，
　　　　中華民國廿三年（1934 年）校印，廿五年（1935 年）印成。

要是在 1912 年、1913 年先後發表於《中國學報》的《荀子佚文輯補》與《荀子斠補》。這些成果是用傳統的校勘學的方法，力圖恢復《荀子》一書的原貌。劉師培在其短暫的十七年的學術生涯中，經歷了更新與復古的學術立場反覆，表明他的荀子思想研究也具有新舊時代轉換之特點。

　　章太炎在近代的學術史上，是弘揚國學的典型。他的荀子思想研究也顯示出明確的尊荀立場。另一方面，章太炎也是積極利用西方理論研究荀子並卓有成效者之一。這一點江心力已經做了總結：「章太炎作爲一代國學大師，傳統的經史學訓練和西方思想學說的刺激，使他提倡諸子學的研究，走上了尊荀之路。傳統治荀方法的沿用，使他確立了荀子的『後聖』地位，章太炎將荀學與西方思想理論融合的嘗試，促進了荀學研究方法的更新，推動了荀學研究的進一步深入。」〔註 21〕這也表明章太炎在荀學研究方法上也是從傳統向近代過渡的實踐者之一。

（二）西方學術思維下荀子思想研究模式的形成

　　如果說康有爲、譚嗣同、梁啓超、章太炎與劉師培的荀子思想研究還帶有傳統方法與近代新方法相糾纏的過渡性特點，那麼以胡適、郭沫若、馮友蘭、侯外廬爲代表，完全用西方學術方法對荀子思想做現代研究，就表明荀子思想研究完全走出中國傳統的研究模式，而走向了西方學術思維下的近代荀學研究模式。

　　胡適的《中國哲學史大綱》中關於荀子思想的研究就是一個重要標誌。在這本對中國哲學史研究具有奠基意義的著作中，胡適將荀子思想列爲三章：第一章荀子；第二章天與性；第三章心理學與名學〔註 22〕。這是全面運用西方學術思維解讀荀子思想的重要成果。隨後，馮友蘭在其早期的代表作《中國哲學史》中對荀子的研究，在從學術發展史的角度探討了他與先秦學術關係的基礎上，從「天及性」、「荀子之心理學」、「社會國家之起源」等角度進行了研究〔註 23〕。

〔註 21〕江心力，《20 世紀前期的荀學研究》，中國社會科學出版社，2005 年 2 月，第 64 頁。

〔註 22〕姜義華主編，《胡適學術文集·中國哲學家史》（上），中華書局，1991 年 12 月，第 205～217 頁。

〔註 23〕馮友蘭，《中國哲學史》（上冊），華東師範大學出版社，2000 年 11 月，第 212 ～233 頁。

郭沫若在《十批判書‧荀子的批判》中，從宇宙觀（世界觀）、人性論和社會理論的角度，對荀子的思想進行了現代解讀。郭沫若在胡適的基礎上，突出了社會發展史的新角度，這與他較早運用唯物主義方法進行社會歷史研究的特點相一致。由於郭沫若在中國近代學術史上的影響，他提出的一些觀點，直到今天仍以一種學科常識性的方式影響著學術研究，比如荀子的人定勝天，目前所能看到明確的表達，即始於《十批判書》〔註24〕。

侯外廬在《中國古代思想學說史》中進一步提出了「荀子唯物論的要素及其無神論」、「荀子的認識論與論理學」、「荀子『性惡』論中的兩條路線之鬥爭」〔註25〕等馬克思主義史學的詮釋路徑。

這樣，經由這些中國哲學與思想研究現代範式的開創者們所做的開拓性工作，荀子思想的近代研究模式就逐漸形成。這一模式持續了近一個世紀，直到今天，荀子思想研究仍是以這一模式為主流，儘管新方法不斷產生，但是真正替代近代以來以西釋中的荀子思想研究模式，還需要進一步的努力。

三、當前推進荀子思想研究的思路與方法

基於近代以來我們在對荀子思想的認識與利用上，在延續了傳統模式的基礎上，又增加了西方式解讀的新極端，所以要想推進對荀子的研究就首先要對當前的荀子研究模式加以反思，在此基礎上再尋找新的出發點。

（一）荀子思想研究模式的反思與重構

對當前荀子思想研究的反思，學術界已經做出了頗有成效之努力。這一方面，主要是以日本學者與港臺地區學者的研究成果為主。特別是近年來，在日本與港臺的學者中，逐漸形成了一種對舊有的荀子思想研究模式加以總結，然後加以解構與建構的風氣。這種反思研究抓住近代荀子思想研究形成的荀學核心論題「天人相分」與「性惡論」加以解構。從1970年代的日本開始，到當前的港臺學術界，這一學術工作卓有成效，促進了人們對荀子思想研究的方法論自覺，實質性地推動了荀子思想研究的發展。這種發展，主要體現在學者開始跳出歷史藩籬，對荀子思想本來面目進行逐本溯源性的考

〔註24〕郭沫若，《十批判書》，東方出版社，1996年3月，第218～231頁。
〔註25〕侯外廬，《中國古代思想學說史》，遼寧教育出版社，1998年3月，第223～244頁。

察，因而就有了不少超越歷史局限性的成果。比如劉又銘通過對荀子哲學典範的反思，發現「程朱、陸王學派以及當代的牟宗三、蔡仁厚等人對荀子哲學的詮釋，基本上是以孟子哲學典範爲片面的、單一的標準來論證荀子哲學的不足和不能成立，藉以凸顯孟子哲學的正統性（也就是唯一正當性）。它們其實不能眞正進入荀子哲學的筋骨血脈，不能眞正呈現荀子哲學的內在生機。不妨說，它們是不自覺地以孟子哲學的倒反或負面爲模型所建構出來的荀學，它們不是眞正的荀學，而只是『廣義的孟學』的一環，只是孟學的周邊、延伸而已」〔註26〕。

　　在對現有的荀子哲學研究進行具有啓發性解構工作的同時，這些學者也做了重新建構荀子哲學研究模式的努力。具體來說，當前荀子哲學建構工作主要有兩種方式：

　　其一，對荀子思想中的一些重要概念進行重新思考與清理的觀念史研究方式。這一層次的研究，實際上處於爲新的荀子哲學研究重新清理基本概念的階段。如佐藤將之在對中日學者荀子哲學解構工作進行了總結之後，拈出《荀子・不苟》中的「誠」概念進行重新解讀〔註27〕。從某種程度上，1978年以後，中國哲學與思想史研究走出單一的二元對立模式的一個重要方法，就是轉向概念範疇研究方法，這同西方思想史研究中的觀念史研究方法有著異曲同工之效。其目的是爲重新建構中國哲學與思想體系提供經過重新清理的基本概念單元。直到現在，這一基礎性工作，在中國哲學與思想史的研究中，仍然是一個重要的組成部分。在當前的荀子思想研究中，也同樣有許多學者在紮實地做這項工作。這一研究方法的不足之處已經引起學者的思考，杜保瑞認爲主要有二點「問題意識不明確」和「體系性建構力不足」〔註28〕。我們認爲，並不是建構力不足，而是因爲這一階段是建構之準備階段。所以，我們主張要在對荀子主要的概念單元進行清理後，主動轉向建構的工作中去，而這一轉向的關鍵在於找到正確的新的研究方法，即建構方法。

〔註26〕 劉又銘，《荀子哲學典範及其在後代的變遷轉移》，載《漢學研究集刊第三期・荀子研究專號》，國立雲林科技大學漢學資料整理研究所刊行，2006 年 12 月，第 33 頁。
〔註27〕 參見佐藤將之，《荀子哲學的解構與建構：以中日學者之嘗試與「誠」概念之探討爲線索》，載《國立臺灣大學哲學論評》，第三十四期，2006 年 10 月。
〔註28〕 杜保瑞，《中國哲學的基本哲學問題與概念範疇》，載《文史哲》，2009 年 4 期。

其二，對荀學思想核心概念的重新定位。日本學者在對荀子核心概念進行解構之後，採取尋找新的核心概念對原來的核心概念進行概念替換的方式，力圖用以新換舊的方式完成新的荀子思想體系建構。如兒玉六郎主張用「性樸論」代替「性惡論」〔註29〕。中國有學者用創造詮釋學的方法重建荀子思想體系〔註30〕。我們認為，這一類的荀子思想重構工作可以概括為荀子思想的「另一種西方式的解讀」。因為他們在做這一工作的時候，其方法的指導思想還是西方式的邏輯思維，沒有考慮到在當前的時代背景下中西方思想的融合問題。因此，同他們所做的解構工作相比，其重構工作相對薄弱。

（二）荀子思想研究的返本與開新

儘管中日學者對荀子哲學的解構建構工作取得了一定的成就，但是總體上可以用「解構發人深省、建構稍嫌不足」來加以總結。我們認為，荀子思想研究要取得新的突破與進展，就仍然要對前邊所說的傳統解讀模式與現代的西方式解讀加以解決。近代以來的學術研究取得重要進展的經驗表明，新學術成果的取得大致不外乎二方面之突破：一曰新方法之發明；二曰新材料之發現。荀子研究的現代西方式解讀問題實際上是一個方法問題，所以我們認為要結合中西比較的前沿，探索研究方法上的更新；荀子思想研究中的傳統模式存在的問題，實際上可以通過新材料的運用加以推進，我們主張與出土文獻相結合，從而以逐本溯源之方式，為荀子思想研究模式的轉換提供新的文獻根據。

1、中西比較前沿與荀子思想研究中的西方式解讀問題之解決

荀子思想西方式解讀實際上是中國哲學整體上是在西方學術思維下產生與發展起來的這一學科特殊性背景下的必然結果。近年來，中國哲學的這一先天特點已經得到學術界的關注，先是有關於「中國哲學合法性」的討論，然後又有「反向格義」說的討論。這些討論實際上是我們對中國哲學與思想

〔註29〕　參見佐藤將之，《荀子哲學的解構與建構：以中日學者之嘗試與「誠」概念之探討為線索》，載《國立臺灣大學哲學論評》，第三十四期，2006年10月，第93頁。

〔註30〕　如劉又銘，《荀子哲學典範及其在後代的變遷轉移》所提出的觀點，載《漢學研究集刊第三期・荀子研究專號》，國立雲林科技大學漢學資料整理研究所刊行，2006年12月。

研究模式的自覺反思。所謂「中國哲學合法性」的討論，實際上起到了對西學框架建構中國哲學的反省作用。「反向格義」的討論，從學理邏輯上看，是對前些年「中國哲學合法性」討論的深化。從這一角度，我們不同意後來有的學者將「中國哲學合法性」討論總結成一個偽問題，那樣是以今釋古，忽略了思想認識提升的過程。

我們認爲不論東西方，學術研究的進展都有一個逐級深入的過程。基於這一認識，我們認爲當前的中西比較只是在文化層面的比較，因此就必然會陷入以西釋中還是以中釋西的格義循環中難以定論。要超越這一格義循環，在原層次打轉是不能解決問題的，必須尋求層次的提升。那就要深入到思想層面的相互比較與切蹉融合，然後求得公約性，再回歸到各自的文化主體中，對其加以指導，完成文化之更新。

荀子思想作爲近代中國哲學史的內容之一，當然也具有被西方模式建構之學科特點。因此，要對其研究方法加以革新，就必然要在中西融合與會通的基礎上，形成具有東西方公約性的方法論後，重新闡釋與建構適應當前時代語境的荀子思想。

2、出土文獻與荀子思想傳統研究模式存在之問題的解決

如果說中西比較前沿與荀子思想研究的結合解決了荀子思想研究中的方法論問題，那麼大量出土文獻的發現，就爲我們重新研究與建構包括荀子思想在內的古代思想提供了新材料。學術界也逐漸形成了運用出土文獻修正與重建思想史的思潮，而且取得了豐富的成果。如李學勤較早地提倡用出土文獻對疑古思潮進行反思，提出了走出疑古時代的說法。日本學者淺野裕一利用出土文獻對日本的先秦思想史研究的許多重要觀點進行了修正。這些研究成果的取得說明我們利用出土文獻，對荀子思想做返本開新的研究時機已經成熟。

具體到荀子思想研究方面，我們主要是利用荀子同時代以及盡可能接近荀子時代的傳世文獻與出土文獻，重構荀子思想產生的歷史語境。這樣就會對我們擺脫學術史的歷史積累所造成的日益複雜的荀學體系對荀子思想本義的遮蔽，盡可能恢復荀學本來面目提供可能。

四、出土文獻視野下荀子與儒家六藝經典化研究的意義

荀子是在對儒家六經的傳授與運用的過程中，一方面完成了儒家文本的

學術傳承；另一方面，也對六經產生了獨立見解，加強了六藝的理論體系建設，從而也就促進了儒家六藝的經典化。因此，通過對荀子傳經及其對儒家六藝經典化的促進研究，對於我們把握荀子對儒家思想綜合創新的過程及儒家經學的早期形態，具有返本開新的重要意義。

（一）荀子對儒家六藝經典化的推進

經學是漢代以降儒家思想的主要表現形式，也是它對中國思想與文化產生影響的主要方式。因此，當我們對這一中國文化主流思想進行全面總結與反思的時候，毫無疑問要從這一方面入手，才會抓住問題的關鍵。從經學發展史的角度看，荀子是一個承上啓下的關鍵人物，他上承先秦諸子，以儒家思想爲宗，綜合百家思想，確立了儒家思想的經典地位，並通過對儒家經典的講授與傳播，爲漢代的儒家經典經學化打下了重要的基礎。因此，可以說荀子完成了儒家六藝經典化的最後一步工作，同時開啓了儒家經典在漢代經學化的先河。因此，進行荀子與儒家六藝經典化的研究就是在對現有的荀子思想研究模式的反思基礎上，解決當前荀子思想研究局限性的一個具體方法。

（二）出土文獻對荀子與儒家六藝經典化研究的意義

由於漢代以後制度構建的需要，經學化的儒家思想不斷被制度化所剪裁，已經日漸趨於狹隘與僵化，同時也造成了其理論內涵的不斷失落與遞減。由於馬王堆帛書、郭店楚簡、上海博物館竹簡的發現，使學術界對當前思想史研究模式解構與建構的工作有了新材料。我們今天理解的荀子思想也是時代剃刀不斷剪裁後的結果。所以，要眞正恢復荀子思想的本來面目，就要盡可能採用其同時代或與其相近時代之材料。近年來出土文獻的大量發現，就爲我們解決這一歷史問題提供了寶貴的第一手材料。同時，利用新材料對荀子思想的來龍去脈進行研究在當前是一個方興未艾、有待深入與廣泛進行的領域。

綜上所述，出土文獻對荀子與儒家六藝經典化研究的意義在於，它爲我們提供了荀子同時代的第一手資料，從而爲我們分析荀子如何繼承與吸收當時的諸家思想，形成自己的經學思想提供了條件。這對推進荀子思想研究是一個具有返本開新意義的新視角。具體到對荀子思想的返本開新上，我們從荀子與儒家六藝經典化入手，對層累疊加之荀學體系進行清理，以經學發展

之內在理路爲根據，借助西方學術之方法，利用地下出土的新材料，實現對荀子思想研究方法的推進。

第一章　荀子與儒家《詩》的經典化

　　在儒家文化的發展史上，《詩經》具有舉足輕重的地位。自孔子整理編訂六經開始，我們在儒家經典中可以發現大量援引《詩經》、《尚書》進行論證說理的例子。《詩》、《書》並舉成爲儒家經學論證方法中一種優先的表述模式。這兩種經典也正是由於在儒家經學思想闡述中的頻繁應用，逐漸形成了自己的經典意義，完成了自身的經典化。

　　由於傳統的詩學研究在漢代儒家經典經學化之後日益走向繁瑣的考據之學，同時也由於年代久遠，傳抄翻刻過程中脫落、訛誤現象日益嚴重，所以，今天我們所依據的《詩經》至少有三種經過時代選擇的失眞現象：其一，由於秦朝對官方以外的經典的焚燒，以及漢代官方推行的儒家經典經學權威化，導致《詩經》版本日益單一、篇幅日漸減少，從春秋戰國時期的多種版本、每種版本不限於孔子所刪定的三百零五篇，而演變到漢代的齊、魯、韓、毛四家《詩》，再到當前只有相對完整的毛《詩》一家，以及作爲韓詩體系片斷的《韓詩外傳》；其二，由於經學的權威性，對於《詩》學的解釋日益單一化；其三，在漫長的傳承歷史中，刊刻印刷中所出現的訛誤現象不斷積累，也使《詩經》的傳世文本日漸失眞。

　　我們要研究荀子的詩學思想，首先要對這些現象有所思想準備。因爲荀子時代在秦之前，所以若能大量借助考古發現的與荀子時代相近的《詩經》出土文獻，結合傳世文獻研究，將會收到正本清源，更加接近歷史眞實的效果。

第一節　出土文獻與先秦《詩》學的早期形態

　　研究荀子的詩學思想，首先要研究其思想所產生的時代背景，特別是在當時歷史環境下《詩》學的特點，然後再將荀子《詩》學與之進行比較，則可以定位出荀子對先秦詩學的貢獻，進而再探討其對《詩》的經典化的貢獻。

　　先秦時期，學者在論述自己的見解時，常常稱引經典作為自己的論據。在這些被稱引的經典中，引用頻率相對較高的是《詩》、《書》。學者在引用經典的時候一方面加強了自己所提出觀點的說服力，另一方面也使這些作為論據的經典權威性日益增強。西方學者認為引用有三種主要作用：一是訴諸權威；二是顯示博學；三是修飾。這三種不同作用基本上都帶有維持文化連續性的功能〔註1〕。在長期的歷史發展中，對這些經典的引用、對其蘊含的所謂「微言大義」的發揮以及有感而發的一些議論，直到結合不同語境而促使這些經典作品在引用說理過程中隨文生義，生成新的時代意義，就逐漸形成了以這些經典為根據的經學。在這一過程中，經典在延續傳統的同時，也實現了發展與更新。

一、學術史上對《詩》的經典化研究及其問題

　　當前先秦詩學研究取得了較大成就，主要體現在人們對先秦詩學演變基本規律的把握。經過充分討論後，學者們對於先秦詩學演變規律的認識日趨凝煉成具有共識性的幾點，從而使我們對先秦《詩》的經典化歷程開始有了一個較為清晰的認識。在此基礎上，本書對前賢的成果做進一步的抽象與提升，對先秦詩學理論從史料到歷史規律，從歷史規律到思想理論的形成過程進行總結，將這一過程概括為：從禮儀化到經典化（孔子及孔子後的七十子後學、及孟子、荀子完成）；從經典化到經學化（政治化與倫理化，由漢代儒家學者完成）。本文主要探討的是《詩》從禮儀化到經典化的問題。

（一）從禮儀化到經典化：先秦詩學經典化的早期歷程

　　學術界對孔子之前詩的應用主要傾向於「春秋賦詩」說。所謂賦詩，往往要同樂舞儀式結合起來，這是因為在戰國以前，禮樂儀式是維護社會秩序

〔註1〕　參見：Stefan Morawski, *The Basic Functions of Quaotation*, P690～696。轉引自吳萬鍾，《從詩到經──論毛詩解釋的淵源及其特色》，中華書局，2001 年 3 月，第 18 頁。

的重要方法。這也是我們往往稱先秦文明為禮樂文明的原因所在。在展示禮這一社會規範之具體內容時是要有莊重儀式的，音樂則是體現這一莊嚴性的主要手段，而詩則是對禮儀內容的表述，或者是輔助表述的方式。因此，早期的詩是附屬於主流社會規範制度的儀式內容之一，應用範圍十分廣泛。夏傳才對這一現象進行了較全面的總結：「一是應用於各種典禮儀式，與貴族生活密不可分。二是用於歌頌和諷刺，包含有統治階級內部政治教育目的。三是應用於社會政治交往。」〔註2〕可見，當時對詩的應用遍及於社會政治、外交生活的方方面面。這一現象在當今的《詩經》研究著作中也成為一個公認的觀點。如洪湛侯的《詩經學史》，姜廣輝主編的《中國經學思想史》等等，都採用了相同或相近的觀點。由此，我們可以知道在春秋時期，詩是與樂一起共同完成了對社會秩序的禮的規範功能。

　　然而詩的這種作用隨著西周末年社會劇烈變動受到了衝擊。我們在概括這一階段歷史的時候，有一個耳熟能詳的成語「禮崩樂壞」。這是說明代表西周王朝權威的周禮體系崩潰，所以作為其表達方式的禮與樂也隨之發生了變化。體現在音樂上即是後來被孔子稱為雅樂的西周時期的金石之樂被後來的絲竹之樂所取代。體現在詩的形式上即是所謂變風、變雅的出現。有的學者從音樂考古學的角度對這一變化進行研究，認為此後的詩學完成了從禮儀化到世俗化的轉變，正是由於世俗化，使詩學在官府的現象下移，成為平民也可以學習的文化科目，這也就為日後成為經典準備了條件〔註3〕。官學下移為平民學習主流文化提供了條件，但是要真正實現這一目標，還要有具體的傳播者。孔子就成為春秋時期上層文化向下普及的傑出人物。孔子由於看到「禮崩樂壞」所導致的社會混亂，就致力於恢復社會秩序的使命。他實現這一使命的方法，就是整理編訂包括《詩三百》在內的能夠代表傳統文化精華的六部經典，並把它們作為教材，開始了私人講學。《史記‧孔子世家》載：「古者《詩》三千餘篇，及至孔子，去其重，取可施於禮義，上採契、后稷，中述殷周之盛，至幽厲之缺，始於衽席。」〔註4〕此後《漢書‧藝文志》及《論衡‧正說篇》均採此說。這是後來大家認定孔子刪詩的一條最早的文獻證據。

〔註2〕　夏傳才，《詩經研究史概要》，清華大學出版社，2007年6月，第24～25頁。
〔註3〕　參見：陳致，《從禮儀化到世俗化：〈詩經〉的形成》，上海古籍出版社，2009年12月。
〔註4〕　司馬遷，《史記‧孔子世家》，中華書局，1982年11月第2版，第1936頁。

關於所謂孔子刪詩公案，我們在前面已經給予了解答即是選取符合儒家教育標準的詩篇，形成儒家版本的詩歌教材〔註5〕。這是因為，自孔子開始的儒家將自己編定的詩作為六藝之一，傳授給學生，使之成為受教育者修齊治平的文化素質教育的基礎科目之一，使《詩》本身的權威性不斷加強，開始走向經典化。

我們說「詩」經過孔子按照既定目的編訂成為「詩三百」，就開始成為儒家的經典。這裡要注意，孔子時期的經典就是「作為標準教材的著作」，這與後來西漢時期作為經學著作的經典是有區別的，其主要區別就是經學著作附加了官方的或曰主流的倫理教化與政治權威性。這裡面我們要從歷史演變的角度理解孔子時代的經典與經其後學努力改造而經學化的經典之意義的不同。經典著作的經學化要包括幾個重要的特徵：其一，由於學者的推廣與宣傳以及社會風俗習慣的接受，經典日益具有普遍權威性；其二，人們對於逐漸形成權威性的經典的解釋逐漸形成了系統的理論體系。按照這兩個標準，孔子在選定了經典的內容之後，進行了不懈的推廣教育，這就為經學化準備了重要條件。但是，孔子的工做到此就適可而止了，即所謂「述而不作」，也就是孔子沒有主動地進行理論體系的構建。這樣，孔子就在對《詩》的經典化上，為其後學留下了進一步發展的空間。孔子後學，特別是所謂傑出的「七十子」中精通詩的學者的努力，最後由荀子集大成，形成了系統的詩學理論，也就初步完成了詩的經典化，餘下的工作就是最後水到渠成地上升為官方確認的權威思想，也就是經學化，這是西漢最後完成的。

（二）學術史上對先秦詩學問題留下的思考空間

由於先秦文獻經歷過二千多年的歲月，留傳到當今的數量已經很少了。這就致使人們對於某些歷史記載，由於缺乏足夠的佐證而往往產生歧義。在孔子與詩的關係問題上形成的「孔子刪詩公案」就是一個典型例子。這是因為關於這一問題最早的記載就是《史記‧孔子世家》，這距離孔子時代已有約五百年的時間，因而也不免引起人們的爭論。

同樣，以《詩》為代表的六經何時得以確立也是一個長時間爭議的問題。目前看來，對於這一問題主要有兩種觀點：一種是所謂古文經學家的歷史性

〔註5〕周予同就認為「孔子為了設教的需要，對各種故國文獻加以搜集整理，以充當教本」，參見《周予同經學史論》，上海人民出版社，2010年2月，第554頁。

的觀點，認為六經早在周公時期就已經形成一種約定俗成的觀念，而並不是儒家形成以後才有的，持這一觀點的最主要代表是章太炎；一種是今文經學家的觀點，以為六經是孔子所作，是儒家經典的專屬名稱，這一觀點以皮錫瑞為代表〔註6〕。近代以來，有人對第一種觀點進行了發揮，提出六經發端於周公時代，奠基於孔子，到秦時得以形成，但在孔子晚年一直到戰國中期的一些經學型的人物在經學形成中居於主要地位，卻幾乎都是無名英雄〔註7〕。這裡就給我們留下了思考空間，即孔子之後與荀子之間正是經學推廣與形成的關鍵時期，卻由於缺乏具體人物事跡以及文獻根據，而存在著學術發展史上的空白期。對於今文經學家的觀點，由於其論點過於肯定，也引起以歷史發展眼光思考問題的學者的質疑，同樣也需要進行修正和補充。

就《詩經》本身來說，古史辨派在近代以來也對其進行了影響很大的「去經典化」運動，最後的結果是將其經學形象徹底改變，變成了古代民間歌謠總集。這樣，《詩經》就從一個古代文化權威的經典文本而褪色為一個普通的世俗文學文本。〔註8〕這一觀點長期影響了中國現當代的古典文學與古代文化史的教育。現在經歷過五四激烈的反傳統思潮滌蕩後，這一觀點也到了重新反思的時刻。

二、出土文獻對儒家詩學研究的可能影響

利用出土文獻對儒家經典進行研究的傳統要從西漢時代孔壁古文經發現後，學者利用其來對比研究當時盛行的今文經算起，至今有近兩千年的歷史了。然而，由於在漢以後經學陣營日益堅固，人們輕易不會利用出土文獻對作為六經之一的《詩經》做有違經學家法的研究，所以真正利用出土文獻對《詩經》進行研究要從近代算起。隨著近代國家產生，經學一統天下的情況也一去不返，人們才開始真正地利用出土文獻對《詩經》做出新的詮釋。具體到《詩經》研究，我們不妨從《詩經》出土文獻的發現過程與《詩經》出土文獻的研究前沿及其方法論限度幾個方面加以總結。

〔註6〕參見朱維錚，《周予同經學史論》，上海人民出版社，2010年2月，第136頁。
〔註7〕徐復觀，《徐復觀論經學史二種》，上海書店出版社，2005年1月，第46～47頁。
〔註8〕謝中元，《〈詩〉經典化與古史辨〈詩經〉闡釋的去經典化》，載《井岡山學院學報》（哲學社會科學），2007年3期。

（一）《詩經》出土文獻的發現及其使用限度

近代以來考古發現成果不斷出現，使我們對《詩經》研究拓展出新的空間，但是五四以來，與社會劇烈變革思潮相互激蕩的學術疑古思潮，又使我們在使用出土文獻對《詩經》一類經典的闡釋往往又出現過猶不及的偏向，因此我們總結近代以來的經驗，在對《詩經》出土文獻的使用上，也要注意把握合理的限度。

1、《詩經》出土文獻的發現

近代以前的《詩經》相關出土文獻受到的重視程度相對較小，因而相關的重要的發現與研究也較少。較有意義的發現當屬魯詩石經。所謂魯詩石經即為著名的熹平石經中的《詩經》部分。關於魯詩石經的研究狀況，夏傳才有較為系統的總結：「東漢靈帝熹平四年（公元 175 年），在都城洛陽太學立石經，據《隋書·經籍志》，記有《詩》六卷，毀於漢末董卓兵燹。宋代有殘字出土，所存不足 200 字，經驗證是《魯詩》。後來收集的殘石逐漸增加，這些殘文，在清代興盛的三家《詩》輯佚工作中起了很大作用。20 世紀初，羅振玉將殘字作了摹本，20 年代馬衡等又據拓本復原碑圖。自 1962 年起，中國文物部門對洛陽故城（在今偃師縣佃莊鄉）長期進行考古發掘，在原太學遺址辟雍附近陸續發現和收集石經殘石和碑趺，同時注意到一石兩面的刻字行款，在研究和復原石經的碑數、排列次序、位置和校勘經文等方面，有了一些新認識。經近年研考，《魯詩》殘石有《六月》、《黃鳥》、《我行其野》、《斯干》、《終南山》、《十月之交》、《小明》、《生民》等詩。這方面研究的意義有二：一是《詩經》的異文研究，二是可以檢驗清代三家《詩》輯佚工作的得失。」〔註9〕

進入 20 世紀以來，由於考古學在中國的迅速發展，《詩經》出土文獻也不斷湧現，主要有：19 世紀末開始發現的甲骨文中可以用來考證詩經的部分內容，特別是經過王國維「二重證據法」的提出與應用，甲骨文在《詩經》研究中應用日益深入，並取得了可觀的成績；1900 年發現的敦煌卷子中的《詩經》寫本；1930 年起在新疆吐魯番發現的多種《詩經》殘卷；1959 年在甘肅省武威市新華鄉出土的漢簡《儀禮》中的論《詩經》部分；從 1962 年起，在洛陽故城考古發掘中陸續發現的《魯詩》殘石；1972 年山東臨沂銀雀山漢墓

〔註 9〕夏傳才，《〈詩經〉出土文獻與古籍整理》，載《河北師範大學學報》（哲學社會科學版），2005 年 1 期。

出土《晏子春秋》中引有《詩經》一句；1973 年河北定縣八角廊漢墓出土竹簡《論語》中有多處論及《詩經》；1973 年長沙馬王堆漢墓出土的帛書《五行》篇引用《詩經》多處；1977 年在安徽阜陽雙古堆一號漢墓出土了一種竹簡《詩經》；1974～1978 年在河北平山縣兩處戰國中山王墓葬中出土的大量文物中，有二件刻有 1000 多字銘文的文物與一件十五連盞銅燈，合稱為「平山三器」，銘文中大量引用了《詩經》文句；1978 年在湖北武漢發現了一面東漢銅鏡，刻有銘文，經考證其內容屬於《魯詩》，遂稱「魯詩鏡」；1993 年湖北荊門市郭店出土了大批楚簡，包含了大量的古籍，其中有 6 篇引用了《詩經》中的詩句；1993 年江蘇連雲港尹灣漢墓出土漢簡《神烏賦》，有引用《詩經》的內容；1994 年上海博物館從香港文物市場回購一批戰國竹簡，其中有專門論《詩經》的簡多枚，被整理者合稱為《孔子詩論》。

2、考證不足與過度考證：《詩經》出土文獻的使用限度

大量《詩經》考古文獻的出土對推動《詩經》研究起到了重要作用，也取得了一些重要成果。大體上來看，出土文獻對《詩經》研究的促進作用體現在四個方面：1、糾正《詩經》傳本之誤；2、貫通《詩經》文字訓詁，參證《詩經》名物制度；3、有助於我們瞭解《詩》三百篇流傳早期及結集成書前後的社會文化狀況；4、有助於我們更全面更深刻地考察《詩經》學術史〔註10〕。這一總結基本上能夠說明出土文獻對於《詩經》研究所起到的推動作用。我們今天要在這些成就的基礎上繼往開來，利用出土文獻，將《詩經》研究進一步向前推進，就要對這四個方面進行較為全面的評估與思考。

經過對近年來利用出土文獻對《詩經》進行開拓研究的成果分析，我們發現主要的成就體現在前二個方面，即「糾正《詩經》傳本之誤；貫通《詩經》文字訓詁，參證《詩經》名物制度」方面，取得了較為豐富的成果。由於這兩方面的工作屬於基礎性的工作，所以這兩方面的成績也為我們日後進一步深入研究做出了基礎性的貢獻。相對於前二個方面而言，在對於「《詩》三百篇流傳早期及結集成書前後的社會文化狀況」及「更全面更深刻地考察《詩經》學術史」方面，則明顯研究不足。因此，當前的工作要從這兩方面加以努力。

之所以說當前利用出土文獻對《詩經》的研究要從早期注重文字訓詁轉

〔註10〕 參見劉立志，《二十世紀考古發現與〈詩經〉研究》，載《南京師範大學文學院學報》，2004 年第 2 期。

向歷史文化與學術史的研究，一方面是對這一研究課題當前研究現狀的總結，同時也是結合整個思想史與哲學史研究前沿得出的結論。當前的研究現狀直觀地說明後者成果不足，有待深入；而將思想史與哲學史研究前沿與本書的研究課題結合起來，注重《詩經》的歷史文化與學術思想史的研究也是對當前研究成果所做的歷史與現實的學術反思的結果。

從中國學術思想史的傳統反思來看，我們對《詩經》研究的傳統上，有一個著名的慣例「詩無達詁」。這一術語甚至被推而廣之，用來提示我們要知道訓詁學的有限性。當然，造成這一現象的原因是綜合的。但有一點是肯定的，那就是說《詩經》以及其他的經典在中國歷史上，往往承擔著「文以載道」的責任，特別是當儒家將《詩》與其他五經經典化，形成「六經」傳統之後，這一責任更是成為其主要的意義所在。因而，在學術史上，政治家、學者等人在引證《詩》、《書》等經典的時候往往會結合具體的需求，讓這些經典在自己引用論證的話語中隨文生義，產生出臨場的即時意義。從《左傳》引詩就初露端倪的「斷章取義」的慣例，到孟子的「以意逆志」說，再到荀子引詩之後一個慣用的程序語「此之謂也」，都表明了學術史上形成的一種約定俗成的引用《詩》的隨文生義的慣例。這也就是之所以會「詩無達詁」的根源所在。因此，我們認為在當前考古學取得重要進展，大量出土文獻為我們提供了重新考證經典的重要參照物的時候，我們也要結合中國學術思想史的固有特點，不能盲目地以科學式的清晰明白的原理，期望利用出土文獻對勘出一個所謂的真實的《詩經》來。從某種意義上說，這種「真實的《詩經》」（這裡的「真實」隱含了「權威版本」之義），是否在歷史上真正存在過，還很難說清楚（下文將對此做進一步探討），我們又如何去求其歷史之真？即使是到了漢代，《詩經》明確立為官方之學，尚且有魯、齊、韓、毛四種版本並立的情況，漢以前情況就更為複雜。如何去正確處理這種複雜情況是我們首先要有的思想準備。所以，我們利用出土文獻進行《詩經》訓詁的工作要有一定的限度。

從現實的學術反思來看，我們當前對研究方法的選擇，無疑要結合中西方兩種學術體系，相互取長補短，來形成新的研究思路。在利用西方學術方法來更新傳統經典研究的時候，我們也及時注意到了取其所長、避其所短。這一點我們可以用在利用西方詮釋學理論推進經典詮釋的過程中，對「詮釋不足，過度詮釋」的注意與把握方面的經驗，進一步提出在出土文獻與對以《詩經》為代表的經典的訓詁中，要注意對「考證不足與過度考證」的把握。

　　近年來，中國學術界利用現代西方學術界流行的解釋學（Hermeneutics）對傳統的中國經典進行現代解讀取得了一定的成就。所謂「詮釋不足」（under-interpretation）與「過度詮釋」（over-interpretation）是當代西方詮釋學中一對重要的術語。這對術語向人們提示了解釋學的應用所應該注意的邊際。近年來，中國學術界在利用西方解釋學的進程中對「詮釋不足」與「過度詮釋」的重視，說明我們在對西方理論的應用上注意了對其學術前沿的把握。在此基礎上，中國的學者也開始將西方解釋學與中國經典的傳統解釋方法相結合，探索解釋學在中國的應用與發展。比如臺灣學者黃俊傑等對《孟子》及《四書》詮釋史的探索，就取得了許多獨特的創見。大陸學者湯一介等人近年來對創建中國解釋學的討論，陳來用詮釋學的方法對中國古代哲學家王船山哲學思想的新解讀，陳少明、劉笑敢對中國經典與解釋方法的集中探討，也都為我們消化吸收西方解釋學精華做出了基礎性的貢獻。在解釋學的具體應用上，有學者結合中國經典詮釋史上的漢學、宋學之分，指出「雖然宋學家的解釋在漢學家的眼裏常被認為詮釋過度，但換個角度看，漢學家的解釋常常存在詮釋不足的問題」。〔註11〕而在方法論上，對這一對術語進行中國式引申的則是劉笑敢先生的「經典詮釋中的兩種定向說」，這一說法是將中國學者消化吸收的解釋學理論又以中國式的表達方式進行了哲學抽象的結果，即「經典詮釋中的兩種定向，可以簡單地概括為歷史的、文本的取向和現實的、自我表達的取向」〔註12〕。

　　通過以上諸位學者的努力，我們對把握詮釋的合理範圍既有了與中國經典解釋傳統相結合的示例，更有了哲學方法論高度的總結性理論。因此，在思想史與哲學史的研究與應用中，就會保證其詮釋的有效性。受到這一系列對西方詮釋學的創造性應用成果的啟示，我們在處理出土文獻與傳世文獻的關繫上也要注意吸取這一成果，做到合理與有效地求得新成果。具體到《詩》學研究方面，結合出土文獻給我們透露出的早期《詩》的多版本傳播特點，我們要走出一味傾向於「重新定本」的誤區。也就是說，我們利用出土文獻考證《詩》的文本的時候，要適可而止，不要做過度的考證，當然不充分地考證也不對。我們將這兩種傾向暫且命名為「過度考證與考證不足」。有了這

〔註11〕方旭東，《詮釋過度與詮釋不足：重審中國經典解釋學中的漢宋之爭——以〈論語〉「顏淵問仁」章為例》，載《哲學研究》，2005 年第 2 期。
〔註12〕劉笑敢，《詮釋與定向》，商務印書館，2009 年 3 月，第 61 頁。

樣的理論前提，我們結合「《詩》無達詁」的古訓，結合具體的社會歷史環境，進行有針對的考證與解讀，才會最大限度地發揮出土文獻的價值。

（二）《詩經》出土文獻的學術價值及其研究的理論前沿

我們對迄今為止所發現的《詩經》出土文獻進行了初步的歸納總結後，也注意結合近代社會政治思潮與學術思潮互動關係，以及西方學術方法論的引進，對《詩經》出土文獻的使用尺度進行了反思與總結。在此基礎上，我們就可以進一步對《詩經》出土文獻的學術價值進行恰當、合理的評估，同時結合當前在利用出土文獻對《詩經》進行新闡釋的理論前沿進行跟蹤，這樣就會使我們的研究得以建立在對現有學術成果加以全面吸收的基礎上，從而也就保證其有效性與前沿性。

1、《詩經》出土文獻的學術價值

通過上文的分析，我們可以發現，學術史上對《詩》經問題的分歧主要是由於在孔子之後到孟荀之前的文獻與傳經者記錄的闕如，才導致人們對孔子與經典的關係也產生了懷疑。如果這一段空白能夠被彌補，則向上可以支撐孔子與六經關係問題，向下可以觀察經孔子編訂的六經是如何經荀子的集大成，而走向經典化的。

近年來豐富的考古發現對於經學史上的這一關鍵的空白時期問題的解決提供了寶貴的新材料。特別是 1994 年湖北荊門出土的郭店楚墓竹簡中有大量引用、論述包括《詩經》在內的六經的文獻資料；以及由上海博物館從香港文物市場搶購回來的約略與郭店簡出土時間與地點相近的一批楚簡同樣也有著豐富的經學文獻。尤其值得一書的是，在上海博物館藏戰國楚竹書中有專門的論詩的作品，被整理者定名為《孔子詩論》，這為先秦詩學研究，特別是詩的經典化研究提供了重要依據。郭店竹簡的時代被考證為「孔孟之間」，一般認為上博簡與郭店簡時間相近。因此這兩種出土文獻對我們重新思考儒家經典的演變歷程提供了填補空白性質的文獻材料。

馬王堆帛書、平山三器及阜陽漢簡詩經為我們研究荀子對詩的經典化傳承及其影響提供了重要的參考。這也為我們全面準確地評定荀子在經學史上的地位與影響準備了條件。因為長期以來，人們對荀子傳經問題聚訟紛紜，肯定者認為六經無一不經荀子而得以傳承，否定者則對大多數與荀子有關的傳經觀點加以否定。今天有了新出土的文獻，將會為這一長期存在的矛盾對立現象提供新的解決方向。

總之，由於在孔子與荀子之間的大量出土文獻的湧現使我們得以對孔、孟、荀之間的詩學演生環節有了補充的可能，從而也就證明孔子在儒家著作經典化中的貢獻，也有助於我們更好地理解荀子是如何集先秦儒家經典之學的大成，並進一步將其倫理政治化，以切合於時代的政治需求，從而完成儒家典籍從經典向經學著作的轉化。再通過此後的出土文獻，可進一步證明荀子對儒家六藝經典化所做出的貢獻及其成就。下面我們就結合出土文獻與傳世文獻，來全面評價荀子對儒家《詩》的經典化影響。

2、出土文獻與《詩經》研究的理論前沿

大量的《詩經》出土文獻對促進《詩經》研究都是不可多得的寶貴材料。學界也因此取得了豐碩的成果。這裡我們僅以代表性的四種簡帛文獻（馬王堆帛書、阜陽雙古堆漢簡、郭店楚墓竹簡和上博館藏楚簡）爲例，來初步總結一下現有的學術成果，在此基礎上做出進一步的發展與探索。這四種出土文獻的引《詩》情況，有學者已經做了較爲詳細的統計工作：「雙古堆一百七十餘枚殘簡上，共有六十五首詩可以和《毛詩·國風》裏的詩對應，四首和《毛詩·小雅》裏的詩對應……馬王堆帛書《五行》，引有七首《詩》的段落。在《毛詩》中，四首見於《國風》，兩首見於《大雅》，一首在《商頌》……郭店竹簡《緇衣》包括了十六首詩的片斷，三首見於《國風》（共四處引文），八首見於《小雅》（共九處引文），五首見於《大雅》（共九處引文），另外一個在《毛詩》中無對應的則應該看作是逸詩。《緇衣》的另一本子是上海博物館藏戰國楚簡。此篇和郭店《緇衣》一致，包括了所有郭店《緇衣》所見的引詩……上海博物館藏竹簡裏，整理者題作《孔子詩論》的……直接引用或論及今本《詩》中的五十二首，外加七首不見於今本的詩題」〔註13〕。面對如此豐富的《詩經》出土文獻，學者們展開了全面的研究。

I、國內學者利用「二重證據法」對傳統問題的新思考

就目前所取得的初步成果來看，中國本土學者的研究還主要是立足於王國維所首倡的「二重證據法」，踏實的文獻考據方面的基礎工作成爲主流。學者們利用出土文獻與傳世文獻相結合，對名物進行考證，以及對學術史上形成的

〔註13〕〔美〕柯馬丁，《出土文獻與文化記憶——〈詩經〉早期歷史研究》，載姜廣輝主編，《經學今詮四編》（中國哲學第二十五輯），遼寧教育出版社，2004年8月，第113～114頁。

一些學術公案都進行了新的探索，取得了新的成就。在《詩經》名物考證方面，揚之水的《〈詩經〉名物新證》〔註14〕就是充分利用考古資料對《詩經》中所涉及的名物做出新的考證的重要成果。利用出土文獻對學術史上形成的公案進行新的解釋，也取得了重要進展〔註15〕。在這些公案中，由於出土文獻所提供的新材料，有的公案已經基本上達成共識，比如「孔子刪詩公案」〔註16〕。

II、國外學者利用出土文獻，結合新理論對《詩經》的早期形態進行研究

相比較而言，國外學者研究的優勢則體現在利用出土文獻提供的新材料，結合新的理論來對《詩經》的早期形態進行學術史與思想史研究，同樣也取得了發人深省的成果。在新理論的應用方面主要體現在對帕利－勞德理論的全面深入的應用，並取得了有方法論意義的成果。所謂帕利－勞德理論是由西方的兩位古代詩歌學家帕利（Milman Parry）和勞德（Albert B.Lord）所提出詩的發生與演變規律的理論，其要點是認為口頭文學的出現早於書寫文學，二者的做法、技巧完全不同。這一理論被廣泛應用於英、法等國上古、中古詩歌和聖詩的研究〔註17〕。利用這一理論，結合中國學術思想史，特別是經學思想史的發展規律，我們就可以對《詩》的早期流傳從口頭傳授到書本傳播的特徵加以揭示。有學者據此做進一步的研究，指出書本傳播後形成了所謂的強本（strong text）〔註18〕，是經典化的一個重要條件。

近年來，在歐美學術界的古代詩歌研究中，注重從異文研究來重新定位詩歌的原始形態及其傳播特點，成為一個較為前沿的方法。比如近年出版的哈佛大學東亞系教授田曉菲《塵幾錄：陶淵明與手抄本文化研究》一書就是

〔註14〕 揚之水，《詩經名物新證》，北京古籍出版社，2000 年 2 月。

〔註15〕 近年來比較集中討論的是所謂「詩經學四大公案」：即孔子刪詩問題；《毛詩序》的作者和尊廢問題；《商頌》的時代問題；《國風》作者與民歌的問題。

〔註16〕 「孔子刪詩問題」經過學者們的充分努力基本上達成了肯定司馬遷的孔子刪詩說的正確性的共識。可以參見：夏傳才，《詩經學四大公案的現代進展》，載《河北學刊》，1998 年第 1 期；劉立志，《出土文獻與〈詩經〉學研究二題》，載《北方論叢》，2005 年第 3 期。

〔註17〕 參見：夏傳才，《帕利－勞德理論和〈詩經〉研究》，載《思無邪齋詩經論稿》，學苑出版社，2000 年 9 月。

〔註18〕 參見〔美〕柯馬丁，《出土文獻與文化記憶——〈詩經〉早期歷史研究》，載姜廣輝主編，《經學今詮四編》（中國哲學第二十五輯），遼寧教育出版社，2004 年 8 月，第 141 頁。

運用異文研究詩歌及其在流傳過程中的嬗變問題的一個示範性的著作〔註19〕。「在作者看來，正是隨著手抄本時代流動的文本以編輯刊刻『定本』的形式得到固定化與單純化，『定本』的『作者』陶淵明也被固定化與單純化：陶淵明和他的作品，最終脫離了其自身的歷史與文學背景，成為『簡單、透明、純粹而堅固異常的文化雕像』。」〔註20〕這一研究方法，可以讓我們拂開歷史迷霧，逆向復原詩歌產生時期的時代背景，詩詞的原初內容，從而使詩在歷史演變中所發生的變化不斷地清晰呈現。由此看來，這一方法在《詩經》研究中同樣具有方法論上的啟示意義。

事實上，在西方學者的研究中，常常把帕利－勞德理論與詩的異文考察結合運用。這樣就會收到更為理想的預期成果。比如美國學者柯馬丁就是在交叉運用這二種理論的基礎上，經過對出土簡帛中引《詩》與傳世文本之間異文的研究，對《詩》的早期從口傳到書寫本的流傳的規律進行了歷史性的描繪，同時引入了凡祚恩（Van Zoeren）「強本」理論，指出「強本」出現後，「《詩》的經典地位被固定下來，和其他文化一樣，這樣的傳文不僅利用了經學的權威性，也的確有助於把經典定義為研究的和尊崇的對象。它遠離生活，也高於生活。」〔註21〕

三、出土文獻與先秦《詩》學早期形態的新思考

我們在上文中結合「《詩》無達詁」的傳統，以及解釋學方法論在經典解釋中的應用經驗，對我們在應用出土文獻探討先秦《詩》學的限度問題進行了初步的探索。同時，我們也對西方學術界引入新理論，利用出土文獻與傳世文獻相結合，對先秦《詩》學早期形態研究的新進展進行了歸納與總結。在此基礎上，我們現在就可以重新梳理先秦《詩》學在荀子之前的傳播特點，進而總結荀子對先秦《詩》學經典化的貢獻，這樣就為先秦《詩》學由「詩」到「經」的演變以及荀子與儒家經學早期形態的探索準備了條件。

〔註19〕田曉菲，《塵幾錄：陶淵明與手抄本文化研究》，中華書局，2007 年。

〔註20〕于溯，《拂去千秋紙上塵——評〈塵幾錄〉》，載《書品》，中華書局，2009 年第 4 輯。

〔註21〕參見：〔美〕柯馬丁，《出土文獻與文化記憶——〈詩經〉早期歷史研究》，載姜廣輝主編，《經學今詮四編》（中國哲學第二十五輯），遼寧教育出版社，2004年 8 月，第 141 頁。

（一）出土文獻與「先秦詩無定本」問題

通過前文的研究，我們知道，在當前利用出土文獻對先秦詩學進行研究中，人們逐漸認識到，根據帕利—勞德理論，同世界上其他古老民族的古代詩歌的發展規律一樣，先秦的《詩》在其流傳過程中存在著由口傳本爲主向書寫本爲主的發展過程。通過對不同版本的《詩經》出土文獻之間及其與傳世《詩經》的異文進行比較研究，我們進一步深化了對詩從口傳到文本傳授特點的認識。

在這些成果的基礎上，我們可以再向前深入一步，對先秦《詩》學的特點做出新的探索，我們探索所得出的第一個觀點就是「先秦詩無定本」問題。這一觀點的提出是在全面吸收了現有出土文獻與傳世文獻結合的《詩經》研究成果基礎上的新拓展。我們之所以要提出「先秦詩無定本」的問題，就是要結合時代之發展與進步，重新恢復先秦時期的學術語境，梳理出「詩」的演變規律，從而把握其經典化的規律。這就爲我們更加準確地把握中國文化的內在精髓準備了條件。

所謂「先秦詩無定本」是對先秦《詩》記錄與流傳特點的一個總體性描述。這又可以分爲幾個階段性的理解。春秋戰國以前，周王朝的統治有效性尚未遭到破壞，因而有完整的采詩、獻詩與諷詩、誦詩制度，也有專門的官吏負責管理。這時由於詩注重禮儀效果，專門的記錄只是一個備忘錄的功能。春秋以後，禮崩樂壞，官學四散於諸侯乃至民間，傳詩者各有偏重、愛好與選擇，則更無統一版本。只是到了戰國後期，各種版本的詩在不同的地區及學派中流傳，在不斷的應用過程中，漸漸形成一些公認的具有普遍意義的篇章，這樣就爲日後約定俗成的經典化及漢代的經學化準備了條件。

先秦詩無定本的根據首先是現有文獻的記載「凡三百五篇，遭秦而全者，以其諷誦，不獨在竹帛故也」〔註22〕。這說明在漢代的時候，經歷過秦始皇焚書坑儒之後，人們還能見到《詩經》是因爲先秦時期，《詩》的傳授並不是像我們後來人所理解的那樣有一個標準文本（漢以後隨著儒家文化的獨尊天下，這一文本就想當然的是所謂經過孔子刪定的本子）。從《漢書·藝文志》的措詞來看，我們可以認爲漢代人認爲先秦詩的傳授當以「諷誦」的形式爲主，著之於竹帛爲輔（或許是以備忘錄的形式才記錄在冊）。這一點也可以從上文所總結的當代西方理論指導下對先秦詩的流傳由口傳向書本傳播演進的

〔註22〕班固，《漢書·藝文志》，中華書局，1962年6月，第1708頁。

規律得以證實。我們還可以從漢代《詩》已經「經」學化爲《詩經》之後，還先後有魯、齊、韓、毛四家，且各有家法，往往還要口授家法的現象，來推知在漢代去先秦未遠之時，還在一定程度上保留著先秦時代的授受《詩》的習慣與特點。

　　出土文獻所提供的證據更能說明先秦詩無定本。首先，在幾種重要的《詩經》出土文獻中阜陽雙古堆漢簡《詩經》是一個不同於已知四家《詩》的獨立的版本，或者是這樣一種版本的部分，已經基本上成爲共識〔註23〕。其次，通過出土文獻引詩異文研究（參見表 1：出土簡帛引《詩》異文表），我們可以知道在先秦時期，即使是同樣的內容，也可以有不同的文字記載方式（這當然也有先秦時期文字通假使用較爲普遍的因素在內），這足以說明那時定本還沒有產生。

表 1：出土簡帛引《詩》異文表〔註24〕

	字數	異文數	異文百分比	三家異文百分比
雙古堆《詩經》	820	220～369	26.8～45.0	2.2
馬王堆《五行》	158	50	31.6	3.2
郭店《五行》	50	18	36.0	4.0
郭店《緇衣》	193	70	36.3	6.2
上博《緇衣》	157	67	42.7	7.6
上博《孔子詩論》	64	26	40.6	3.1

說明：

（1）此處所說的異文是與《毛詩》比較的結果。

（2）三家詩：《韓詩》、《魯詩》、《齊詩》。

　　通過對出土文獻引《詩》異文的分析，我們可以發現雖然先秦各家《詩》異文現象十分突出，但其內容卻基本相同，都與傳世本內容大致對應。這

〔註23〕　參見：〔美〕柯馬丁，《出土文獻與文化記憶——〈詩經〉早期歷史研究》，載姜廣輝主編，《經學今詮四編》（中國哲學第二十五輯），遼寧教育出版社，2004年 8 月，第 114 頁；關於雙古堆《詩經》的研究情況，還可以參考胡平生、韓自強，《阜陽漢簡詩經研究》，上海古籍出版社，1988 年 5 月。

〔註24〕　圖表出處：〔美〕柯馬丁，《出土文獻與文化記憶——〈詩經〉早期歷史研究》，載姜廣輝主編，《經學今詮四編》（中國哲學第二十五輯），遼寧教育出版社，2004 年 8 月，第 119 頁。

說明在先秦時代《詩》的版本雖然眾多，但內容開始逐漸趨同，這是長期賦引爲用的自然選擇結果，爲詩經典化打下了基礎。這項工作的奠基人是荀子，後文詳述。漢代進一步將這一共識固定下來，就完成了《詩》的經學化。

「先秦詩無定本」觀點的意義還在於它可以使我們擺脫古史辨派所謂「層累地造成古史」對我們的思想的束縛。我們今天對《詩經》的基本觀念受漢代形成的經學傳統的影響，將漢代以後逐漸形成的經學的權威版本的先見之理念作爲我們理論思考的基礎，就必然會形成以今天的觀點考量古代歷史的問題。對於這種現象，學術界已經利用出土文獻進行理論反思，喬清舉將這一反思結果概括稱作（學術觀點）的「逆形成」。他在《論中國哲學的逆形成特點——以老子爲例》〔註25〕中，通過郭店楚簡本、馬王堆帛書甲、乙本與王弼本《老子》的對比研究發現，早出的文本往往含有近似於儒家的內容，而這些內容在以王弼本爲代表的後來的版本中卻日益退出，也就是說《老子》文本的道家內容隨著時間推移而不斷純粹化。「正是這些被編輯和改動過的文本，構成了中國哲學史研究的史料。更晚的學者通過對這些史料的研究形成他們的哲學史觀，又根據他們的哲學史觀重新編輯和改動古人文本。」喬清舉將這種不斷地附加後續時代觀念的文本編輯與哲學觀念演進的互動過程，稱爲「中國哲學的逆形成特點」。這種觀點可以說是對顧頡剛「層累地造成古史」說的一個形象化理解與引申應用，也使我們更加清楚地撥開歷史迷霧，更清楚地認清歷史的真實有了理論指導。

有了這樣的理論根據，我們就可以在《詩經》的研究中，通過正本清源式的思考，清理一些由於學術史上層累地造成的成見而形成的公案，同時也爲我們重新審視《詩經》學術發展史，返本開新，修正歷史歧義，得出接近於歷史真實的發展規律，從而爲我們更好地吸收歷史經驗準備了條件。例如有學者認爲「在經典傳播中，最根本的是傳本」，並以此爲根據，論證了《毛詩》不出於荀子〔註26〕。這一觀點，若從「先秦詩無定本」的角度看，就缺乏嚴密的邏輯聯繫。

〔註25〕載趙敦華主編，《哲學門》（第七卷第一冊）（總第十三輯），北京大學出版社，2006年12月。

〔註26〕劉毓慶、郭萬金，《荀子〈詩〉學與先秦「詩傳」》，載《晉陽學刊》，2007年第6期。

（二）孔子刪詩問題的新思考

「先秦詩無定本」的觀點首先可以幫助我們對當前公認的《詩經》研究四大案之一的「孔子刪詩」問題的解決提供一個新的理論背景。

「孔子刪詩」問題最初是由司馬遷在《史記·孔子世家》中提出來的：「古者《詩》三千餘篇，及至孔子，去其重，取可施於禮義，上採契、后稷，中述殷周之盛，至幽厲之缺，始於衽席。」〔註27〕此後，《漢書·藝文志》及《論衡·正說篇》均採此說。至唐孔穎達開始對此表示懷疑。如前所述，近年來隨著新材料的不斷發現以及新方法的應用，人們對孔子刪詩這一事實開始認同。我們之所以說「漸趨達成共識」，是因為這一說法由於較為籠統，尚難以從細節上讓持否定觀點的人信服。這裡我們結合「先秦詩無定本」論對孔子刪詩問題給出一個具體的解決方案。

首先，由於春秋戰國諸侯並立，各自為政，每一個諸侯為了達到兼併天下的目的，自然要嘗試建立自己的一大套意識形態系統，自然也要有自己偏重的《詩》之內容的選擇。所以《詩》的實際使用版本眾多，故有「詩三千餘篇」。

其次，在這樣一種歷史背景下，孔子以恢復禮樂文明為己任，所以要以儒家所主張的禮義為標準，選定一個自己用來教學與宏道並用的《詩》的選本，是為「詩三百」。用今天的話理解，所謂「孔子刪詩」即孔子從當時數以三千計的詩中，選出三百零五篇適合於儒家思想要求的，形成了一個儒家版本的詩的選集。這就像我們今天歷史課程體系中的《歷史文獻選編》一類的東西。

事實上，這一點近代以來有學者已經意識到了，只不過沒有得到廣泛的傳播與瞭解。比如張國淦就認為：「三百五篇者，孔子於三千餘篇中，太史公所謂『去其重，取其三百五篇』，即孔子專門講授之一也。三百五篇以外之詩，孔子並未刪之，在當時亦並行而不廢，特未取以為講授云耳。」〔註28〕夏傳才先生也曾經提到過「在現代回顧孔子刪詩的公案，其性質已發生根本性變化，它實質上是一位教育家和經他編選的一部教材的關係，一位古文獻整理專家和他所整理的一部上古文獻的關係。」〔註29〕

〔註27〕司馬遷，《史記·孔子世家》，中華書局，1982年11月第2版，第1936頁。
〔註28〕張國淦，《張國淦文集續編》（經學卷上），北京燕山出版社，2009年1月，第17頁。
〔註29〕夏傳才，《詩經學四大公案的現代進展》，載《河北學刊》，1998年第1期。

最後，孔子刪詩所得到的本子是儒家的定本，但是要真正得到推廣和得以確立其儒家經典的地位，則要通過後來的儒家弟子宣講、使用，特別是孟、荀的努力，而經典化的過程也是《詩》在後世經學化的基礎。到漢代以後，隨著儒家思想的經學化，先秦的《詩》也自然經學化為《詩經》了。

（三）先秦《詩》學的早期發展特點

出土文獻為我們擺脫學術發展史層累的觀念對先秦《詩》學本來面目的遮蔽，提供了可能的新材料。這是學術前進中所要經歷的返本開新的第一步「返本」的基礎性工作。在此基礎上，要想「開新」，就要再利用當前的先進的時代知識理論所提供的新方法，對先秦《詩》學的發展規律做出接近於歷史真實的闡釋。

1、關於先秦《詩》的「巫詩起源論」

研究先秦的《詩》學，首先要解決的就是《詩》的起源問題。由於漢代以後，中國主流文化都是以儒家學說為主的經學思想，加上隨著歷史發展，大量古籍的亡佚，所以作為六經之一的《詩》的起源往往就以《禮記・經解》的「溫柔敦厚，詩教也」為代表性觀點。這一觀點，就將《詩》的起源做了政治教化的實用性解說。至於再往前描述，由於缺乏文獻根據就只能付之闕如了。

然而，近代以來，隨著《詩》出土文獻的大量發現，人們開始運用出土文獻作為新材料，結合西方新理論，對《詩》的起源進行新闡釋。就目前而言，利用西方的宗教與巫術理論結合中國的考古學發現，漸漸形成了一種影響日益擴大的「巫詩起源論」，成為一種影響較大的《詩》起源理論。這種理論認為，中國先秦的古《詩》同西方其他一些古老民族的詩歌一樣，起源於原始的巫術咒語，這種巫術咒語逐漸演變成重要的禮儀祝詞，進而再逐漸演變成詩，詩的不斷豐富與發展形成了作為作品集的《詩》〔註30〕。

「巫詩起源論」的考古學依據可能以張光直先生的「中國新石器時代和三代文化發展段落」劃分理論為代表。這一理論是將考古發現與傳世古籍相結合提出的，其主要內容有如下幾個方面：「中國的新石器時代和三代文化發

〔註30〕 這一派觀點的代表性論著有：王妍，《經學以前的〈詩經〉》，東方出版社，2007年3月；江林昌，《詩的起源及其早期發展變化》，載《中國社會科學》，2010年第4期。

展劃成一條直線則可以分成幾個清楚的段落，即：（1）石器時代，代表原始社會、階級未萌的階段；（2）玉琮時代，代表巫政結合，產生特權階級的時代，亦即《國語・楚語》所說帝令重黎二神絕地天通的時代；（3）青銅時代，代表巫政結合進一步發展，產生國家、城市、文明階段；（4）鐵器階段，代表工商業城市發達、農業技術躍進的時代。」〔註31〕張光直這一理論的分期法，首先是結合了中國早期文明獨有的、不同於西方早期文明史的豐富的玉文化特點提出來的；同時也是採取了同中國古代傳世典籍《越絕書》的相關記載相印證的方法得出來的〔註32〕。這一理論的提出本身就向我們形象地展示了二重證據法的成功運用。這一理論中的所謂「巫政結合」的說法，則是利用了西方文化人類學的理論對中國古代文明史分期進行了構擬。

張光直先生的這一分期法向我們展示了利用考古發現的成果與當代西方前沿的文化人類學理論相結合，重新解釋中國古典文明的一個具有啓發性的成果。所謂文化人類學（Sultural anrgrlplolhy）「產生於20世紀初葉，以人類社會中的行爲、信仰、習俗和社會結構爲研究對象。最初在英國通常稱爲社會人類學，在法國和德國稱爲民族學，其學科範疇相當廣泛，學科分支日趨細密，分化爲民俗學、神話學、民間文藝學等分支，其視野溝通古今，放眼世界，通過對各民族文化的比較研究，探討其共同性規律。所以，文化人類學涵蓋文、史、哲，是跨學科的綜合研究，它在20世紀後半期形成比較完整的理論體系而興盛成一種學術思潮。」〔註33〕我們當前在先秦《詩》的起源研究上，也同樣使用了這樣的方法。比如當前學界廣泛討論的「巫詩起源論」主要是將西方文化人類學中的宗教起源與巫術起源理論引入《詩經》研究的結果。這其中，大家使用較多的是弗雷澤在其名著《金枝》中所闡述的巫術起源理論。

〔註31〕張光直，《青銅時代》，三聯書店，1999年9月，第303頁。

〔註32〕張光直所參考的《越絕書》所記風胡子的古史分期史料是「風胡子對曰：時各有使然。軒轅神農赫胥之時，以石爲兵，斷樹木爲宮室，死而龍藏，夫神聖主使然。至黃帝之時，以玉爲兵，以伐樹木爲宮室、斲地，夫玉亦神物也，又遇聖主使然，死而龍藏。禹穴之時，以銅爲兵，以斲伊闕、通龍門，決江導河，東注於東海，天下通平，治爲宮室，豈非聖主之力哉。當此之時，作鐵兵，威服三軍，天下聞之，莫敢不服，此亦鐵兵之神，大王有聖德。」見〔晉〕袁康，《越絕書・越絕外傳記寶劍第十三》，上海古籍出版社，1985年10月。

〔註33〕夏傳才，《國外〈詩經〉研究新方法論的得失》，載《思無邪齋詩經論稿》，學苑出版社，2000年9月，第294頁。

我們認為，當前「巫詩起源論」在對先秦《詩》的起源問題的研究上，大膽採用西方前沿理論的勇氣與探索精神可嘉。但是，同張光直先生為我們所做的示範性成果相比較，這些探索都在方法與材料並重的兩條腿走路方面，顯得方法論使用較為充分，而考古與傳世文獻材料的應用則顯得不足，給人形成一條腿長一腿短的印象。在這些材料的使用上，缺乏足夠的直接相關證據，往往是帶有在巫術理論前向抑制下，尋找出材料加以推論、演繹式證明的傾向。因此，在目前未能有新的直接文獻證據的前提下，我們對時下影響力日益廣泛的「巫詩起源論」要保持一個冷靜的求真態度，避免形成不紮實的結論。

2、從口頭到成文的《詩》

近年來，隨著人們對《詩經》出土文獻的研究應用日漸深入，結合西方的先進方法論，對先秦《詩》學早期形態研究取得了一定的新收穫。如前所述，帕利－勞德理論所主張的「口頭文學的出現早於書寫文學」觀點，對我們研究先秦《詩》的早期傳播特點就有了新的啓示。從這一觀點出發，我們大致可以提出一個先秦《詩》的演變規律：從口頭到成文。我們雖然是在西方文學理論的啓示下得出的這一觀點，但是我們至少有中國的兩重證據加以證明：出土文獻與傳世文獻。

從出土文獻方面來看，我們可以發現在眾多的新出土的《詩》中，存在著大量與傳世本《詩經》不同的異文。這一點已經引起大家的重視，特別是歐美學術界對此多有心得。這些異文現象，從某種程度上也可以說明，在《詩》的早期傳播過程中，因為有不同的人口耳相傳，就有不同的文字記錄。但是，大家口頭傳播的《詩》的內容，在歷史的選擇下，日漸趨同。這就為日後形成穩定的文本做好了準備。出土文獻還存在著一定數量的逸詩，這也說明《詩》在走向成文過程中，經過了歷史的選擇，到經學時代又有人為的選擇。

從傳世文獻中，我們也有大量的根據證明這一觀點的正確性。首先，在傳世文獻中有大量的口頭表達《詩》的記錄。如前所引《漢書·藝文志》言：「凡三百五篇，遭秦而全者，以其諷誦，不獨在竹帛故也。」這條材料既說明了先秦詩無定本，同時也說明了「諷誦」一類口頭傳《詩》在先秦時期是一個重要的形式。同樣，孔子在論語中也有「誦詩三百」之說。墨子更有「誦詩三百，弦詩三百，歌詩三百，舞詩三百」之說〔註34〕。

〔註34〕孫詒讓，《墨子閒詁》，見《諸子集成》（4），上海書店，1986 年 7 月，第 275 頁。

有學者認為中國古代口頭傳經要比文本傳經重要得多，這種現象持續到西漢。〔註35〕另外，在歷史記載中，先秦存在著「采詩、獻詩」的制度。在這一制度所採之《詩》是為了供統治者瞭解民情所用。這些詩往往是人們抒發情感的即興作品，因此從其產生到早期傳誦無疑是以口頭為主的。所謂「男女有所怨恨，相從而歌，饑者歌其食，勞者歌其事。男年六十，女年五十，無子者，官衣食之，使之民間采詩。鄉移於邑，邑移於國，國以聞於天子。故王者不出牖戶，盡知天下所苦；不下堂，而知四方」〔註36〕。

我們上邊通過三類論據說明了《詩》在先秦時代的傳授特點是從口頭到文本演變的。這一觀點的學術意義有兩點。其一，既然理論與現實的證據表明了《詩》的早期傳播是以口頭為主，那麼文本記錄只是一個輔助記憶的手段（這一點在「先秦詩無定本」中已經說明），所以我們同樣要注意利用出土文獻還原傳世文獻的限度，這一點在前述「詩無定本」中已經提出，這裡再從這一角度加以強調，以免我們在新材料使用過程中，矯枉過正，犯了以今釋古的錯誤。其二，透過這一規律，我們可以進一步來正確把握《詩》流傳早期的歷史背景，為準確理解《詩》以外的其他經典也提供了較接近歷史真實的歷史語境。

3、從引詩證言到隨文生義：《詩》學的用中之變

先秦時期對《詩》的應用範圍是十分廣泛的，從「饑者歌其食，勞者歌其事」到社會交往、政治教化、外交應用，幾乎涉及人類生活的方方面面。洪湛侯先生就將《詩三百篇》的應用分為：作詩應用、言語引詩和外交賦詩，並將人們對詩的具體應用方法：「歌詩」、「誦詩」、「賦詩」、「引詩」做了較細緻的區分〔註37〕。為了便於我們今天的理解，我們可以將《詩》學的功用從以「人」這個具體應用者為主體的角度，總結為引詩與論詩兩種主要方式。這兩種方式基本上可以將學術思想史上人們對《詩》的應用方式統攝起來，提綱挈領。

〔註35〕參見：〔美〕柯馬丁，《出土文獻與文化記憶——〈詩經〉早期歷史研究》，載姜廣輝主編，《經學今詮四編》（中國哲學第二十五輯），遼寧教育出版社，2004年8月，第126～127頁。

〔註36〕《春秋公羊傳注疏》卷十六「宣王十五年」何休注語，見《十三經注疏》，中華書局，1980年10月，第2287頁。

〔註37〕詳見：洪湛侯，《詩經學史》，中華書局，2002年5月，第49～59頁。

在此基礎上，我們可以再進一步將《詩》學在被使用中也逐漸形成了自身價值的豐富進行規律性的探索。這一規律就是對詩的應用，從引詩說理或者引詩證言，逐漸發展到引詩而隨文生義。換言之，即《詩》的應用從意義的闡釋，發展到生成了新的意義。我們今天利用西方詮釋學的「視界融合」理論理解起來，就會較爲容易地把握與理解這一學術發展規律。伽達默爾所謂的「視界」就是一個人從他已有的傳統或「成見」出發所看到和理解到的可能範圍。理解就是不斷地擴大自己的「視界」，與「文本」的「顯視界」與「隱視界」相融合，形成一個全新的「視界」。這一過程就是「視界融合」〔註38〕。人們正是在對《詩》的引用、說解與議論的過程中，實現瞭解說者所處的時代的視界與《詩》所反映的時代之視界融合，就會生成出新義。正像有學者所發現：「同樣的詩句被引用，而其詩句隨著文章脈絡、引詩者的目的、對詩句理解的變化產生不同的引詩意義。」〔註39〕

第二節　出土文獻視野下的荀子與儒家《詩》的經典化

　　孔子編訂六經作爲教授學生的教材，在不斷的教學相長中，這些教材逐漸走向經典化。六經教材通過孔子後學的不斷深化與推廣，也就是教學中的書本知識不斷與社會現實相結合，不斷強化了其經典地位，最終由荀子集大成，完成了經典地位的確定工作。長期以來，由於對孔子後學同六藝經典化關係的研究不足，導致了對孔子與六經關係也出現了不同的疑問，甚至形成所謂的學術公案，如前揭的孔子刪詩公案。所以，我們如果將荀子對《詩》的經典化問題解決了，也就向上回溯式地解決了孔子與六經的關係問題。當前的有利條件是大量出土文獻正好集中在與荀子的較近之時代，這樣就爲彌補孔荀之間及荀子與漢代諸經師之間的學術源流關係問題提供了新材料。同時也爲我們研究儒家經學對漢代以後產生何種程度的影響提供條件，從而也爲解決荀子在學術史上長期處於毀譽參半的尷尬境遇提供了可能。

〔註38〕參見：車銘洲編著，《現代西方哲學流派》，天津教育出版社，1989 年 7 月，第 448～449 頁。

〔註39〕吳萬鍾，《從詩到經──論毛詩解釋的淵源及其特色》，中華書局，2001 年 3 月，第 42 頁。

一、荀子在儒家詩學史上雙重評價之學術思想史考察

　　對於荀子詩學成就的認識，在學術思想史上長期存在著肯定與否定並存的現象。肯定者認爲漢代以後所有家派的《詩》都是由荀子傳授下來的，否定者則否定某一家《詩》或某幾家《詩》爲荀子所傳。這與我們在緒論中所描述過的學術史上長期存在的「尊荀──抑荀」並立的學術思維模式是相統一的。因此，研究荀子對儒家《詩》的經典化之作用，首先要對這一問題加以考辨，然後才能正確評價荀子在《詩》的經典化進程中的作用。

（一）對荀子詩學成就持肯定一派的觀點

　　對於荀子詩學成就持肯定態度的文獻，在漢代可以劉向《孫卿新書三十二篇敘錄》爲代表：「孫卿善爲《詩》、《書》、《禮》、《易》、《春秋》。」此後學術史上對荀子傳經之肯定性記錄大多本於這一條史料。到清代汪中做了較爲全面的總結：「荀卿之學出於孔氏，而尤有功於諸經。《經典敘錄・毛詩》徐整云：『子夏授高行子，高行子授薛倉子，薛倉子授帛妙子，帛妙子授河間人大毛公，毛公爲詩故訓傳於家，以授趙人小毛公。一云子夏傳曾申，申傳魏人李克，克傳魯人孟仲子，孟仲子傳根牟子，根牟子傳趙人孫卿子，孫卿子傳魯人大毛公』。由是言之，《毛詩》，荀卿子之傳也。《漢書・楚元王交傳》：『少時嘗與魯穆生、白生、申公，同受《詩》於浮丘伯，伯者孫卿門人也』。《鹽鐵論》云：『包邱子與李斯俱事荀卿（包邱子即浮丘伯）。』劉向敘云：『浮丘伯受業爲名儒。』《漢書・儒林傳》：『申公，魯人也。少與楚元王交，俱事齊人浮丘伯受《詩》。』又云：『申公卒，以《詩》、《春秋》授，而瑕邱江公盡能傳之。』由是言之，《魯詩》，荀卿子之傳也。《韓詩》之存者，外傳而已，其引荀卿子以說《詩》者，四十有四。由是言之，《韓詩》，荀卿子之別子也。」〔註40〕汪中的這一段話，把魯詩、齊詩、韓詩這三家最重要的《詩》派的傳授者都歸宗於荀子，同時列舉毛詩之傳的二種主要統序中也包括荀子一系，可以說是對荀子詩學成就最全面的肯定。這樣，在汪中的觀點中，荀子就成爲漢代詩學的主要傳授者。清代經學家皮錫瑞也認爲：「惟荀卿傳經之功甚巨……荀子能傳《易》、《詩》、《禮》、《樂》、《春秋》，漢初傳其學者極盛。」〔註41〕這二人的說法都肯定了荀子在儒家詩學傳承中的重要貢獻，同時也就肯定了荀子的詩學造詣。

〔註40〕　汪中，《述學》，見王先謙，《荀子集解・考證下》，載《諸子集成》（2），上海書店影印出版，1986 年 7 月，第 14 頁。

〔註41〕　皮錫瑞，《經學歷史》，中華書局，2004 年，第 31～32 頁。

（二）對荀子詩學成就持否定一派的觀點

　　然而，至唐孔穎達開始，隨著學術史上對荀子思想認識的尊崇與貶抑現象的交互存在，有人對《史記》、《漢書》以來關於荀子詩學的肯定性觀點表示懷疑。這種懷疑首先是從對荀子與漢代詩經傳授關係的質疑開始的。如上所引，汪中在《荀卿子通論》裏對荀子傳《詩》之事的考證引《經典敘錄·毛詩》：「徐整云：子夏授高行子，高行子授薛倉子，薛倉子授帛妙子，帛妙子授河間人大毛公，毛公為《詩故訓傳》於家，以授趙人小毛公。一云：子夏傳曾申，申傳魏人李克，克傳魯人孟仲子，孟仲子傳根牟子，根牟子傳趙人孫卿子，孫卿子傳魯人大毛公。」這裡邊提到的兩個《毛詩》傳授系統，就為此後質疑荀子傳《毛詩》埋下了伏筆。同時，由於《毛詩》在漢以後成為唯一沒有亡佚的權威詩本，所以在漢以後否定毛詩與荀子的關係就隱含了否定荀子詩學在儒家經學史上的地位之意義。直到民國時期的古史辨派仍有人加以繼承與延續。其代表性觀點可參見本文文《緒論》中所述的李鳳鼎《荀子傳經辨》、錢穆《先秦諸子繫年·孔門傳經辨》以及江林昌《郭店楚簡〈詩論〉與早期經學史的有關問題》中的觀點，此不重複。

（三）荀子在儒家詩學史上雙重評價之現代思考

　　我們通過對學術史上長期存在的對荀子尊崇與貶抑交互並存的考察，也就可以理解歷史上關於荀子與儒家詩學思想的貢獻問題存在歧義的歷史背景了。近代以來引入西方學術方法後，在形成解放思想、打開眼界的有益效應同時，也出現了脫離中國學術發展史特點、全盤西化地解讀經典的「新傳統」。我們從方法論上對這兩種傾向進行反省，就成為一個正確評價荀子在學術思想史上地位的重要理論前提。在這一知識背景的指導下，我們要求得新的學術進展，首先就要回到荀子思想的源頭，盡可能利用與荀子時代較近之材料，重新對荀子思想進行合乎歷史實際的評價，這樣才能達到較接近事實之結論。因此，具體到荀子《詩》學的研究，我們從近年來大量湧現的出土文獻出發，就是一個擺脫傳統束縛，避免近代西化，進行全新闡釋的切入點。

二、二重證據視野下的荀子與儒家《詩》的經典化

　　解決好荀子對儒家詩學的發展與傳承的關係既關係著對荀子本身學術史地位的問題，也同時關係著儒家詩學經典化的關鍵問題。那麼，我們採用什

麼樣的思路來完成這一工作呢？梁啓超有言：「凡思想皆應時代之要求而發生，不察其過去及當時之社會狀況，則無以見思想之來源。凡一思想之傳播，影響必及於社會，不察其後此之社會狀況，則無以定思想之評價。」〔註 42〕我們這裡要從學術思想史的發生與影響的角度來解決這一問題。首先，我們要看在荀子之前的詩學發展狀況；然後再考察經荀子傳承之後的詩學狀況，從而在學術流變中考察荀子學術活動的實際貢獻。在此基礎上，來抽象概括荀子對儒家詩學思想的經典化貢獻。

　　傳統上的《詩經》研究，主要是從歷代學者與著作對《詩經》的引用與論說入手，來考察《詩經》的學術影響。通過被學者及其著作不斷地引用，《詩》逐漸走向經典化；通過學者不斷地進行論說，《詩》的經典地位不斷強化。所以我們在具體研究《詩》的經典化過程中，分別從引詩、論詩及歷史影響三個方面進行分析。

（一）簡帛引詩與荀子為代表的孔子後學對《詩》的經典化進程之推進

　　如果我們閱讀儒家經典，就可以發現對詩的引用比比皆是，這也同樣加強了它的經典化進程。因爲正是在引用的過程中，「新文本成爲某文化譜系的一部分，其中，先人被賦予的聲望和尊貴的地位反過來成爲支撐、確立後人地位的權威。新文本重申舊典長久的權威，使該傳統得以永存；同時它（現已成爲該文化傳統的一部分）也提升了自身且增強了自己有望傳承的可能性──只要它與舊典親密的依附關係受到它們同屬社群的重視。」〔註 43〕因此，我們認爲在儒家的教學與著述中對六藝作品的反覆引用是促使這些作品本身經典化的一個重要手段。這一現象在傳世文獻中可以得到毫無疑問的支持。同時，近年來大量出土的簡帛文獻也同樣對此提供了有力的證明。

　　具體到詩學研究方面，可以拿簡帛引詩較爲集中的篇章做一些案例分析。有學者統計，《郭店楚墓竹簡》的《五行》篇引《詩》9 處，且基本上都與現存的傳世本《毛詩》相同、相近或相關；《郭店楚墓竹簡》的《緇衣》篇引《詩》24 處，作者同時將其與《上海博物館藏戰國楚竹書》的《緇衣》篇進行比較，二者大同小異且基本上都與現存的傳世本《毛詩》的相同、相近

〔註 42〕 梁啓超，《先秦政治思想史》，東方出版社，1996 年 3 月，第 10 頁。
〔註 43〕 〔美〕柯馬丁，《引據與中國古代寫本文獻中的儒家經典〈緇衣〉研究》，載《簡帛研究》（二〇〇五），廣西師範大學出版社，2008 年 9 月。

或相關，只有一篇無法與現行的《毛詩》中的詩句對應，屬逸詩；作者還分別對《上海博物館藏戰國楚竹書》的《孔子詩論》、《民之父母》、《曹沫之陳》、《采風曲目》與《逸詩》的引詩，河北平山三器的 11 處引詩條目進行了逐條統計〔註44〕。這些戰國時期出土文獻如此高頻率的引詩情況，說明自孔子編訂儒家詩學讀本之後，在其後學中得到了普遍的認同，並加以權威性引用，從而爲詩奠定了經典地位的堅實基礎。

孔子開啓的《詩》的經典化過程，完成於荀子。首先，我們說荀子完成了《詩》的經典化，是因爲從荀子的著作中充分地透露出他對先秦引詩方式的全面繼承。在《荀子》全書的 32 篇中，共有 27 篇引用《詩》，全書共引《詩》83 次。可見，荀子在自己的著作中已經把《詩》完全當作經典運用，來證言說理。其次，我們說荀子在繼承孔子述而不作式的引《詩》傳統的同時，又進一步對《詩》的社會政治功能進行了理論化建設，從而使《詩》從單純的學術理論走向與現實政治的結合，從而強化了《詩》的經典化地位。

（二）簡帛論《詩》與荀子對儒家《詩》的經典化集成與發展

我們將儒家六藝之學的發展與演變過程區分爲兩個階段，這兩個階段的開啓者分別是孔子與荀子。二人推動儒家六藝之學向經典化方向做階段性提升的方法都是一樣的，都是採取繼往開來的方式。孔子總結三代之學，收集並編訂了他認爲能集中反映三代之學精髓的六種著作，通過教學過程開啓了這六藝之學的經典化歷程。我們之所以拿孔子時代作爲儒家著作經典化的第一階段標誌，是根據孔子處理這些著作的方式：「述而不作」來加以判斷的。孔子不斷的講授與傳播，使這些著作通過其學生的發揚與擴散，不斷地增強其影響，逐漸形成了經典的地位。所謂經典往往是側重於對作品學術地位的描述。在中國傳統學術話語中，經學是一個特有的名詞，經學著作是經典的代名詞，我們認爲一個作品要成爲經學著作，其形成過程一方面要有經典化的影響力與感召力，另一方面要在經典化的同時不斷地結合歷史與現實形成系統的理論體系。就目前來說，我們之所以說孔子只是開啓了六藝的經典化進程，就是因爲孔子缺乏對這些著作的系統的理論著作，雖然有孔子作《易傳》的說法，但這也是存在著諸多分歧之說。

〔註44〕 萬立斌，《戰國出土文獻引〈詩〉條綴》，載《廣東教育學院學報》，2009 年第 1 期。

1、《孔子詩論》對孔子詩學的繼承與發展

具體到儒家詩學的演變史，上海博物館藏戰國楚竹書《孔子詩論》的面世，則為我們研究儒家《詩》的經典化演變提供了關鍵性的文獻根據。上海博物館於 1994 年在香港文物市場搶救性購買了一批戰國竹簡，經過保護、整理於 2001 年出版了《上海博物館藏戰國楚竹書》（一），其中有 31 枚與孔子論詩有關的竹簡被整理者定名為《孔子詩論》。對於這一篇名，學術界還有不同的意見，我們暫且不論。我們就此篇詩論的內容來看，有一點是毫無疑問的，這是一篇集中討論《詩》的理論集。根據其具體內容，基本上可以看出是孔子的學生或後學記錄孔子授詩的一些觀點，其中也間或夾雜著個別作者利用孔子的詩論來證明自己對詩的觀點。《孔子詩論》的發現可以說明，通過孔子弟子記錄的孔子議論詩的豐富內容，說明孔子在「述而不作」的前提下，對《詩》的社會政治功用也做了前瞻性思考，這就為以荀子為代表的孔子後學實現《詩》的經典化指示了方向。這樣，《孔子詩論》「不是像春秋時代那樣，強調詩的興喻意義，而是把詩與社會、政治及歷史聯繫起來，從《詩》探尋周代社會政治盛衰之跡」〔註45〕。這是孔子後學繼承與發揮孔子對《詩》的經典化之成績並做進一步努力發展的重要標誌。

2、荀子詩論對孔子後學詩論成果的經典化集成

我們認為荀子在孔子完成《詩》的經典化的基礎上，對孔子述而不作的原則進行了推進〔註46〕。這一點在其對詩的理論化論述中就可見一斑。《荀子·儒效》就有專門集中論詩的內容：「聖人出也者，道之管也。天下之道管是矣，百王之道一是矣。故《詩》、《書》、《禮》、《樂》之歸是矣。《詩》言是其志也，《書》言是其事也，《禮》言是其行也，《樂》言是其和也，《春秋》言是其微也。故《風》之所以為不逐者，取是以節之也；《小雅》之所以為《小雅》者，取是而文之也；《大雅》之所以為《大雅》者，取是而光之也；《頌》之所以為至者，取是而通之也。天下之道畢是矣。」荀子這段集中論詩的內容已經具有相當高的理論水平，使詩的學術思想與政治倫理思想結合得緊密而又自然，可以說是促進《詩》經典化的理論標誌。

〔註45〕劉毓慶，《楚竹書〈孔子詩論〉與孔門後學的詩學傾向》，載《北京師範大學學報》（社會科學版），2004 年第 4 期。

〔註46〕按：或許在孔子教學所「述」的內容中，有大量的「創作」，但是孔子並沒有主動加以撰著，可能是孔子自己認為尚不成熟，亦或孔子有更深遠之意味。《孔子詩論》顯然是弟子對孔子論詩的記錄與發揮。

　　如果我們將荀子的這段詩論納入學術思想演變中進行歷史的比較研究，我們就會發現荀子詩論對孔子後學的詩論進行了繼承與完善，從而形成了系統的理論體系。這一點就非常鮮明地體現在荀子與《孔子詩論》的關繫上。我們知道，上博簡《孔子詩論》與郭店楚簡的成書時間大致相同，即學術界較爲通行的「孔孟之間」（該說始於龐樸先生），因此應該略早於荀子成書之時間。我們從二者內容的比較上也可以發現二者有著一定的相關性。例如《孔子詩論》論《頌》：「《訟》，坪惪也，多言後。丌（其）樂（樂）安而遲，丌（其）訶紳而惕，丌（其）思深而遠，至矣。」這段論述《頌》之要旨的話大意爲：「《頌》的內容主要是關於平正之德的，常常要講述對後世的影響。（與它相配的）音樂安詳而和緩，它的歌聲平易而規範，它所思慮的深邃而長遠。這樣就達到（深謀遠慮的目的）了。」〔註47〕這一段論述同荀子的「《頌》之所以爲至者，取是而通之也」的意思在總體上是一致的。只不過荀子省略了對《頌》的表演儀式要件的描述，直接用一句話進行概括，總結出《頌》的要旨。這就說明荀子的詩論有了成熟的理論性特點，因此也可以說荀子是在《孔子詩論》基礎上進行了進一步的哲學概括，正是這一哲學概括過程，完成了《詩》經典化的理論構建任務。

　　我們再回到《荀子‧儒效》論詩上面來，就會發現開始的三句「聖人出也者，道之管也。天下之道管是矣，百王之道一是矣。故《詩》、《書》、《禮》、《樂》之歸是矣」說明荀子研究六經的指導思想是聖人之道。在此基礎上，荀子特別論述了六經及詩經四體在實現聖人之道中的地位與作用。我們這裡更要進一步說明，正是由於荀子詩論具有了《詩經》學理論基礎的成就，同時又是在探求聖人之道的指導思想下進行的理論構建，因此荀子實際上就完成了儒家《詩》的經典化理論構建，並在其講學中加以推廣和實踐，進而也爲漢代儒家《詩》的經學化準備了條件。

〔註47〕譯文主要參考了《上海博物館藏戰國楚竹書》（一）中《孔子詩論》相關內容的「釋文考釋」，以及季旭升主編《〈上海博物館藏戰國楚竹書〉（一）讀本》中《孔子詩論》相關部分的內容，並根據個人理解進行了一定的調整。

第二章　荀子與儒家《書》的經典化

　　在儒家六藝之學中，《詩》、《書》無疑是居於重要地位的兩科學問。我們在研讀先秦典籍時，常常見到《詩》、《書》並舉的情況。似乎在先秦時期，《詩》、《書》作為二部最重要的經典，已經是一個常識性的知識。然而，正是由於二者的這一重要特點以及流傳歷史久遠，給我們理解其要旨增加了難度。本章擬從梳理學術史上《書》的經典化入手，借助於新出土的簡帛文獻，對儒家《書》學的早期形態做一文化還原式的研究，以利於我們更好地把握《書》學的本來面目，從而為我們在新的時代語境下推進儒家書學思想研究，指導現實而準備條件。

第一節　儒家《書》經典化的歷史考察

　　先秦所說的《書》即現在我們稱之為《尚書》的儒家著作。這是中國古代最早的一部以記載政事及其啟示的歷史文獻結集。尚書是取其為「上古之書」之意。《尚書》所記載的史事從傳說中的堯舜時期，到春秋中期的秦穆公時代，上下約一千五百餘年。因此，它是研究這一歷史時期的政治、經濟與思想文化的重要史料。正是由於記載時間跨度逾越一千五百年，成書之後流傳至今二千年，所以從其開始記載的歷史到今天已經有三千五百多年，在學術史上就留下了許多問題。這些問題是我們在今天借鑒與利用這部古老經典的障礙，所以在不同的時代，都要隨著思維發展與學術進步，對其進行不斷的解答，從而也就不斷地增加了其自身的經典性內涵。

一、儒家《書》的經典化研究聚焦

在後來被稱作儒家六經的六部經典中，《尚書》的成書與流傳時間跨度，幾乎是最長的，六經之中只有《詩經》能與之大致相當。然而，在我們看來，在先秦時期，《詩》的早期流傳方式往往是同樂結合在一起的儀式性的方式，然後逐漸走向文本記錄形式。而《書》的早期流傳則不同，從一開始就是以專門的人員以有意識的記錄的方式流傳的，所謂「惟殷先人，有冊有典」、「左史記言，右史記事」。這裡所說的典、冊，以及在其上面所記錄的言、事，應該大部分都是後來的書的內容，當然也有一部分是春秋的內容。從這一角度來看，《尚書》是最早的經文本形式流傳下來的經典之一應該沒有問題。

（一）《書》今古文之爭及其對《書》經典化研究的影響

我們說《尚書》流傳時間久遠，存在的問題也就較多，且長時間爭論難以達成共識。王國維作為中國現代學術範式的開山者，曾經自謂只能掌握《尚書》的十分之三四，可見《尚書》學的艱深。我們現在所能閱讀到的《尚書》主要有二個版本，即《今文尚書》與《古文尚書》。這兩類尚書的存在，本身就是貫穿自漢代以來二千多年的學術史上爭論的一大焦點。《今文尚書》流傳至今的有二十八篇，相傳是經秦火之後，由漢初伏生背誦並用當時流行的文字──隸書記錄下來，傳之後世，故稱為《今文尚書》。《古文尚書》流傳至今有二十五篇，據古文經學家所言，是在漢武帝末年，魯恭王壞孔子宅，由孔子故宅牆壁中發現的，是用先秦時期的文字書寫的，相對於漢代的文字，先秦時期的文字就被稱為古文，《古文尚書》由此得名。流傳至今的《古文尚書》又被稱為《偽古文尚書》，這是因為相傳漢代發現的《古文尚書》在東漢以後就失傳了。到了東晉時期，當時的豫章內史梅賾向當朝獻《古文尚書》二十五篇及相傳為孔安國所作的《尚書傳》，後被立為官方學問。唐代作《五經正義》就以此本為《尚書正義》的底本，並成為取士的標準本。這樣，從東晉到唐代，《古文尚書》達到了其學術史上的高峰期。但是從宋代開始，就有人懷疑梅賾當年所獻《古文尚書》的真實性，從吳棫作《書稗傳》，到朱熹授徒的語錄中都開始提出疑問；明代梅鷟作《尚書考異》明確指出《古文尚書》及孔安國所作的《傳》為偽書，後來清代的閻若璩作《古文尚書疏證》，惠棟作《古文尚書考》，利用考據方式，主要通過將《古文尚書》中相關的文句，找到其在其他典籍中的來源的方法，加以證偽，特別是閻若璩在《古文

尚書疏證》中列出了一百二十八條證據。這樣就將《古文尚書》與孔安國的《尚書傳》定爲偽書，學術界也一直將其當做清代考據學的代表性成果之一，將這一證偽工作稱作鐵案。於是將這兩部書稱爲《偽古文尚書》及《尚書偽孔傳》。後來又經丁晏《尚書餘論》的進一步考證，證明作偽者是晉代的王肅。因此，我們要說明的是現在流行的十三經注疏本的《尚書》則是《今文尚書》與《偽古文尚書》的混合本。

（二）孔子刪《書》問題對《書》經典化研究的影響

在儒家對於《書》的經典化問題上，《書》是否是經孔子刪定，也是學術史長期爭論的焦點。對於這個問題的回答，直接關係到《尚書》在何時開始具備了儒家經典的地位，這是經學發生史上一個重要的開端問題。我們不妨首先來進行一個學術史上的梳理。

首先，關於孔子曾經刪《書》的記載主要有：1、司馬遷「孔子之時，周室微而禮樂廢，《詩》、《書》缺。追記三代之禮，序《書》、《傳》，上紀唐虞之際，下至秦繆，編次其事。……故《書傳》、《禮記》自孔氏。」〔註1〕2、班固「《書》之所起遠矣，至孔子纂焉。上斷於堯，下迄於秦，凡百篇而爲之序，言其作意。」〔註2〕這是班固對司馬遷之說法的繼承與支持。3、皮錫瑞「猶之刪《詩》爲三百篇，刪《書》爲百篇，皆經孔子手定而後列於經也」。〔註3〕這是對馬、班二人的傳統觀點的全面支持。4、康有爲認爲：「《書》舊名。舊有三千餘篇，百二十國；今二十八篇，孔子作，伏生所傳本是也。」〔註4〕這是將肯定孔子刪定《尚書》的說法做了進一步的發揮，甚至認爲是孔子作《尚書》。所以，康有爲可以說是支持孔子刪訂《尚書》的極端派。

其次，否定孔子曾經刪訂《書》的觀點有：1、徐復觀「就經學而論，孔子刪《詩》、《書》的說法是難於置信的，但他在下述三點上，給了經學以決定性的基礎。第一，他把貴族手上的文化及文化資料，通過他的『學不厭，教不倦』的精神，既修之於己，且擴大之於來自社會各階層的三千弟子，成

〔註1〕司馬遷，《史記·孔子世家》，中華書局，1982年11月第2版，第1935～1936頁。

〔註2〕班固，《漢書·藝文志》，中華書局，1962年6月，第1706頁。

〔註3〕皮錫瑞，《經學歷史》，中華書局，2004年，第1頁。

〔註4〕康有爲，《孔子改制考》（卷十），載《民國叢書》（第四編），上海書店，1992年12月，第2冊。

為眞正的文化搖籃，以宏揚於天下，成為爾後兩千多年中國學統的骨幹。第二，孔子說『興於《詩》、立於禮、成於樂，把《詩》、禮、樂當作人生教養進升中的歷程，這是來自實踐成熟後的深刻反省所達到的有機體的、有秩序的統一。第三，從《論語》看，他對《詩》、《書》、禮、樂及《易》，作了整理和價值轉換的工作，因而注入了新的內容與形式」。2、錢玄同「我現在以爲：（1）孔丘無刪述或製作「六經」之事。（2）《詩》、《書》、《禮》、《易》、《春秋》本是各不相干的五部書。……《書》似乎是「三代」時候底「文件類編」或「檔案文存」，……但我頗疑心它並沒有成書，……無論今文家說是二十八篇，古文家說是一百篇，都不足信；既無成書，便無所謂完全或殘缺。因為它常常被人稱引，於是「託古」的人不免要來偽造了。現在的二十八篇中，有歷史底價值的恐怕沒有幾篇。如《堯典》，《皋陶謨》，《禹貢》，《甘誓》等篇，一定是晚周人偽造的。」〔註5〕這可以說是否定孔子曾經刪定《尚書》的極端派代表。

我們認爲，所謂孔子刪《書》與孔子刪《詩》一樣，是爲了教授學生而編訂教材的工作，這應該是沒有問題的。正是因爲這一編訂教材的工作，以及在這教材的教育與影響下，《書》開始從廣義的先秦古書之一，逐漸向儒家經典演變。因此，正是孔子編訂，爲《書》的經典化拉開了序幕。

二、《書》出土文獻與儒家《書》學經典化新證

上述兩個代表性問題，即《尚書》的今古文及作偽問題，以及孔子刪《書》與《書》的經典化問題，是《尚書》學史上兩個歷久彌新的根本性問題。我們今天要利用《尚書》穿越三千年迷霧所能帶給我們的歷史智慧，就一定要對其進行逐本溯源式的考察，去掉歷史迷霧對我們的影響，這樣才能眞正掌握其精髓。近代以來，隨著考古學的興起，大量湧現的出土文獻爲我們實現這一學術工作提供了條件。

（一）《書》出土文獻概要及其學術思想史意義

就目前考古發現而言，完整的《尚書》或較集中的部分《尚書》的本子還沒有發現。因此《尚書》出土文獻主要存在於其他篇章對《尚書》的引用

〔註5〕錢玄同，《答顧頡剛先生書》，載《古史辨》（第一冊），海南出版社，2005年5月，第82～87頁。

上。這些引用內容非常豐富，特別令人值得深思的是，有的出土文獻所引的《尚書》類的文句，往往會同已經被清代學者證偽的《古文尚書》相同或相關。這就不得不引起我們對清代考據學的重新思考。另一類值得我們注意的是，在出土文獻中存在著傳世本不載的《尚書》句子，即所謂逸書。這對我們研究《書》的經典化無疑是一個重要的背景資料。

　　根據李零總結，重要的與《尚書》有關的出土文獻有「郭店楚簡和上博楚簡都有《緇衣》篇，其引《書》值得注意。因為簡本也好，今本也好，都包含了今人所謂《古文尚書》的篇章。簡本引《書》包括：《尹誥》1 條，《君牙》1 條，《呂刑》3 條，《君陳》2 條，《祭公之顧命》1 條，《康誥》1 條，《君奭》1 條，共 10 條。其中，《尹誥》即《書序》的《咸有一德》，屬於所謂《古文尚書》，而《祭公之顧命》，則相當於《逸周書·祭公》。《禮記》本各簡本不同，其第十六章，為簡本所無。另外，郭店楚簡《成之聞之》也有《書》的引文，包括：《大禹》1 條、《君奭》3 條、《訊命》1 條、《康誥》1 條，共 6 條。其中《訊命》也是逸書。這些對研究《尚書》的流傳有幫助，對研究《尚書》的辨偽也有幫助。」〔註6〕另外，馬王堆帛書《要》篇中有記述孔子論書的話「《尚書》多於矣，《周易》未失也。」這為我們探求孔子的《書》學思想提供了材料。因此我們也可以從出土文獻中尋找其他論《書》的材料，為重建傳統《書》學理論提供新資料。當然，這些工作要結合傳世文獻的比較來做，才能取得可靠之結論。

　　雖然迄今為止，我們還沒有發現完整的《尚書》出土本，但是在眾多的出土獻中存在著大量與《尚書》有關的文句。這些散落於多種出土文獻中的《尚書》文句的重見天日，也為我們提供了來自幾千年前的有關《尚書》早期形態的重要信息，因而也就對我們今天的《尚書》研究具有了重要的學術意義。

　　首先，《尚書》出土文獻可以為我們較為真實地還原學術史上的《尚書》的早期面貌，從而為我們全面認識《尚書》及其學術演變規律提供了新材料。這種還原功能體現為兩個方面，如葛兆光所概括的思想史研究中的加法與減法理論〔註7〕：一方面我們可以通過新出土的《尚書》文獻對當前的傳世本文獻做加法研究，就是通過將其與經過幾千年歷史選擇後留傳下來的傳世文獻

〔註 6〕 李零，《簡帛古書與學術源流》，三聯書店，2007 年 9 月，第 253 頁。
〔註 7〕 葛兆光，《思想史研究課堂講錄》，三聯書店，2005 年 4 月，第 313 頁。

對比，看看《尚書》出土文獻所承載的信息比傳世文獻多了哪些內容，這樣就會引發我們進一步思考，學術史上爲什麽會將這些內容加以去除；另一方面，我們也可以做減法研究，即看《尚書》出土文獻所承載的信息比傳世文獻少了哪些內容，這樣就可以辨明早期《尚書》文本在長期的歷史傳承中，被添加了哪些內容。

其次，《尚書》出土文獻與《尚書》遺留問題的新思考。如前所述，《尚書》在長期的學術傳承中存在著許多爭論不休的歷史遺留問題，有的問題甚至套用學術史上慣用語，幾乎可以稱之爲學術公案，比如今古文問題就是如此。對於這些問題，代有其人加以解決之努力，有的在一段時期內看來，似乎其提出的解決方案已經成爲「鐵案」。但是，隨著近年來《尚書》出土文獻的不斷湧現，所謂的「鐵案」也出現了一定的再思考的空間，這無疑將推動《尚書》學研究走向深入。

正是由於《尚書》出土文獻的發現，使我們對傳統的學術觀點有了重新考察的新史料。這些新史料讓我們回歸更接近於原始形態的《尚書》文本，然後再重新回顧與梳理其在學術史上的演變規律成爲可能。與此同時，那些由於歷史久遠，史料缺如而導致的有關《尚書》學的公案性質的問題，也有了在新材料支持下得到新的解決思路的可能。本節我們將舉例說明《尚書》出土文獻在這兩方面給我們解決歷史疑難問題可能帶來的新啓示。

（二）出土文獻與《書》今古文之爭的再思考

如前所揭，《尚書》今古文問題是今天《尚書》研究中一個最爲根本的歷史遺留問題。這一問題之所以具有根本性的重要意義，是因爲它直接關係到傳世本的《尚書》史料的真僞比例問題。正如始於宋代的疑古惑經運動的質疑，明代開始的全面否定，以及清代考據學家板上釘釘式的考證，已經將唐代奉爲開科取士權威的《尚書正義》文本中的《古文尚書》定讞爲《僞古文尚書》，而且似乎已經成爲所謂「鐵案」。這樣我們同清代以前的學者相比，能夠利用的《尚書》篇目就幾乎減少了一半左右。

然而，隨著近年考古發現的有關《尚書》的新史料不斷湧現，《尚書》今古文問題有了再思考的可能。新出土《尚書》首先引起我們對《尚書》今古文問題進行重新思考的現象是，它對《今文尚書》與《古文尚書》引用同時存在。所謂同時存在，甚至於在同一篇文獻中同時引用《今文尚書》與《古

文尙書》。我們以郭店楚墓竹簡與上海博物館藏戰國楚竹書都有的《緇衣》篇為例，略做說明。兩簡本《緇衣》共引《書》10條，其中屬《今文尙書》5條，屬《古文尙書》4條，屬《逸周書》1條。具體文字如下：

引《古文尙書》4條：

1、《尹誥》1條相當於《僞古文尙書》的《咸有一德》:《尹誥》云：「惟伊允及湯，咸又一德。」

2、《君牙》1條：《君牙》云：「日暑雨，少民惟日怨。晉冬旨滄，少民亦隹日怨」。

3、《君陳》2條：（1）《君陳》云：「未見聖，如其弗克見，我既見，我弗迪聖。」（2）《君陳》云：「出內自爾師於，庶言同。」

4、《康誥》1條：《康誥》云：「敬明及罰。」

引《今文尙書》5條：

1、子曰：禹立三年，百姓以仁道，豈必盡仁。……《呂刑》云：「一人有慶，萬民賴之。」

2、子曰：長民者教之以德，齊之以禮，則民有勸心；教之以政，齊之以刑，則以有免心。故慈以愛之，則民有親；信以結之，則民不倍；恭以往之，則民有遜心。……《呂刑》云：「非用致，制以刑，惟作五瘧之刑曰法。」

3、子曰：政之不行，教之不成也，則刑罰不足恥，而爵不足勸也。故上不可以衰刑而輕爵。《康浩》云：「敬明乃罰。」

4、《呂刑》云：「播刑之迪。」

5、子曰：言從行之，則行不可匿。故君子顧言而行，以成其信，則民不能大其美而小其惡……《君奭》云：「昔在上帝割紳觀文王德，其集大命於厥身。」〔註8〕

通過郭店楚墓竹簡《緇衣》篇對今古文《尙書》同時稱引，且比例相當（引用古文《尙書》只比今文《尙書》少一篇），首先讓我們想到的就是發生在漢代以後的今古文之爭問題的前提是否存在。郭店楚簡1993年出土於湖北省荊門市沙洋區四方鄉的郭店墓地。發掘者從墓葬形制和器物特徵判斷，郭店M1具有戰國中期偏晚的特點，其下葬年代在公元前4世紀中期至前3世紀

〔註8〕 以上引文參見：荊門市博物館編，《郭店楚墓竹簡》，文物出版社，1998年，第129～131頁。爲行文方便，文字做了簡化處理，讀者可參考原文。

初。墓主人當屬有田祿之士，亦即上士。〔註9〕可見郭店竹簡形成的時間要遠遠早於漢代。因此，發生在其後的今古文爭論就有可能是隨著漢以後先秦古書的散佚，導致了人們對學術傳承史所作的缺乏史料依據的判斷，從而取代了原有的實際情況。這一新材料因此也就引發了學者的新思考。李零首先從對宋代以來學者證偽方法論反思的角度，對《偽古文尚書》的再辯證提出了建議。他認爲：「我們知道，當年閻若璩作《古文尚書疏證》，他的方法和《竹書紀年》的辨偽差不多。大家說今本《紀年》是假，第一是說，它著錄太晚，是南宋才有的本子；第二說，它明知古書的引文拼湊。《尚書》情況非常類似，大家也是說，現在的本子，是唐代的本子，既不是伏生的今文本，也不是孔安國的古文本，而是魏晉以後才有，它是以孔安國本與伏生本重合的部分爲基礎，加上戰國秦漢的諸子傳說和古書引文，爲書序補白，爲經文加注，拼湊和假造的本子。其多出伏本的部分，凡見古書引用，都是抄襲；不見，都是偽造……對《尚書》的辨偽，我覺得陳寅恪先生的態度比較可取。他認爲，《古文尚書》『絕非一人可杜撰，大致是根據秦火之後，所傳零星斷簡的典籍，採取有關《尚書》部分所編纂而成，所以我們要探索偽書的來源，研究其所用資料的可靠性，方能愼下結論；不可武斷地說，它是全部杜撰的』。正是基於這樣的考慮，所以我說，這個問題並非山窮水盡，其實還可以研究。」〔註10〕根據李零所支持的陳寅恪的觀點，「研究其所用資料的可靠性」是關鍵，而大量先秦時期與《尚書》有關的出土文獻資料，則爲我們判斷這些資料的可靠性提供了新的條件。另外，也有文字學家從文字演變規律的探討入手，根據新出簡帛文獻中今古文《尚書》文句並存的現象，從具體的文字個例來分析其在演變過程中所反映出的《尚書》學史上可能存在的今古文相互聯繫與影響的情況。臧克和就通過對《尚書·君奭》中「昔在上帝割申觀文王德，其集大命於厥身」一句中歷來爭議不休的「割申」一詞的分析，來尋找《尚書》今古文之間的聯繫之線索。在此基礎上，作者認爲「我們現在所立刻及至所援引的傳世文獻，都經過了歷代學者的精心校勘整理的結果……如果設想是在沒有經過整理定型的文本基礎上進行閱讀或者引用，會出現怎樣的局面呢？像引文存在異文借用、脫文衍文、引用間接、破句失讀，往往而有。」

〔註9〕 湖北省荊門市博物館，《荊門郭店一號楚墓》，《文物》，1997 年第 7 期。
〔註10〕 李零，《簡帛古書與學術源流》，三聯書店，2007 年 9 月，第 253～256 頁。

基於這個原因，作者對當前簡帛研究中過分強調異文作用的現象提出了警示〔註11〕。

（三）簡帛所見《書》句與書的經典化規律補證

　　學術界對孔子刪《書》問題的爭論實際上關係到一個重要問題，就是儒家對《書》的經典化問題。現在我們應該認同的是孔子所謂刪書實際上是編訂《書》學教材的行為，這樣就開始了儒家對《書》的經典化歷程。這一歷程肇始於孔子，完成於荀子。經典化的肇始時期主要將其當作引經據典的根據性文獻，以引用為主。經典化的完成時期在引用的同時，也對其進行了理論建設，即通過對其進行論述形成系統的《書》學理論，同時這些理論又是同現實社會的實際應用密切相關。

　　《尚書》出土文獻為我們提供了認識《書》經典化過程的重要新材料，同時也為我們提供了孔子後學對孔子論《書》言論的記載與發揮，從而為我們展示了《書》經典化的早期歷程，在這一歷程中的樞紐性人物就是荀子。

第二節　荀子與儒家《書》的經典化

　　孔子將《書》作為儒家六藝之一，編定了固定文本的作為教材用的《書》，然後通過教學將《書》所載之內容與道理日漸增加了文化權威性，這樣也就使《書》走上了經典化。相對於西方文化中經典形成的規律，以《書》為代表之一的中國經典形成的過程大致是一致的。但是作為中國儒家著作在經典化後，又進一步上升為與國家政治相結合的權威經典著作，則是獨有的特色。在儒家著作的經典化的過程中，兩個關鍵人物是孔子與荀子。孔子開啟了儒家著作經典化之路，荀子進一步將經典化的儒家著作的地位進行了強化與確立。在儒家《書》的演變中，也正體現了這樣的規律。

一、《書》出土文獻與孔子、荀子引《書》、論《書》比較

　　在近代以前，我們在研究儒家對《尚書》的經典化的步驟時，往往會由於在孔子與孟子、荀子之間的材料不足，而難以清理出清楚的線索。有人甚

〔註11〕臧克和，《楚簡所見〈尚書〉今古文聯繫》，載氏著《簡帛與學術》，大象出版社，2010年4月。

至由於孔孟之間的文獻缺環，也開始對孔子編訂《尚書》的行為產生了逆向質疑。近代以來隨著考古學發現的不斷增多，特別是近半個世紀以來大量先秦兩漢出土文獻的出現，為我們重新接續經學歷史的缺環提供了新材料與新希望。

　　具體到《尚書》由歷史記事之書，經孔子編訂、傳播而走向經典化，再經荀子的進一步理論聯繫實際的發展，經典化地位開始日漸清晰起來。這一現象，我們可以通過出土文獻與孔子、荀子引《書》、論《書》的比較研究加以說明。這裡我們主要以上博簡與郭店楚墓竹簡的相關材料為例。因為經考古學研究，這兩種出土文獻的年代大致在公元前 300 年左右，即俗稱所謂「孔孟之間」，恰好可以向前考察它與孔子之關係，向後可以比較與孟荀之關係。下面我們就按照由此自然形成的三個比較點：孔子——楚簡——荀子的順序加以縱向比較研究。

（一）孔子與《書》的經典化早期形態

　　首先來看孔子與《書》的經典化早期形態。在這一時期，孔子對《書》的編訂與講授，開啟了《書》的經典化進程。孔子可能在講課中對《書》的引用與解釋，一定是有所發揮，但是他以極其嚴謹的態度，並沒有過度地形成文字記載的理論，這也是他一貫堅持的述而不作原則之結果。因此，據有學者的統計，《論語》中引《書》、論《書》各有 1 條。然而，從孔子後學的著作中則發現越來越多的引《書》、論《書》現象的出現。到荀子時，《書》已經成為儒家的經典之一。

（二）出土文獻與《書》的經典化之中間環節

　　其次，《尚書》出土文獻為我們提供了《書》的經典化之中間環節的特點。我們說孔子後學對孔子開創的引《書》、論《書》的經典化，進行了充分地推進與發展。我們從郭店楚墓竹簡就可見一斑。在郭店楚墓竹簡《緇衣》篇中引《書》10 條，《成之聞之》篇論《書》5 條〔註12〕。這兩篇竹簡文章都很短。《緇衣》篇約 800 字左右，就引《書》10 條，《成之聞之》約 1000 字左右，則論《書》5 條，可見在孔子之後，特別是在所謂「七十子後學」時期，對《書》的引用與理論建設已經到了相當發達與完備的程度。

〔註12〕此統計參照了劉義峰，《孔子與〈書〉教》中的統計數字，曲阜師範大學碩士學位論文，2005 年 4 月，第 24 頁。

（三）荀子引《書》及其學術史淵源

　　最後，到了荀子時代，則將孔子所發軔的引《書》與論《書》的經典化形式推向了高峰。據統計，現存《荀子》一書共 32 篇，就引《書》20 次，其中明引 15 次，暗引 5 次。其內容列示如下〔註13〕：

　　《荀子》明引《書》15 次：

　　1、《修身》：「《書》曰：『無有作好，遵王之道。無有作惡，遵王之路。』」（《洪範》）

　　2、《天論》：「《書》曰：『無有作好，遵王之道。無有作惡，遵王之路。』」（《洪範》）

　　3、《富國》：「《書》曰：『乃大明服，惟民其力懋，和而有疾。』」（《康誥》）

　　4、《君道》：「《書》曰：『惟文王敬忌，一人以擇。』」（《康誥》）

　　5、《君道》：「《書》曰：『先時者殺無赦，不逮時者殺無赦。』」

　　6、《臣道》：「《書》曰：『從命而不拂，微諫而不倦，為上則明，為下則遜。』」

　　7、《致士》：「《書》曰：『義刑義殺，勿庸以即，女惟曰：未有順事。』」（《康誥》）

　　8、《宥坐》：「《書》曰：『義刑義殺，勿庸以即，女惟曰：未有順事。』」（《康誥》）

　　9、《正論》：「《書》曰：『克明明德。』」（《康誥》）

　　10、《王制》：「《書》曰：『惟齊非齊。』」（《呂刑》）

　　11、《正論》：「《書》曰：『刑罰世輕世重』」（《呂刑》）

　　12、《君子》：「《書》曰：『凡人自得罪』」（《呂刑》）

　　13、《堯問》：「《書》曰：『其在《中虺之言》也，曰：『諸侯自為得師者王，得友者霸，得疑者存，自為謀而莫己若者亡。』」

　　14、《議兵》：「《泰誓》曰：『獨夫紂。』」

　　15、《富國》：「《康誥》曰：『弘覆乎天，若德裕乃身，不廢在王庭。』」

　　《荀子》暗引《書》5 次：

　　16、《成相》：「堯授能，舜遇時，尚賢推德天下治。……堯不德，舜不時，

〔註13〕參見廖名春，《荀子與「六經」關係新考》，載氏著《中國學術史新證》，四川大學出版社，2005 年 8 月，第 527～530 頁。

妻以二女，……禹勞心力堯有法，干戈不用三苗服，……得后稷，五穀殖，夔爲樂正，契爲司徒。」

17、《成相》：「禹有功，抑下鴻，北決九河，通十二渚，疏三江。」

18、《君子》：「《傳》曰：『一人有慶，兆民賴之。』」

19、《大略》：「舜曰：『維予從欲而治。』」

20、《大略》：「湯旱而祝禱曰：『政不節歟？使民疾歟？何以不雨至斯極也！苞苴行歟？讒夫興歟？何以不雨至斯極也！』」

通過《荀子》這20條引《書》我們可以發現，大多數情況下，荀子直接以「《書》曰」的方式引出《書》中的相關內容，來證明自己的觀點，這顯然說明荀子已經將《書》當作具有權威說服力的經典來引用說理了。這是荀子對孔子及其後學不斷發展與成熟的《書》的經典的固定化接受。然而，荀子並不滿足於只將《書》當作一種論據式的經典使用，他還要對《書》進行結合現實社會實踐的推進，並且最終要將它變成官方的權威文化經典，這就爲漢代《書》的經學化打下了基礎。

二、荀子對儒家《書》的經典化之推進

荀子在繼承儒家對《書》的經典化建設成果的基礎上，又將儒家的經典做了進一步的推進。這一推進工作主要體現在兩個方面：一是對儒家《書》學進行了理論化建設；另一方面，對儒家《書》在與現實結合中的原則與方法進行了探索。

（一）荀子對儒家《書》學的理論建設

荀子對儒家《書》學進行了系統性的理論建設。《荀子・勸學》云：「學惡乎始？惡乎終？曰：其數則始乎誦經，終乎讀禮；其義則始乎爲士，終乎爲聖人。……故《書》者，政事之紀也；《詩》者，中聲之所止也；《禮》者，法之大分，類之綱紀也。故學至乎《禮》而止矣。夫是之謂道德之極。《禮》之敬文也，《樂》之中和也，《詩》、《書》之博也，《春秋》之微也，在天地之間者畢矣。」《荀子・勸學》篇，顯然帶有對學生進行啓蒙教育的特徵。由此可見，荀子在對學生進行啓蒙教育的時候就對《書》當作此處提及的五經之一進行解說的。而且，還對《書》的內涵「政事之紀」與《書》的特點「《書》之博也」進行了介紹，同時這一介紹是將其放在五經中間相

互比較的語境進行，顯示了《書》在五經系統中的獨特地位。同時，荀子在分析了《書》及其他四經的特長之處後，也是通過《勸學》篇對《書》及其他四經的各自不足之處進行了分析：「學莫便乎近其人。《禮》、《樂》法而不說，《詩》、《書》故而不切，《春秋》約而不速。方其人之習君子之說，則尊以遍矣，周於世矣。故曰學莫便乎近其人。」這樣就形成了對以《詩》、《書》爲代表的儒家經典的全面認識。同時，也提出了「學莫便乎近其人」的觀點，爲日後形成經學往往依靠經師傳授，並各有家法提供了理論準備。

（二）「隆禮義而殺《詩》、《書》」與《書》學理論的經典定位

　　荀子將《書》與社會實踐，特別是國家層面的社會教化與治理相結合，提出了被後來的歷史所證明具有可操作性的理論，那就是「隆禮義而殺《詩》、《書》」。《荀子・儒效》有言：「故有俗人者，有俗儒者，有雅儒者，有大儒者。不學問，無正義，以富利爲隆，是俗人者也。逢衣淺帶，解果其冠，略法先王而足亂世術，繆學雜舉，不知法後王而一制度，不知隆禮義而殺《詩》、《書》；其衣冠行僞已同於世俗矣，然而不知惡者；其言議談說已無以異於墨子矣，然而明不能別；呼先王以欺愚者而求衣食焉，得委積足以揜其口，則揚揚如也；隨其長子，事其便辟，舉其上客，儼然若終身之虜而不敢有他志：是俗儒者也。法後王，一制度，隆禮義而殺《詩》、《書》；其言行已有大法矣，然而明不能齊法教之所不及，聞見之所未至，則知不能類也，知之曰知之，不知曰不知，內不自以誣，外不自以欺，以是尊賢畏法而不敢怠傲，是雅儒者也。法先王，統禮義，一制度，以淺持博，以古持今，以一持萬，苟仁義之類也，雖在鳥獸之中，若別白黑，倚物怪變，所未嘗聞也，所未嘗見也，卒然起一方，則舉統類而應之，無所儗㤰，張法而度之，則晻然若合符節，是大儒者也。故人主用俗人，則萬乘之國亡，用俗儒，則萬乘之國存，用雅儒，則千乘之國安，用大儒，則百里之地久，而後三年，天下爲一，諸侯爲臣；用萬乘之國，則舉錯而定，一朝而伯。」荀子是從爲王者用人確定標準的角度，將儒者分成三類：俗儒、雅儒、大儒。我們可以看到，雅儒就是一個治國之才，大儒則是稱霸天下的人才。因此，這二者都是荀子所肯定的。而很顯然，雅儒是荀子心目中合格的儒者的最基本的形象，而荀子爲他設計的治國知識體系是「隆禮義而殺《詩》、《書》」，就是《詩》、《書》在服從於

禮義的原則下發揮其作用。這樣，就使《書》在治國理論體系中找到了恰當的位置與使用的合理範圍，從而也就為它在後世上升為反映國家意志的文化體系中的一個組成部分準備了條件。因此，我們說荀子為儒家《書》的經典化做了最後一步的推動，這也是具有操作性的關鍵一步。

第三章　荀子與儒家《禮》的經典化

　　在孔子開創的儒家思想體系中，仁與禮是最爲核心的兩個概念。這兩個概念經孔子提出之後，又歷經孔門後學的不斷發展與完善，成爲貫穿於孔子之後二千多年儒家學說發展史的思想主線。因此，作爲儒家二個核心思想之一的禮無疑在儒學發展史上具有重要的地位。作爲儒家禮學思想的載體，禮學著作由孔子開始成爲儒家的六經之一也就是理所當然的事情了。因此，考察儒家禮學著作如何從普通的文本逐步發展爲儒家的經典著作，將會使我們從歷史發展演變規律上更加準確地理解儒家的禮學思想。

　　儒家思想由孔子創始後，在其發展與開拓上，傳統上一直以孟子與荀子爲兩個標誌性代表。一般認爲，孟子從仁的方面發展了孔子的思想，荀子從禮的方面發展了孔子的思想。這是從孟子與荀子對孔子學說所做的突出貢獻的角度立說的，並不是像後世所理解的那樣孟子只善於說仁，荀子只善於說禮，二人對仁與禮都有所繼承，只不過其發展孔子學說各有所側重。這裡邊我們認爲荀子作爲戰國末年儒家最後一個代表性人物，應該是儒家學說的集大成性的人物，他著重強化了禮的制度性與制約能力，從而保證儒家學說能夠很好地與現實接軌，具有了現實的操作性。經荀子發展的儒家思想，仁與禮總是在對立統一中前進著，形成了仁與禮的張力關係：「仁之每一步外推，同時也就是禮的一次節制；而禮的每一次節制，同時也就是仁的進一步推行。」〔註1〕正是由於這一原因，儒家思想在漢代上升爲官方思想，其功勞實應上溯至荀子。

〔註1〕劉家和，《先秦儒家仁禮學說新探》，載《古代中國與世界——一個古史研究者的思考》，武漢出版社，1995年7月，第398頁。

第一節　出土文獻與儒家《禮》的經典化歷程新探

　　傳世的儒家禮學經典有三種：《儀禮》、《周禮》和《禮記》，即通常說的「三禮」。就目前所能看到的古籍來看，先秦至西漢初年，作爲儒家的經典當指《儀禮》，隨後經劉歆的表彰與推動，《周禮》在東漢也由於立於官學，取得官方認可，因而也逐漸取得了經典的地位，而《禮記》直到唐代才取得官方認可與推重，成爲儒家禮經之一。這是我們首先應該瞭解的儒家禮學經典發展與生成的基本線索。下面我們就按照這樣的線索，來整理先秦時期儒家對《禮》經典化的早期形態。

一、儒家禮學經典文本變遷的學術思想史意義

　　儒家禮學經典的演變，經歷了一個從《儀禮》到《周禮》、《禮記》先後成爲儒家經典的演變過程。這一逐漸增加的過程，也反映了在歷史發展進程中，儒家的禮也結合著不同的時代背景有了新的發展。這些發展體現在對禮的不同內容的重視上。這樣，經過歷史的選擇，在號稱禮儀之邦的中國古代，禮的經典文本就有了三種。

（一）三禮的成書與儒家禮經演變的早期規律

　　儒家最早被稱爲《禮經》的著作是現在被稱作《儀禮》的禮學著作。《儀禮》之名始於東晉元帝時，荀崧奏請置《儀禮》博士，但未成爲通稱。唐文宗開成年間（836～840）石刻《九經》，採用《儀禮》之名，遂成爲通稱，沿用至今。《儀禮》是儒家的經，故又被稱爲《禮經》，漢代也有時被稱作《禮記》，這是因爲傳承至漢代的《儀禮》文本中，往往附帶一些解說《禮經》的「記」的原因，如《史記·孔子世家》說：「故《書傳》、《禮記》自孔氏。」這裡的《禮記》就是指《儀禮》〔註2〕。另外，東晉以前，《儀禮》有時也被稱作《士禮》。這些稱謂，我們在閱讀唐以前人的著作時要加以注意。《儀禮》現存十七篇。我們現在所能見到的《儀禮》據文獻記載是魯人高堂生所傳授的本子。《漢書·儒林傳》記載：「漢興，魯高堂生傳《士禮》十七篇，而魯徐生善爲頌……倉說《禮》數萬言，號曰《后氏曲臺記》，授沛聞人通漢子方、梁戴德延君、戴聖次君、沛慶普孝公。孝公爲東平太傅；德號大戴，爲信都

〔註2〕參見：彭林，《〈三禮〉說略》，載《經史說略·十三經說略》，北京燕山出版
　　　社，2002年10月，第104頁。

太傅，聖號小戴，以博士論石梁，至九江太守。由是《禮》有大戴、小戴、慶氏之學。」《史記索隱》云「謝承云『秦氏季代有魯人高堂伯』，則『伯』是其字。云『生』者，自漢以來儒者皆號『生』，亦『先生』者省字呼之耳。」據《史記》和《漢書》的記載，我們知道在漢代《儀禮》有「大戴、小戴、慶氏之學」三種版本，此外還有劉向整理過的一個本子，共四個本子。

由於孔子最初教授學生的學習科目是「六藝」，經孔子編訂的「六藝」教材後來成爲儒家的六部經典。所以，從孔子授徒偏重技藝，以及《儀禮》所記述的內容主要是關於禮制、儀式的特點來看，孔子最初所編選的有關禮儀的教本很有可能就是《儀禮》的最初版本。《儀禮》一旦成爲孔子的教材，經孔子的傳播以及孔子後學的不斷光大，就開始逐漸演變成爲儒家的經典。

孔子在教授禮儀與制度的時候，一定會結合具體的條件與時代特點，加以解說，這些解說被學生記錄下來，一如《論語》一樣，後來也可能形成專門的被稱爲「記」的闡釋禮的文本。《漢書‧藝文志》記載有「記百三十一篇。」注曰：「七十子後學者所記也」。現存的《禮記》，即《小戴禮記》，相傳爲西漢的戴聖所作，就可能是這種文本在漢代的集成。正是由於七十子後學對孔子及其門人禮學思想的記錄，形成了後來的又一種禮的經典。而眾多《記》的出現無疑在孔子之後，促進了孔子時代的《禮》（即今本《儀禮》）的經典化進程。這一段學術演變史由於傳世文獻的闕如，成爲大家質疑儒家禮經演變的節點所在。近年來，有關這一時段禮學出土文獻的湧現，爲我們重新補證這一薄弱環節提供了可能，下文將從這一角度詳論。

《周禮》原名《周官》，分爲《天官冢宰》、《地官司徒》、《春官宗伯》、《夏官司馬》、《秋官司寇》、《冬官司空》六篇。六官分管宮廷、民政、宗廟、軍事、刑罰、營造。六官下邊又有詳細的分工。這是爲當時的王朝設計的一套完整的官制系統。《周禮》一書出現於漢代，但是在《漢書》的《藝文志》與《儒林傳》中卻沒有記錄，只有《漢書‧景十三王傳》中記載說在河間獻王所得古文先秦古書中有《周官》一書，王莽時立於學官，始由《周官》改稱《周禮》，也成爲儒家的禮學經典。關於《周禮》的作者與成書年代至今也存在著爭論，可以說是學術公案之一。就目前來看，大家認同度較高的觀點是《周禮》成書於戰國時期。

（二）從禮儀教材到經學著作：儒家《禮》的經典化路線

在先後成爲儒家經典的《儀禮》、《周禮》（我們暫且接受學術界較爲普遍

接受的戰國成書說）與《禮記》的內容特點上，就可以初步總結出在經典文本變遷背後所隱含的儒家禮學思想的演變規律。《儀禮》多記古代禮儀，《周禮》主要設計了官制體系，而《禮記》則記載了儒家對《禮》的解說等思想理論性的內容。由此我們可以看到，儒家的禮學思想內涵的演變是遵循了儀式——制度——思想這樣一個不斷深入的發展過程。正是經歷了這樣的過程，儒家的禮才從最初的行為規範之訓練標準，逐漸演變成社會制度的體系設計，最後成為調整社會秩序的指導思想。這一禮學思想逐漸發展變化的過程，體現在儒家禮學文本形式的變化上，就是：禮儀教材——儒家經典——儒家經學著作。

　　然而，由於各個歷史時期儒家經典傳世情況不同，甚至在有的時間段上出現了文獻的不足與空白，就導致了學術史上對儒家經典成書、作者、演變規律，以及其所承載的儒家思想的內涵產生分歧與爭論，為我們今天準確理解儒家思想造成了阻礙。所以，我們根據新出土文獻，對包括三禮在內的儒家經典所存在的問題，以及學術公案進行新的解釋，就具有了重要的學術思想史意義。

二、出土文獻與儒家《禮》的經典化研究新進展

　　由孔子開始對三代禮學著作進行整理、選編，形成了儒家自己用來當作六藝教材的禮學早期著作。根據目前的文獻材料及歷史典籍的記載，我們認為孔子編訂的儒家禮學教本應該就是現在所能見到的三禮中的《儀禮》，這一點我們已經在上節進行了初步的歸納與總結。我們也初步勾勒出了自孔子開始，儒家對《禮》的經典化歷程。但是，由於儒家經典在歷史傳承過程中出現了某些時段文獻的亡佚，因此也就為後來人們對包括《禮》在內的儒家經典的傳播及其經典化過程產生了分歧。這些分歧隨著歷史跨度的加大，有的甚至成為學術公案，如《周禮》的成書年代問題。令人鼓舞的是，近年來大量戰國秦漢出土文獻的面世，為我們解決歷史遺留的相關問題提供了新材料與解決問題的機會。我們這裡利用出土文獻對有關儒家《禮》的經典化中相關問題進行新的解答與補正。武威漢簡《儀禮》是出土《禮》類文獻中學術價值最高的一種，所以我們首先就從這一文獻入手。

（一）武威漢簡《儀禮》與儒家《禮》的早期傳承問題

　　關於《儀禮》的作者與成書年代，學術史上歷來有不同的觀點。從漢

代開始，主要是今古文經學家各持不同的立場。古文經學家主張是周公作的，今文經學家認爲是孔子作的。古代學者大多持這兩種觀點。如陸德明、賈公彥、鄭樵、朱熹、胡培翬持周公說；司馬遷、班固、皮錫瑞、崔述、梁啓超持孔子說〔註3〕。雖然持這兩種觀點的學者都不乏歷史上的重量級的學術大家，而且每一派學者對自己的觀點都言之有理，持之有故，導致學術史上長期的爭論不休，難以達成共識。這個問題在儒家《禮》的經典化問題上，以及儒家禮學思想的演變規律上都是一個基礎性的問題。對於這一問題的解答將會有助於我們全面清楚地認識儒家《禮》的早期傳承及其經典化進程。

1957 年，甘肅武威磨嘴子六號漢墓出土了漢簡《儀禮》。這一考古發現爲我們初步解決《儀禮》的成書年代與發展演變過程提供了新材料〔註4〕。沈文倬根據武威漢簡，對《儀禮》的成書問題提出了新觀點：「《儀禮》書本殘存十七篇以及已佚若干篇的撰作時代，其上限是魯哀公末年魯悼公初年，即周元王、定王之際；其下限是魯共公十年前後，即周烈王、顯王之際。它是在公元前五世紀中期到四世紀中期這一百多年中，由孔子的弟子、後學陸續撰作的。」〔註5〕這一觀點注重了歷史分析，符合一定的歷史規律，但細節之處，比如《儀禮》與孔子本人的關係問題，尚需再思考，因爲這關係到更爲基本的問題，即孔子是否是《儀禮》起源本的編訂者。但作者的「由孔子的弟子、後學陸續撰作的」一語值得肯定，因爲這一觀點描述了孔子後學對《禮》的經典化貢獻，是較符合歷史實際的。

（二）金文資料與《周禮》研究的新進展

我們知道，《周禮》在儒家三禮體系中是出現較晚的儒家《禮》學著作，始見於漢代，卻在漢代最重要的文獻目錄學著作《漢書・藝文志》中沒有記錄。因此，自其一出現就伴隨著不絕於耳的質疑聲音。這也是我們今天研究與發揚《周禮》之思想精華的最大障礙。

〔註3〕 持這二種不同說法的學者及其理由詳情參見：彭林，《〈三禮〉說略》，載《經史說略・十三經說略》，北京燕山出版社，2002 年 10 月，第 110 頁。

〔註4〕 參見：甘肅省博物館、中國科學院考古研究所等，《武威漢簡》，中華書局，2005 年。

〔註5〕 沈文倬，《宗周禮樂文明考論》（增補本），浙江大學出版社，2006 年 7 月第 2版，第 47 頁。

近代以來，由於考古學的迅速發展，解決《周禮》的相關問題有了新材料與新方法。人們大量利用考古資料考證《周禮》相關內容的正確性及其所處的時代。據彭林先生統計，這一方面的成就主要有：「楊筠如的《周代官名考略》，是最早的系統利用金文材料研究《周禮》的作品，篇幅不大，但開創之功不可沒。其後有郭沫若的《周官質疑》、斯維至的《兩周金文所見職官考》、徐宗元的《金文中所見官名考》等論著，陳夢家《西周銅器斷代》的有關章節，以及日本學者白川靜《金文通釋》、《金文世界》、《甲骨金文論叢》中也時有涉及。近年劉雨、張亞初《西周金文官制研究》、陳漢平《西周冊命制度研究》等書，總結了用金文研究《周禮》的成果，並提出了各自的見解。」〔註6〕

目前，大量出土的簡帛文獻也可能對《周禮》的研究提供新的空間，這一方面有待進一步展開。

如上所述，由於傳世文獻的不足，導致有關儒家《禮》經的成書問題、傳承線索等基本問題隨著歷史時間的積累，日漸隱晦起來。這一現象也直接影響了我們對儒家禮學思想的理解與發展。而有關儒家《禮》類出土文獻的不斷發現，則為我們解決這些基礎問題提供了新的契機。如上邊所示，我們以《儀禮》的成書問題為例，利用武威漢簡《儀禮》對這一問題做出了新的解釋。下面我們進一步來探討出土文獻對儒家《禮》的經典化所能提供的新材料與新思路。

（三）從七十子到荀子：出土《禮》類資料與儒家《禮》的經典化補證

孔子在對學生進行禮儀教育時所逐漸形成的禮學思想，成為其重要的核心思想之一。孔子的思想經歷過二千多年的歷史選擇，從現在的文本，即以《論語》為代表的儒家經典所記載的信息來看，無疑是以仁與禮二個為其最重要的核心理念。從學術史所記載來看，發揚孔子思想最有代表的人物就是孟子與荀子。按照學術史的常識，一般認為孟子主要發揚了孔子的仁的思想而為仁政；荀子主要發揚了孔子的禮的思想而為禮法。這只是一個粗略的觀點，如果我們細究起來，就會發現孟子也瞭解孔子的禮，荀子也重視仁，只不過二人的突出貢獻各有所側重。更為關鍵的是，如果深入研究二人的學說，

〔註6〕 彭林，《〈三禮〉說略》，載《經史說略‧十三經說略》，北京燕山出版社，2002年10月，第133頁。

發現他們共同的特點就是集大成。這樣其思想的重要來源是什麼，就成爲我們準確把握二人思想的關鍵。通過文獻記載，這一重要來源就是孔子之後，孟子之前的七十子對孔子學術思想的發展與宣傳。然而，由於孔子、孟子與荀子的共同的集大成特點，使這些分散的多途來源，在歷史長河中逐漸隱沒。幸運的是，當前大量出土文獻的發現爲重現這一時期的學術思想提供了新的機遇。

1、《禮》經傳承學術缺環的補足

出土儒家《禮》類文獻對於儒家《禮》學研究，特別是《禮》的傳承與經典化研究的意義首先體現在其提供了大量現有文獻存在空白時期的寶貴資料。就是孔子與孟荀之間，所謂孔子的「七十子後學」時期的資料。

這一時期首要的出土資料就是上邊所提到的武威漢簡。通過上面的研究，我們認爲沈文倬的「在公元前五世紀中期到四世紀中期這一百多年中，由孔子的弟子、後學陸續撰作的」說法有其一定的合理性，這樣如前所述在解決《儀禮》成書時期問題的同時，也爲進一步研究《儀禮》的早期傳播與經典化歷程，以及儒家禮學思想的發展演變提供了新的思路和新材料。有關這些問題，下文將擇其與本文論題相關者加以進一步討論。

關於現存《禮記》的成書及其相關內容的問題也是當前學術界存在分歧的問題。這兩個問題同樣是我們研究儒家《禮》的經典化及其所承載的禮學思想內涵和演變規律的重要障礙。現存的《禮記》即「小戴禮」相傳爲西漢戴聖所編，同時人們也認爲他的叔叔戴德編有「大戴禮」。這一說法，最早見於鄭玄的《六藝論》：「戴德傳《記》八十五篇，則《大戴禮》是也；戴聖傳《記》四十九篇，則《禮記》是也。」然而這一說法在漢代最重要的目錄學著作《漢書‧藝文志》中卻沒有記載。如前所述，據《漢書‧藝文志》、《漢書‧儒林傳》可知，在這兩種較爲正規的學術史專記中，戴德與戴聖所傳承的《禮》都是《儀禮》。於是後來的學者就開始懷疑這一說法。早在晉代，陳邵發揮了鄭玄的說法，提出「二戴刪古《記》」的說法，認爲是「大戴刪古《禮》爲八十五篇，小戴又刪爲四十九篇」。這一說法同樣引起後來學者的質疑，清代考據大家戴震就以《哀公問》與《投壺》二章在二戴記中重合的問題加以問難。這一問題直到當前也有人質疑，並提出新說加以解釋，王文錦就認爲「這兩部書只可以說是掛著西漢禮學大師戴德、戴聖牌子的兩部儒學資料雜

編，它們既不是大戴、小戴所分別傳習的《士禮》，也不是二戴附《士禮》而傳習的《記》的彙輯本的原貌。」〔註7〕

由於這些疑問與紛爭，我們在研究儒家《禮》學相關問題時就面臨著史料眞僞的困惑。而近年來出土的簡帛《禮》類相關文獻，對我們釋疑解難起到了很好的作用。例如在1993年出土的郭店楚墓竹簡中就有《緇衣》篇與傳世本《禮記》中的《緇衣》篇內容大體相同。考古學研究已經證明，郭店楚簡的年代爲公元前300年之前。這就爲我們利用《緇衣》篇提供了準確的年代根據。因此，我們也可以從歷來關於《禮記》成書問題的爭論中走出來，通過地下出土文獻，證實一部分就使用一部分的方法，最大限度地利用好經過二重證據檢驗的《禮記》史料。

2、出土文獻與《禮》的經典化的具體問題的新解答

出土文獻可以補足由於傳世文獻散佚而導致的學術史料空白期。在儒家《禮》的經典化研究中，我們對新出土資料的這一作用進行了介紹。下邊我們就利用現有出土文獻對《禮》的經典化的具體問題進行一些嘗試性的重新解答，以期爲儒家《禮》的經典化研究走向深入拋磚引玉。

Ⅰ、郭店楚墓竹簡與上博簡《緇衣》篇對《禮》的經典化研究之意義

我們說儒家對《禮》的經典化經歷了從具體禮儀形式的訓練到禮儀的理論化、制度化設計，再到禮的理論與現實緊密聯繫的過程。在這三個過程中，孔子開啓了第一個階段，孔子後學即七十子繼承孔子的精神並加以發展，最後由荀子完成了理論與實際的結合，走向經學發展的大道（通常以爲孟子主要從仁的方面發展了孔子學說）。這裡邊的缺環主要是在第二階段，即從孔子到荀子之間的所謂七十子後學階段。而這一階段又是最爲重要的關鍵環節，它是上接孔子《禮》學要義，並加以理論化與制度化的發展與完善，因此也下啓荀子，爲荀子的全面繼承與斟酌損益，達到與現實恰如其分的結合之分寸，準備了條件與經驗。然而，在傳世文獻中恰巧有關這一時期的史料幾乎是一片空白。這也就是漢代以後，人們對三禮置疑的一些問題乃至公案的關鍵所在。

令人深思的是，近年來出土的郭店楚墓竹簡與上博簡中的《緇衣》篇，

〔註7〕 王文錦，《大戴禮記解詁前言》，見《大戴禮記解詁》，中華書局，1983年3月，《本書前言》第6頁。

由於可以被較準確地認定其年代大致就在這一時間跨度內，這樣就爲我們彌補儒家《禮》學研究的缺環提供了寶貴的一手資料。通過楚簡《緇衣》篇與傳世本《緇衣》篇的互證，我們可以發現從孔子編訂《禮》，到七十子後學時期，對孔子所編、所傳授之《禮》已經有了相當理論深度的解說詞。再根據《漢書》所說的「記百三十一篇」之說，可能還會有其他種與《緇衣》性質相同的專門解說《禮》的著作。這就說明，到這一時期，《禮》已經成爲儒家的經典。

Ⅱ、武威漢簡與禮今古文問題的再思考

由漢代開始的經今古文的問題一直是我們後來學者想要推知經學問題來龍去脈首先要面對的問題。我們說孔子選定的禮學教材很可能是《儀禮》的早期版本。但是由於現在所看到的都是漢代傳下來的所謂魯人高堂生本，再往前的版本就無從寓目了。而據《漢書‧藝文志》記載，漢代的《儀禮》有古文和今文兩種本子。正因爲如此，以不同本子爲宗的學者往往對同一個問題有不同的主張，這就是所謂經學的家法內容之一。比如前揭《儀禮》作者，古文家主周公，今文家主孔子就是一例。這些問題爭論不休，到鄭玄作注解的時候就採取了兼采今古文家說的方法。

武威漢簡出土後，整理者認爲是西漢晚期（相當於成帝到平帝時）傳后氏（后倉）禮慶式（慶普）學的經師，即應該是今文學的慶普本〔註8〕。沈文倬則認爲：「漢簡之今古雜錯並用，蓋古文新出，學者不能通其讀，輒用今文比對隸定，滲入今文字，遂成今古雜錯。以其本屬古文系統，爲隸定者所亂，故斷爲古文或本。」〔註9〕

經過這樣的討論，我們基本上可以認爲《漢書‧藝文志》記載的當時《儀禮》有古文和今文兩種本子基本上屬實。這兩種本子都是經學著作，就說明在西漢以前儒家的《禮》已經完成了經典化的進程。

第二節　荀子對儒家《禮》的經典化進程的推進

在傳統的儒學發展史觀念中，孔子——孟子——荀子已經成爲一個大家

〔註8〕甘肅省博物館、中國科學院考古研究所等，《武威漢簡》，中華書局，2005年。
〔註9〕沈文倬，《宗周禮樂文明考論》（增補本），浙江大學出版社，2006年7月第2版，第174頁。

普遍接受的常識性的儒家思想發展的三段論。與這種三段論相協調一致的是對儒家思想發展脈絡的描述：孔子思想的核心是仁與禮，孟子在仁的方面推進了孔子的思想，荀子在禮的方面推進了孔子的思想〔註 10〕。當然，如前所述，我們認爲這種立論方法是爲了突出孟子與荀子對孔子哲學貢獻最爲顯著的內容，但是這樣有點極端式的立論方式，讓許多沒有時間全面閱讀二人全部著作的人，造成了二人各執孔子思想一端的印象，時間長了這種印象就成爲一種成見，且普及程度很高。這一點需要注意。事實上，孟子對禮也有研究，只不過對仁的理解更深刻，荀子則是集儒家仁禮學說大成，同時將仁與禮本著理論聯繫實際的原則，進行了恰如其分的調合爲用，使二者相互平衡、相互制約，在動態的張力中相互促進，協調發展，使儒家思想適應現實社會的同時保持著動態發展的活力。這一點在前邊我們已經論述過。這裡我們說的是無論是從傳統觀點，還是經過我們辯證認識的儒家學術發展史的眞實情況，有一個共同的觀點是可以肯定的，那就是荀子對儒家禮的發展貢獻重大。因此，本節我們著重從荀子對儒家《禮》的傳承及其對《禮》的經典化的促進，來具體分析荀子對儒家禮學發展的貢獻。

一、出土文獻視野下的荀子與儒家《禮》學傳承

通過出土文獻所提供的新材料，我們首先對荀子禮學思想在孔子之後的又一個重要來源，即七十子的禮學思想有了新發現。經過歷史思維的比較研究，我們可以發現荀子的禮學思想，從很大程度上綜合了七十子對孔子禮學思想的發展成果，也就是對《禮》的經典性建設成果。荀子在繼承了這些成果後，又對傳統的禮儀教育中逐漸形成的禮學思想進行了理論化建設，這樣就更進一步推進了儒家《禮》的經典化步伐。

（一）荀子對七十子《禮》學經典化成果的傳承

荀子對儒家禮學的貢獻首先表現在他對儒家《禮》的傳承所做出的貢獻上，通過與出土文獻所重新揭示出來的七十子與《禮》的傳承特點相比較，我們發現荀子正是繼承了七十子對孔子《禮》的經典化的步伐，並加以進一步的發展與完善，使《禮》在成爲儒家學術經典文本的同時，開始與社會實

〔註10〕 參見：復旦大學哲學系中國哲學教研室編，《中國古代哲學史》（全二冊），上海古籍出版社，2006 年 7 月，第 51～66 頁，第 105～117 頁。

踐相結合。這是荀子對孔子到七十子後學的《禮》的經典化成果進行集成後，所做的重要推進。

　　在出土文獻大量發現之前，人們研究七十子主要是利用《大戴禮記》與《小戴禮記》所提供的材料。然而，這兩戴記本身在學術界就長期存在著爭論，因此利用其得出的結論往往要在人們心目中打一些折扣。此外，人們還可以根據《韓非子・顯學》、《荀子・非十二子》來研究七十子。但是由於這兩篇中所提到的人物有限，同時也是概要性介紹，只不過是提供了一些研究線索而已。至於後來的《史記・孔子世家》、《漢書・藝文志》、《漢書・儒林傳》甚至時代去先秦更為久遠的《隋書・經籍志》等，一方面距七十子時代較遠，其資料說服力自然不強，另一方面，這裡的記載也是從文獻學角度概要性介紹。這類資料同二戴記比較起來失於簡略，有的又失於年代久遠。

　　而幸運的是近年來考古發現中的許多地下資料中，有許多是屬於七十子時期的。這就為我們增加了同時代的寶貴一手資料。如前揭，發現於 1993 年的郭店楚墓竹簡中的《緇衣》篇，就是與現存《禮記》的《緇衣》篇相同的文獻，該篇文獻也重見於上海博物館藏戰國楚竹書中。還有上海博物館藏戰國楚竹書中的《武王踐阼》和《曾子立孝》見於《大戴禮記》，《孔子閒居》同《緇衣》一樣，見於《禮記》。這些豐富多彩的屬於七十子時期的《禮》類出土文獻為我們研究儒家《禮》的經典化提供了充分的資料，必然也將產生新的成果。首先，由於這麼多出土文獻的出現，可以證明二戴記中相關內容的真實性，因此我們在傳統學術研究中，利用這一部分可經過出土文獻印證材料而得出的結論，其可信度就大幅度提升。其次，也是由於這些資料證明在七十子時期，經孔子首倡的儒家六藝之一的禮藝的教育已經相當系統，以至於形成了大量的發揮《禮》的思想的《記》類的文獻。這也說明，《禮》已經從孔子時的教材演變成為儒家的經典，在學習其所記載的禮儀的同時，也要學習它的內在精神。第三，出土文獻所反映的儒家思想的哲學傾向，也從側面證實了作為其思想載體的包括《禮》在內的六藝之書已經具備了經典的特徵〔註11〕。

〔註11〕 李學勤在評論郭店楚墓竹簡時認為「郭店簡這些儒書，共同的特點是闡述理論性、哲學性的問題。所謂天道性命等等概念，在這裡都得到討論，體現出早期儒家的哲學傾向。」見李學勤，《先秦儒家著作的重大發現》，載姜廣輝主編，《郭店楚簡研究》（中國哲學第二十輯），遼寧教育出版社，2000 年 1月。

（二）荀子對先秦儒家《禮》的經典化成就的理論提升

然而，我們通過對七十子時期的《禮》類資料的總體考察來看，其所涉及的內容相當廣泛，這與七十子人多雜記有關。也正因爲如此，所以後學在面對這些資料的時候，首先要處理的就是一個梳理其內在邏輯的問題，這樣才便於簡明扼要地把握蘊含於七十子眾多議論中的共同的《禮》學精髓。這一步工作由荀子完成。因此，我們可以說荀子對先秦儒家《禮》的經典化做的第一步集成式的工作，就是對初步形成的儒家《禮》的思想精髓進行了抽象概括性的理論化總結。這一總結的成果是在《荀子》一書中有專門的《禮》論篇目《禮論》與《大略》。在此基礎上荀子將儒家的《禮》的經典化繼續向前推進，恰當地與社會實踐相結合，這是荀子對儒家《禮》的經典化的第二步集成式貢獻。這兩方面的內容將在下文詳述。

二、荀子對儒家《禮》的經典化之促進

荀子遠紹孔子，在全面繼承孔子開創的儒家思想求眞性的同時，也對其進行了與時俱進式的發展，這種發展就是以仁禮關係的協調爲方法，加強儒家思想在求眞精神指引下的致用性。這一任務主要是通過發揮儒家《禮》的精神來完成的。具體地說就是在全面繼承孔子禮的思想基礎上，將其進行了與社會實際相結合的發展。這樣就完成了儒家《禮》的經典化建設，同時也爲其在漢代經學化打下了基礎。

（一）荀子與儒家《禮》類著作的密切關係

荀子對儒家《禮》進行了全面的繼承。這主要體現在《荀子》一書對儒家三禮以及其他的儒家《禮》類著作都有密切相互繼承關係。下面我們逐一進行梳理。

首先來看荀子與《儀禮》的關係。由於孔子所傳之《禮》應該是現存的《儀禮》，在荀子時代《禮記》應該是輔助解釋《儀禮》的言論記錄，《周禮》也是對古代官制進行集成記錄的專書，因此，荀子對《禮》的繼承應該是以《儀禮》爲重點的。荀子重視《禮》，並接續孔子、七十子後學、孟子的步伐，將《儀禮》的經典化進行到底。《荀子·勸學》：「學惡乎始？惡乎終？曰：其數則始乎誦經，終乎讀《禮》；其義則始乎爲士，終乎爲聖人……故《書》者，政事之紀也；《詩》者，中聲之所止也；《禮》者，法之大分，類之綱紀也。

故學至乎《禮》而止矣。夫是之謂道德之極。《禮》之敬文也，《樂》之中和也，《詩》、《書》之博也，《春秋》之微也，在天地之間者畢矣。」可見，在荀子心目中，學習「始乎誦經，終乎讀禮」，也就是說對《禮》的學習是貫穿於整個學習過程中的，而且這裡荀子已經把《禮》當作《禮》、《樂》、《詩》、《書》、《春秋》五經之一了，但荀子在分別介紹這五經的特點時，將《禮》排在了第一位。荀子將《禮》當作經，在《荀子·大略》篇有明確的記載：「禮以順人心爲本，故亡於《禮經》而順人心者，皆禮也。」這裡明確地將《禮》稱爲經，雖然《大略》篇是其弟子記錄其言行的可能性較大，但也不妨礙認爲這段話出自於荀子，只不過是由弟子記錄而已。所以，我們要明白，荀子已經把《儀禮》當作經來稱呼。同時，在《荀子》一書的論禮專篇《禮論》與《大略》以及在其他各篇的散論中，經學者考證，荀子大量地使用了《儀禮》的相關內容，來建立自己的理論，或者作爲說明自己觀點的論據。這一點沈文倬、廖名春都曾經做過專門考證〔註12〕。他們採取的方法，都是將《荀子》論禮、用禮的具體條文在《儀禮》中找到相關的對應條文，結果表明《荀子》一書引用與使用、改造《儀禮》的內容不勝枚舉，以至於沈文倬得出結論：「荀況是戰國後期的禮學大師。《禮論篇》、《大略篇》是他的述禮專著，《禮論篇》當屬自撰，《大略篇》則出於弟子雜錄，都是論述昏、喪、祭、饗諸禮的。其體裁與《禮記》很相似，往往前引《儀禮》之文而後申以己說，對原文頗多剪裁、刪節，但並列對照，並疏解其文，就能看出荀況是依《儀禮》立說的。」〔註13〕

　　其次，我們來看《荀子》與《禮記》關係。《荀子》與《禮記》的關係也是千絲萬縷。《荀子》不但與傳世本《禮記》（即小戴禮）關係密切，而且與大戴禮同樣關係千萬重。這一點李慈銘進行了總結：「謝侍郎序言小戴所傳《三年問》全出《禮論》篇，《樂記》、《鄉飲酒義》所引俱出《樂論》篇，《聘義》子貢問貴玉賤珉亦與《德行篇》大同；大戴所傳《禮三本》篇亦出《禮論》篇，《勸學篇》即《荀子》首篇，而以《宥坐》篇末見大水一則附之，哀公問

〔註12〕具體內容參見：沈文倬，《宗周禮樂文明考論》（增補本），浙江大學出版社，2006 年 7 月第 2 版，第 25～27 頁所列的《儀禮》與《荀子》條文對比疏證表；以及廖名春，《中國學術史新證》，四川大學出版社，2005 年 8 月，第 518～520 頁。

〔註13〕沈文倬，《宗周禮樂文明考論》（增補本），浙江大學出版社，2006 年 7 月第 2 版，第 25 頁。

五義出《哀公》篇之首，則荀子語在二戴記者甚多，而本書反鮮讀者。」〔註14〕學術界對《荀子》成書在二戴記之前，因而是二戴記引用《荀子》；亦或二戴記成書在《荀子》之前，因而是二戴記引用《荀子》還有爭論〔註15〕。但是這並不影響《荀子》與二戴記有密切關係這一結論。

　　最後，我們來看《荀子》與《周禮》的關係。由於《荀子》一書32篇中沒有直接引用《周禮》的內容，所以對於二者的關係就有不同的觀點。郭沫若認為：「《周官》一書，蓋趙人荀卿子之弟子所為，襲其『爵名從周』之意，纂集遺聞佚志，參以己見而一家言。」廖名春認為其說缺乏明顯證據，難以令人信服。〔註16〕主張《荀子》與《周禮》有關係者可以馬積高為代表。馬積高發現《荀子·王制》中的「序官」一段內容與《周禮》的相關記載有多處對應關係，並詳細列出了二書對應的具體內容，同時又以《荀子·樂論》與《荀子·王制》有相同文字為據，認為《序官》可能是《周官》的別名，荀子約取其主要內容而入《王制》。並認為荀子曾見過某一種記述周時官制的文獻，則當是無疑的。〔註17〕馬積高的這一觀點，在《荀子》與《周禮》關係的肯定上是目前的代表性觀點，值得進一步探討。

　　通過《荀子》與三禮關係的分析，我們可以發現，《荀子》與當時的《禮經》，即《儀禮》有著密切的繼承與發揚關係，在儒家中稱《禮》為經，大概是源於荀子的。因此，我們說到荀子時代，已經完全實現了《禮》的儒家經典化。同時，荀子對《禮經》以外的各類與《禮》有關的文獻都進行了吸收與應用，也說明荀子在完成對儒家《禮》的學理上的經典化建設的同時，也對其進行了進一步的發揚光大，那就是對儒家《禮》的理論聯繫實際的建設。這一建設，分兩步：其一是理論的完善與損益整合，使儒家的《禮》的思想更具有哲學化與理論化特徵；其二是進行聯繫實際的《禮》的社會實踐可操作性的建設，將儒家豐富的《禮》的思想與社會實踐活動恰如其分地結合起來，使《禮》發揮實際的社會功效的同時，在理論上也完成了經典化的構建。

〔註14〕李慈銘，《越縵堂讀書記》，上海書店出版社，2000年版，第615頁。

〔註15〕主二戴記成書在《荀子》之前以沈文倬為代表，見沈文倬著，《宗周禮樂文明考論》（增補本），浙江大學出版社，2006年7月第2版，第44頁；主二戴記成書在《荀子》之後，可以屈萬里為代表，見屈萬里著，《先秦文史資料考辨》，臺灣聯經出版公司，1993年版，第411頁。

〔註16〕廖名春，《中國學術史新證》，四川大學出版社，2005年8月，第518頁。

〔註17〕馬積高，《荀學源流》，上海古籍出版社，2000年9月，第160頁。

（二）荀子對儒家《禮》的經典化理論建設

荀子對儒家《禮》的傳承進行了繼承與發揚光大的工作，其繼承工作主要如上所述，體現在對儒家《禮》的全面繼承與經典化地位的確立；其發揚光大工作則體現在其對《禮》的理論建設上，分述如下。

1、荀子對儒家《禮》論的損益整合與理論提升

荀子對儒家《禮》論的損益整合與理論提升主要表現在荀子首先在《勸學》篇中，將禮擺在了首要的學習目標的地位，並且強調要貫穿於學習過程的始終。「學惡乎始？惡乎終？曰：其數則始乎誦經，終乎讀禮；其義則始乎為士，終乎為聖人。」這就首先確立了《禮》在六藝之中的地位，這也是儒家日後能夠與現實緊密結合併得到官方承認，確立為經學的關鍵。在《荀子》一書中有專門進行《禮》的理論探討的《禮論》、《大略》二篇。這二篇專門論禮文章對禮的起源、禮的內容的層次性、禮的作用、禮的儀式要點都進行了專門的論述。而且這些論述同此前的禮學理論類著作，如「百三十一篇《記》」一類相比，顯示出條理分明、邏輯嚴謹等鮮明的理論體系性特點，便於後人快速方便的記憶運用，這正是儒家禮學思想哲理化的標誌。

2、荀子對儒家《禮》的經典化理論建設

荀子對儒家《禮》的經典化理論建設主要體現在他為禮的思想與社會實踐相結合所做的理論聯繫實際的探索。這一探索的成果有如下兩方面：

其一，「禮者，法之大分，類之綱紀也」

「禮者，法之大分，類之綱紀也」是《荀子·勸學》對禮的社會功用的整體概括。其中心思想就是說明在禮與社會規範制度相結合的過程中的一個方向就是將禮之用由孔子的「和為貴」向現實邁進一步，即與法結合。法在春秋時期通常是以刑代之，到荀子時代可能將禮的思想與春秋的刑政思想結合，形成了法的思想，荀子的學生韓非、李斯是著名的法家人物就可以證明荀子用禮變刑，禮法結合的貢獻了。荀子用禮變刑，從而使禮之內涵延伸到法的範圍內，促進了其禮的思想的社會政治化。但荀子為這一延伸設定了原則，就是以禮統法，即所謂「禮者，法之大分，類之綱紀也」。這裡的「分」當理解為綱領，「類」是「律條之比附」（楊倞注解語，相當於法的具體應用方法的解釋）。這裡我們進一步分析就會明白，荀子的這一設計實際上為人治

提供了方法論，因為禮是由人來掌握，人可以通過禮來提綱挈領地運用法與律（類），這就為漢以後形成的所謂「儒表法裏」統治思想模式奠定了理論模型。這也是荀子對儒家《禮》之經典化建設的關鍵所在。

其二，「隆禮義」與「統禮義」的層次關係

荀子所設計的禮的理論聯繫實際的模式是以人為根據的，那麼能夠實現這一模式的是什麼樣的人呢？荀子也做了構想，這體現在其在《儒效》篇中對三種儒者的區分：「故有俗人者，有俗儒者，有雅儒者，有大儒者。不學問，無正義，以富利為隆，是俗人者也。逢衣淺帶，解果其冠，略法先王而足亂世術，繆學雜舉，不知法後王而一制度，不知隆禮義而殺《詩》、《書》；其衣冠行偽已同於世俗矣，然而不知惡者；其言議談說已無以異於墨子矣，然而明不能別；呼先王以欺愚者而求衣食焉，得委積足以揜其口則揚揚如也；隨其長子，事其便辟，舉其上客，億然若終身之虜而不敢有他志：是俗儒者也。法後王，一制度，隆禮義而殺《詩》、《書》；其言行已有大法矣，然而明不能齊法教之所不及，聞見之所未至，則知不能類也，知之曰知之，不知曰不知，內不自以誣，外不自以欺，以是尊賢畏法而不敢怠傲，是雅儒者也。法先王，統禮義，一制度，以淺持博，以古持今，以一持萬，苟仁義之類也，雖在鳥獸之中，若別白黑，倚物怪變，所未嘗聞也，所未嘗見也，卒然起一方，則舉統類而應之，無所擬怍，張法而度之，則晻然若合符節，是大儒者也。故人主用俗人則萬乘之國亡，用俗儒則萬乘之國存，用雅儒則千乘之國安，用大儒則百里之地久，而後三年，天下為一，諸侯為臣；用萬乘之國舉錯而定，一朝而伯。」這裡邊荀子是從為王者用人確定標準的角度，將儒者分成三類：俗儒、雅儒、大儒。

俗儒顯然不能為國所用，那麼剩下來的只有雅儒、大儒。在這兩類儒者中寄託了荀子的禮法精神的二個層次不同的希望。第一個層次的雅儒「法後王，一制度，隆禮義而殺《詩》、《書》」，就是要向近世有成就的統治者學習，統一各項制度、禮義的重要性，限定好《詩》、《書》的作用範圍。能做到這一點，則可達到「千乘之國安」的效果。第二個層次是大儒「法先王，統禮義，一制度」，這是要以周公以前那些聖王為楷模，從高層次把握禮義，整齊制度，這樣就可以「萬乘之國舉錯而定，一朝而伯」。通過這一區分，我們可以看到，荀子在提出禮作為法與律的指導綱領後，又為具體落實禮法治國提

供了具體的方案，使不同層次的統治者都能找到適合自己需求的可操作性方案，這樣就為禮走向眞正的社會實踐開闢了道路，也就完成了對儒家禮學思想的經典理論建設。

第四章　荀子與儒家《樂》的經典化

　　《樂》是儒家六藝之一。作爲六經之一的《樂》經，在先秦的典籍中常常是以「《詩》、《書》、《禮》、《樂》」並稱的方式出現，這充分說明在儒家經典形成過程中，《樂》經是最早稱經的四部典籍之一。這種情況一直持續到戰國末年，儒家的最後一位集大成者荀子時代。在《荀子》一書中，也一如既往地「《詩》、《書》、《禮》、《樂》」並稱〔註1〕，這說明荀子繼承了孔子以來對《樂經》的重視傳統。同時《荀子》又有對《樂》經進行專門論述的專篇《樂論》，說明荀子在繼承孔子《樂》教經典傳統的同時，又對其進行了完善和發展，主要體現在對《樂》作爲經典的理論體系建設上，因此自孔子編《樂》並以之爲六藝之一進行教學活動，《樂》就逐漸具有了經典的地位，荀子則從理論與實踐兩方面充分完成了《樂》的經典化。

第一節　出土文獻與儒家《樂》藝經典化鈎沈

　　儒家對《樂》的重視已如上所述。我們可以據此發現《樂》的經典化要早於《春秋》及《易》，這一點在戰國時期儒家的最後一位大儒荀子的記錄中，也可以找到清晰的線索。《荀子》一書在泛論六經時，一般都是先「《詩》、《書》、《禮》、《樂》」並舉，然後再論《春秋》、《易》，有時只涉及後二經中的一種，有時甚至前四經舉出後，則不再稱引《春秋》與《易》。然而，由於秦漢以後

〔註1〕　如《荀子·勸學》：「《禮》之敬文也，《樂》之中和也，《詩》、《書》之博也，《春秋》之微也，在天地之間者畢矣。」《荀子·儒效》：「天下之道管是矣，百王之道一是矣，故《詩》、《書》、《禮》、《樂》之道歸是矣。」

《樂經》亡佚，最終又導致人們對先秦時期是否曾經有過《樂經》產生了追溯式的懷疑，而且時代愈後，這種懷疑的氛圍就愈加濃厚。這就給後來的學者造成越來越大的對《樂經》理解的障礙，因此研究儒家的《樂》，首先要對這一問題做一個清理。

一、傳世文獻視野下的儒家《樂》之經典化

在孔子所首倡的六藝之教中，樂教為其中之一是毫無疑問的。然而，在孔子教學的過程中，隨著其對六藝各自所形成的理論的逐漸成熟，最初的教材就開始走上儒家經典的位置。這一規律，在其他五經上都沒有什麼問題。但是在樂的理論發展成熟後，是否形成了樂的經典文本卻成為一個問題。這是因為自漢代開始，人們就沒有見到過作為文本形式的《樂經》。所以，我們在研究《樂》經典化問題時，首先就要從樂的起源以及「《樂經》有無」的學術史上這一懸疑問題開始。

（一）作為教化手段之《樂》的起源

關於《樂經》的起源，經學家往往會將其追溯到三代時期。所謂「六經之名，始於三代」﹝註2﹞。主張這一立場的多為古文經學家，劉師培就是這樣一個代表性人物。根據周予同先生的研究，古文經學家往往傾向於用歷史的眼光分析問題，今文經學家往往從實用角度分析問題﹝註3﹞。因此，他們所得出的結論也就不同。這裡我們先從劉師培的觀點出發，進行一下歷史分析，因為我們研究的問題是學術史性質的。但是我們也一定要堅持歷史的實證原則，對現有的論點進行歷史論據的檢驗。從這一立場出發，我們可以為「六經始於三代」論找到如下的史料根據。

《呂氏春秋・仲夏紀・古樂》：「樂所由來者尚也，必不可廢。……昔古

﹝註2﹞ 劉師培，《經學教科書》，見氏著《中國中古文學史講義》，中國人民大學出版社，2004年9月，第170頁。

﹝註3﹞ 這一觀點是對周予同分析今古文經學家孔子觀的發揮。周予同在分析今古文經學對六經次序的不同排列方式時提出「古文學家視孔子為一史學家，他們以為六經都是前代的史料，所謂『六經皆史』；……孔子既是將前代的史料整理以傳授後人，則六經的次第應當按史料產生的早晚而排列。今文學家視孔子為教育家、哲學家、政治家。他們以為六經固有前代的史料，但這只是孔子『託古改制』的工具」。見周予同，《群經概論》，中國書籍出版社，2006年9月，第16～17頁。

朱襄氏之治天下也，多風而陽氣畜積，萬物散解，果實不成，故士達作爲五弦瑟，以來陰氣，以定群生。昔葛天氏之樂，三人操牛尾，投足以歌八闋……昔陶唐氏之始，陰多，滯伏而湛積，水道壅塞，不行其原，民氣鬱閼而滯著，筋骨瑟縮不達，故作爲舞以宣導之。昔黃帝令伶倫作爲律。……帝顓頊好其音，乃令飛龍作效八風之音，命之曰承雲，以祭上帝。……帝堯立，乃命質爲樂。……舜立，仰延乃拌瞽叟之所爲瑟，益之八弦，以爲二十三弦之瑟。帝舜乃令質修九招、六列、六英，以明帝德。禹立，勤勞天下，日夜不懈。通大川，決壅塞，鑿龍門，降通潒水以導河，疏三江五湖，注之東海，以利黔首。於是命皋陶作爲夏籥九成，以昭其功……」

這段文字當然有神話傳說的色彩，但也存在著一定的史料價值，因爲畢竟是先秦時期的著作，去古未遠。在這段文字中作者對遠古至西周時期古樂的產生與發展做了全面的總結，可謂「音樂之技，代有興作。是爲《樂經》之始」〔註4〕。

《尚書·堯典》有言：「帝曰：『夔，命汝典樂，教胄子，直而溫，寬而栗，剛而無虐，簡而無傲。詩言志，歌永言，聲依永，律和聲。八音克諧，無相奪倫，神人以和。』夔曰：『於！予擊石拊石，百獸率舞。』」

這就是目前所能見到的較早的關於樂的起源的記載，即是通常所說的「帝命夔作樂」之說。這裡我們要注意的是，樂在製作之初的目的就是「教胄子」，用今天的話來說就是用來「教育貴族子弟」，這就爲樂後來成爲儒家六藝定下了基調。樂興起並被當作教育手段，在其後的文獻記載中得以延續。

另一段討論樂對貴族子弟教育意義的著名文獻就是《國語·楚語上》記載的楚莊王向申叔時詢問如何教育太子所得到的回答：「教之《春秋》，而爲之聳善而抑惡焉，以戒勸其心；教之《世》，而爲之昭明德而廢幽昏焉，以休懼其動；教之《詩》，而爲之導廣顯德，以耀明其志；教之《禮》，使知上下之則；教之《樂》，以疏其穢而鎮其浮；教之《令》，使訪物官；教之《語》，使明其德，而知先王之務，用明德於民也；教之《故志》，使知廢興者而戒懼焉；教之《訓典》，使知族類，行比義焉。」通過這一段論述，我們可以發現，到春秋時期，樂的教育已經受到王侯貴族的普遍重視，成爲經典教育的重要科目之一。

〔註4〕劉師培，《經學教科書》，載氏著《中國中古文學史講義》，中國人民大學出版社，2004年9月，第171頁。

此外，在記載春秋戰國時期史事的著作如《周禮》、《禮記》都有豐富的關於樂的產生及其早期發展歷史的史料。

通過這些史料，我們認爲至少在西周時期，當時的人民已經積累了豐富的樂篇章、樂的知識以及通過音樂進行教化的經驗。所以，歷史發展到這裡，自然就促成了「周公制禮作樂」。我們認爲，這時周公對先民長期積累的禮樂及其教育功能進行了全面的總結，形成了系統的禮與樂的知識體系。因此，我們也可以說這是古樂走向結集的經典化之第一步。而到了春秋時期，孔子定六經，則是繼承了周公的經典意識，進一步把《樂》納入儒家六經的體系中，開始了將《樂》導向儒家著作經典化的軌道。此後，經孔子後學的不斷努力，到荀子時期，集其大成，最終確立了《樂》的儒家經典地位。

（二）學術史上關於「《樂經》有無」問題的爭論

經荀子表彰光大的儒家經典在漢代取得了經學的地位。然而，也從那時起，《樂經》的命運發生了變化。與其他五經代有傳承不同，《樂經》在戰國後期就已經漸趨式微，到漢以後更是逐漸失傳，最終導致了所謂文字形式的《樂經》的完全亡佚。關於《樂經》亡佚的原因，學者也進行了探討。有人認爲「惟當世學者，溺於《墨子・非樂》之言，至戰國之時，治《樂經》者遂鮮，此《禮》、《樂》二經興廢之大略也」〔註5〕。這一說法有一定的道理，但並不能完全說明問題。我們認爲，《樂經》的亡佚，如墨家這樣的競爭對手的影響並不是決定因素，決定因素應該是歷史的選擇。《樂經》的成書應該是孔子始作，孔子選定了適合教學用的固定篇目的樂，纂集成書，是爲《樂經》成書之始。這時的《樂經》承載的是從樂的內容到樂的教化思想在內的雙重教育任務。到了春秋時期，由於新樂興起，大家對《樂經》所載的古樂興趣逐漸淡化，樂的形式日益退居次席。這正是所謂禮崩樂壞的結果。但是儒家以天下爲己任，通過對包括《樂經》在內的六經思想的宣傳，要救天下於危難，這是要吸取六藝的思想爲世所用。這種傾向最後演變成主流，歷經秦火，到漢代自然就忽略了《樂經》本身，而重視對其精神加以闡述的各類《樂記》。

然而隨著時間推移，以及《樂經》同時代文獻不斷地淹沒於歷史長河，

〔註5〕劉師培，《經學教科書》，載氏著《中國中古文學史講義》，中國人民大學出版社，2004年9月，第177頁。

人們開始對《樂經》是否曾經存在過產生懷疑，而且時代越晚這種懷疑就越大，以至於「樂本無經」論幾乎要成為一個共識性的論斷，取得了越來越多的支持。其實，我們對這一問題進行一番考證，可以發現這主要是今文學家的立場，而且是明清以來近代今文經學家加以傳播擴散開來的。據周予同《群經概論》研究，古文經學家一直認為《樂》本有經，因秦焚書而亡佚。但是近代今文學家因參與政治運動造成的強大影響，最終使「《樂》本無經」論佔了上風。對這一觀點說得最透徹的是清邵懿辰《禮經通論》：「《樂》本無經也。……夫聲之鏗鏘鼓舞，不可以言傳也；可以言傳，則如制氏等之琴調曲譜而已……樂之原在《詩》三百篇之中，樂之用在《禮》十七篇之中。……欲知樂之大原，觀三百篇而可；欲知樂之大用，觀十七篇而可；而初非別有《樂經》也。……先儒惜《樂經》之亡，不知四術有樂，六經無樂，樂亡非經亡也。周、秦間六經、六藝之云，特自四術加以《易》、《春秋》耳。」〔註6〕

由於今古文經學家立場不同，今文學家的結論又往往缺乏文獻根據，特別是與《樂經》同時代或相近時代的文獻證據，其結論不免有懸空飄浮之感，要對其進行準確的判斷，就需要新材料的發現。近年來簡帛文獻的發現就給我們提供了解決這一問題的新材料。

二、出土文獻與儒家《樂》的經典化新證

大量發現的與《樂》有關的出土文獻也給我們提供了重新思考儒家《樂》的經典化歷程的新機會與可能。特別是這些出土文獻的時間段又恰巧是儒家經典演變過程中傳世文獻散失最為嚴重的所謂七十子後學時期，也就是孔子與孟子、荀子之間。這一時期是曾經直接受業於孔子的所謂「七十二賢人」的學術活動期。由於他們是直接聆聽孔子教誨，所以更能把握孔子學說之精義。然而，可能是由於前有孔子，後有孟、荀，這些人的學說就逐漸失傳。我們如果能夠運用出土文獻，將七十子時期儒家《樂》之經典化中間環節加以再現，從而對我們掌握儒家《樂》的傳承及思想演變起到重要的補苴罅隙的作用。

〔註6〕邵懿辰，《禮經通論》文，轉引自周予同，《群經概論》，中國書籍出版社，2006年9月，第7頁。

（一）出土儒家《樂》類文獻概要

儒家《樂》類出土文獻主要集中於郭店楚墓竹簡的《五行》、《尊德義》、《性自命出》、《六德》、《語叢》等篇，以及上海博物館藏戰國楚竹書《孔子詩論》、《性情論》（基本上與郭店簡《性自命出》相同）、《民之父母》、《采風曲目》等。主要內容擇要列舉如下：

1、《五行》

德之行五，和謂之德，四行和謂之善。善，人道也。德，天道也。君子亡中心之憂則亡中心之智，亡之心之智則亡中心〔之悦〕，亡中心〔之悦則〕不安，不安則不樂，不樂則亡德。

……

君子之為善也，有與始，有與終也。君子之為德也，有與始也，無與終也。金聲而玉振之，有德者也。金聲，善也；玉音，聖也。善，人道也；德，天道也。唯有德者，然後能金聲而玉振之。……不安不樂，不樂亡德。

……

聖智，禮樂之所由生也，五行之所和也。和則樂，樂則有德，有德則邦家興。

2、《尊德義》

是以為政者教導之取先。教以禮，則民果以勁。教以樂，則民淑德清壯。……德莫大乎禮樂焉。治樂和哀，民不可惑也。反之此，枉矣。

3、《性自命出》

詩、書、禮、樂，其始出，皆生於人。詩，又為為之也。書，有為言之也。禮、樂，有為舉之也。聖人比其類而論會之，觀其之先後而逆順之，體其義而節文之，理其情而出入之，然後復以教。

……

鄭衛之樂，則非其聲而從之也。凡古樂龍心，益樂龍指，皆教其人也。《賚》、《武》取，《韶》、《夏》樂情。

……

笑，禮之淺澤也。樂，禮之深澤也。凡聲，其出於情也信，然後其入撥人之心也厚。聞笑聲，則鮮如也斯喜。聞歌謠，則陶如也斯奮。

……

凡至樂必悲，哭亦悲，皆至其情也。哀、樂，其性相近也，是故其心不遠。哭之動心也，浸殺，其烈戀戀如也，戚然以終。樂之動心也，睿深鬱陶，其烈則流如也以悲，悠然以思。凡憂思而後悲，凡樂思而後忻。……吟遊哀也，噪由樂也，啾遊聲也，嘁遊心也。喜斯慆，慆斯奮，奮斯詠，詠斯猷，猷斯舞。舞，喜之終也。慍斯憂，憂斯戚，戚斯歎，歎斯撫，撫斯踊。踊，慍之終也。

4、《六德》

作禮樂，制刑法，教此民爾，使之有向也，非聖智莫之能也。

……

仁，內也；義，外也。禮樂，共也。

……

德者，且莫大乎禮樂焉。

……

教以禮，則民果以勁；教以樂，則民淑德清壯。

5、《語叢》

德生禮，禮生樂。……禮生於莊，樂生於度。禮齊樂靈則戚，樂繁禮靈則慢。

6、《孔子詩論》

「樂亡隱情」。

7、《民之父母》

孔子曰：「三亡乎，亡聲之樂，亡體之禮，亡服之喪。君子以此皇於天下，奚耳而聖之，不可得而聞也；明目而視之，不可得而見也，而得氣塞於四海矣。」……

孔子曰：「亡聲之樂，氣志不違……亡聲之樂，塞於四方……亡

體之禮，塞於四海……亡聲之樂，氣志既得……亡聲之樂，氣志既
從。」

8、《采風曲目》

《又鼓》,《子奴思我》。宮穆:《碩人》,《又文又鼓》。宮曽（巷）:
《喪之末》。宮許:……《出門以東》。宮祝:《君壽》。

文中記錄了多種詩篇的吟唱的音高，其中《碩人》見於今本《詩經・衛
風》，其他各篇均不見於傳世文獻，屬逸詩。

（二）出土文獻與儒家《樂》之經典化中間環節的再現

這些《樂》類出土文獻的發現，首先對我們研究儒家對《樂》的經典化
提供了大量的新材料。這是其學術意義之第一方面。其次，這些出土文獻的
更深一層的意義就是它們爲儒家《樂》之經典化過程中重要的缺環提供了彌
補的可能性條件。《樂經》在秦漢之後亡佚。當學者要試圖恢復其演變歷程，
從而尋找文本根據時，面臨的主要斷層就是出土文獻所反映的這一時期，即
從孔子到孟荀之間。之所以在這一時間段內出現了文獻的斷層，是因爲這一
時間段處於儒家文化發展的兩個高峰之間的相對低谷。在此之前有孔子創立
儒家學派，其思想博大精深，令後人高山仰止。在此之後，有孟子與荀子兩
個對儒家發揚光大做出傑出貢獻的大師，在當世就名滿天下，更爲重要的是
二人學生遍佈全國，不斷傳播師說，就使其他儒家學者日漸隱晦，學之不行，
其必然結果就是其著作的日漸亡佚。

但是這裡我們有一點需要注意，遺失的中間環節並不是不重要的時期，
相反正是由於在這一中間環節所謂「身通六藝」，也就是全面繼承了孔子學說
的七十子流佈於各個諸侯國之間，各展所長，在講學與從政的不同謀生方式
中從不同的角度發揚光大了孔子的學說。正是他們遍地開花式的對儒家思想
的全面發展，才爲後來的大師級人物孟子、荀子進行總結、損益、理論提升，
完成儒家思想的階段性提升與系統化、理論化提供了基礎。

正是由於孟子、荀子的集大成式的貢獻，導致後來對其學術基礎，即孔
子與孟荀之間的中間環節日漸忽視，最後導致「七十子」學之不傳。更由於
在此後二千多年的歷史演變中，這一時期的著作也隱退於歷史屏幕之後，造
成了我們今天看到的儒家經典及其思想演變的缺環。我們對儒家經學史、思
想史上的一些爭論大到著名的如經今古文之爭，小到《周禮》等一些具體著

作的成書年代等，稍作尋繹就會發現其爭論的關鍵往往會追溯到這一時期的文獻缺失上來。因此，這一時期的《樂》類出土文獻的學術思想史意義不言而喻，它們為解決儒家《樂》經傳承、儒家思想的演變以及學術史上相關爭議問題提供了充分的新材料，也就指示了新的解決問題的思路與可能。

（三）出土文獻與「《樂經》有無」問題的新思考

我們說今文經學家認為「《樂》本無經」的主要根據之一就是在先秦時期《詩》與《樂》和、《禮》與《樂》和，因而《樂》不可能單獨存在。但今文經學家在論述的時候也露出了前後矛盾，那就是他們也想像地認為（《樂》）可能「如制氏等之琴調曲譜而已」。因為只要有制式、有曲譜就要有專門的記錄。我們認為這種記錄文本就是《樂經》的基本形態。因為我們知道在先秦時期，特別是春秋戰國以前是以「禮樂文明」著稱於世的，所以周公才要「制禮作樂」，這時的社會秩序依靠禮與樂這兩種儀式性的規範系統進行協調。因此，當時樂的演奏形式、樂隊規模、樂器形式等等都有嚴格的規定，代表了等級制度，是不能隨便使用的。因此對樂的記錄自然就要包含這些要素在內。這自然是複雜的學問，所以其文本稱《經》也是必然規律，也正是因為這樣，周公才要「制禮作樂」，孔子在選取六經時，才有《樂經》的入選。

值得我們重視的是，對於上述觀點的新材料隨著近年考古發現的進展而得以發現。在 1994 年上海博物館從香港文物市場購買回來的埋藏時間與 1993 年發現的郭店楚墓竹簡大致相同的一批竹簡中就出現了體現早期類似於《樂經》文本特點的古文獻資料。據馬承源先生介紹：「上博簡中有七支簡記載了 40 種詩的篇名和演奏詩曲吟唱的各種音高，非常奇特。在一篇或幾篇成組的篇名之前寫有一個特定的音名。這些音名用兩個字組成，一是『聲』名，即是五聲音階的名，其中發現宮、商、徵、羽四『聲』名，另有穆、和、訐等九個變化音名，這些變化音名為前綴，也有後綴。這九個音名是否就是楚國樂名還不知道，因為詩曲可能有本地的，也有外地傳入的，但可以說這是楚國郢都流行詩曲的調名。一個特定的音高下有一篇或幾篇詩名，說明每一篇詩都有它特定的音高，並不是隨意用任何音高可以自由吟唱的，可見當時音樂已經達到成熟和規範的水平。」〔註7〕後來這批竹簡正式出版的時候，是六

〔註 7〕 上海大學古代文明研究中心、清華大學思想文化研究所主編：朱淵清、廖名春執行主編，《上博館藏戰國楚竹書研究》，上海書店出版社，2002 年 3 月，第 6 頁。

支簡，並定名為《采風曲目》〔註8〕。我們認為，上博簡《采風曲目》所展示出來的戰國時期對特定的歌詞及其演唱音高等的記錄方式，很有可能就是戰國以前音樂教材或音樂著作的通行的體例形式之一。對於這一文本價值，已經引起了學者的注意：「這篇佚籍十分重要，它揭示先秦用於演奏詩樂的文本形態，對於解決一些《詩經》學史的問題也有幫助，值得我們認真研究。」〔註9〕同時，在《采風曲目》中所記載的歌詞中有《碩人》篇見於今本的《詩經‧衛風》，這更增加了它與失傳的《樂經》體例相同或相近的可能性。因為我們知道，在先秦詩樂相配、禮樂相配為用是一個常識性的現象。基於這些原因，我們認為所謂「《樂》本無經」是缺乏文獻根據的，相反，上博簡《采風曲目》至少為我們提供了一條十分有力的先秦時代的、可以用來證明《樂》本有經的論據。當然，要想得到堅實的結論，還需要更多的證據。但上博簡《采風曲目》至少使我們找到了新的思考方向。

第二節　荀子論《樂》及其經學史意義

出土文獻為我們解決儒家《樂》的經典化提供了新材料，通過把這一新材料往其所處歷史時期做還原式的嵌入，儒家《樂》的由教材到經典的演變線索：從孔子經七十子後學到孟子再到荀子的集大成式的總結，逐漸清晰起來。這裡我們不妨從具體的學術史爭論問題入手，揭示荀子在儒家《樂》的經典化進程中的作用。

一、出土文獻與《荀子‧樂論》同《禮記‧樂記》關係新解

正如上文所述，儒家《樂》類出土文獻的第一個意義就是為解決學術史上的一些長期爭論提供了新材料，也就提供了新的解決問題的思路與可能。下面我們就根據新出土的儒家《樂》類出土文獻對學術史上關於《荀子‧樂論》同《禮記‧樂記》關係和長期爭論做一個新的解決嘗試。《荀子‧樂論》同《禮記‧樂記》關係的爭論由來已久，主要的分歧是：《荀子‧樂論》抄襲了《禮記‧樂記》，亦或《禮記‧樂記》抄襲了《荀子‧樂論》。

〔註8〕具體內容見馬承源主編，《上海博物館藏戰國楚竹書》（四），上海古籍出版社，2004 年 12 月。

〔註9〕曹建國，《上博楚簡〈采風曲目〉試探》，載武漢大學簡帛研究中心，《簡帛》（第二輯），上海古籍出版社，2007 年 11 月。

（一）《荀子・樂論》同《禮記・樂記》關係的爭論

關於這一爭論的記載，最早見諸《漢書・藝文志》：「漢興，制氏以雅樂聲律，世在樂官，頗能紀其鏗鏘鼓舞，而不能言其義。六國之君，魏文侯最爲好古，孝文時得其樂人竇公，獻其書，乃《周官・大宗伯》之《大司樂》章也。武帝時，河間獻王好儒，與毛生等共採《周官》及諸子言樂事者以作《樂記》，獻八佾之舞，與制氏不相遠。其內史丞王定傳之，以授常山王禹。禹，成帝時爲謁者，數言其義，獻二十四卷記。劉向校書，得《樂記》二十三篇，與禹不同，其道浸以益微。」根據這一記載，《禮記・樂記》是漢武帝時期，有以毛生爲代表的儒家學者曾經根據《周禮》及諸子言樂事者，以作《樂記》之事，此爲漢代《樂記》第一個二十四卷本子；劉向校書時，又得到第二個二十三篇本的《樂記》，且後者取代了前者。清代以來，隨著考據學的蔚然成風，持這一觀點的學者日漸增多。如梁啓超通過將二戴禮記中論樂的相關內容與《荀子・樂論》比較後，認爲「凡此皆當認爲《禮記》採《荀子》，不能謂《荀子》襲《禮記》」。〔註10〕李澤厚、劉綱紀合著的《中國美學史》也認爲：「不論《樂記》的作者爲誰，從它的基本思想來看，屬於荀子學派。它的成書，不會在荀子之前，而應該在荀子之後。」〔註11〕根據劉向的記載，儘管有二個本子但都出現在漢代，在《荀子》後幾百年，因此一個合理的邏輯是漢代的二種《樂記》都可能參考或取材於《荀子・樂論》。無論如何，我們認爲後世所說抄襲有些武斷。

與此相反，也有學者認爲《荀子・樂論》抄襲了《禮記・樂記》。這一派觀點從文獻根據來看，是由於《隋書・音樂志上》又有「《樂記》取《公孫尼子》」的說法。因爲公孫尼子爲孔子弟子，其活動時期即是七十子後學時期，時代要早於荀子。所以許多學者就開始認爲《樂論》襲自《樂記》。如廖名春認爲：「張守節《史記正義》也說：『《樂記》者，公孫尼子次撰也。』張說源於皇侃，皇侃與沈約同時。二人都有此說，大約《公孫尼子》原書在梁時尚爲完具。公孫尼子爲孔子弟子，如果《禮記・樂記》採自他的著作，那麼，則是《樂論》襲自《樂記》了。」〔註12〕浙江大學的沈文倬先生通過將大小戴《禮記》與《荀

〔註10〕梁啓超，《荀子及荀卿子》，載羅根澤編著，《古史辨》（第四冊），海南出版社，2005 年 5 月，第 72～73 頁。

〔註11〕李澤厚、劉綱紀，《中國美學史》，安徽文藝出版社，1999 年 5 月，第 323 頁。

〔註12〕廖名春，《中國學術史新證》，四川大學出版社，2005 年 8 月，第 531 頁。

子》進行對比研究，得出結論：「二戴《禮記》與《荀子》相同之文是荀況抄襲了二《禮記》，二《禮記》禮類諸篇成書在《荀子》之前。」〔註13〕

（二）《樂》類出土文獻與《荀子・樂論》同《禮記・樂記》關係新解

此外，還有的學者認爲《荀子・樂論》與《禮記・樂記》有共同的材料來源。〔註14〕這一說法頗有啓示意義。如果我們再利用出土文獻所提供的新材料，對這一觀點加以深化，就會發現《荀子・樂論》與《禮記・樂記》共同的材料來源是十分豐富的，這些出土文獻的主要內容我們已經在上文中進行了概要介紹。根據這些材料與楊朝明的觀點之啓示，我們進一步貫徹歷史性思維深入思考後，可以得出一個新的結論：《禮記・樂記》由於成書於漢代，它是在對漢以前禮類文獻的彙聚與重新整理加工的基礎上形成的，因此它從體例的完整性、理論的精緻性上都要高於《樂》類出土文獻以及《荀子・樂論》。因此，《禮記・樂記》是對漢代以前包括《荀子・樂論》在內的所有《樂》類文獻的集成，這樣就爲解決它與荀子的關係提供了一個新思路。通過《樂》類出土文獻與二者的對比，更增加了這一結論的可信程度。

這樣看來，長期爭論不休的《荀子・樂論》同《禮記・樂記》關係似乎可以暫時告一段落了。下面，我們會利用這一新結論，結合新材料對荀子爲儒家《樂》的經典化所做的貢獻加以分析與說明。

二、荀子《樂》論及其經學史意義

這裡我們通過對上一問題得出結論的應用，可以初步描述出儒家《樂》的早期傳播特點，並將荀子集中論《樂》的專篇《荀子・樂論》加以定位研究，從而探討其經學史意義。

（一）儒家《樂》的經典化路線

上文將出土文獻引入儒家《樂》的經典化研究，通過對一個關鍵問題提出新的解決思路，初步找到了解決儒家《樂》的早期傳承過程中，由於中間環節文獻不足所造成的傳播路線中斷問題的新線索。我們通過上一問題得出

〔註13〕 沈文倬，《略論禮典的實行和〈儀禮〉書本的撰作》，《宗周禮樂文明考論》，浙江大學出版社，2006年版，第44頁。

〔註14〕 楊朝明，《〈荀子〉通說》，見楊朝明注說：《荀子》（「國學新讀本」叢書）：河南大學出版社，2008年，第50頁。

的結論，可以初步描述出儒家《樂》的早期傳播路線：孔子——七十子——《荀子・樂論》——《禮記・樂記》。

（二）儒家《樂》之經典化思想內涵的演變

與儒家《樂》的早期傳播路線：孔子——七十子——《荀子・樂論》——《禮記・樂記》相協調一致的儒家《樂》之經典化的思想內涵演變也可以初步總結爲孔子的樂教——七十子的樂道——荀子的樂術——《禮記・樂記》的集成。

孔子的樂教，即是將樂與教合，也就是將樂之禮儀程序及其所承載的禮制思想內涵與教化相結合，這是孔子在編著完成《樂》之教本之後，對《樂》之經典化的第一步推進。孔子將樂與教合的著名論斷是所謂的三教論，如《論語・泰伯》：「子曰：『興於詩，立於禮。成於樂』。」在孔子心目中，一個人的最終成才要體現在對《樂》的儀節與精神的把握上。這是因爲，春秋以前禮與詩是重要的社會規範方式，而這二者是通過一定的程序表現出來的，二者在儀式的進行中都是靠樂來輔助進行，所謂詩與樂合、禮與樂合是當時的重要形式，因此樂就成爲統領詩與禮的關鍵，這應該是孔子所要傳播的樂教的眞義所在。

七十子的樂道，即樂與道合，是七十子後學根據時代發展，對儒家樂教思想所做的理論化與哲學化提升。七十子所處的戰國時期，諸侯爭霸，天下分裂，眞正有用的學問應該能解決天地人心等最爲廣大與深奧的問題，這也是諸子學說的一個共同的趨向，即是否能替天行道、替國行道，再具體一些是替君行道。我們在新發現的出土文獻中，其論樂往往與心性、天道相結合。這是七十子對儒家《樂》之經典化的第二步推進。

荀子的樂術，即樂與政合，是在孔子及七十子基礎上，將儒家的《樂》教思想做了求眞與致用相平衡的加工，從而使之與現實的社會政治活動能夠接軌，這樣就爲實現儒家治國平天下的終極理想鋪平了道路。這是荀子對儒家《樂》之經典化的最後一步的推進。

《禮記・樂記》的集成，則是在漢代，隨著儒家《樂經》的亡佚，將儒家樂教思想的精髓經過廣泛收集整理後，附於《禮記》中，使先秦《樂》之文本雖亡，而其禮樂相合的精神卻得以保存下來。如果我們把《禮記・樂記》與儒家《樂》類出土文獻相比較，就會發現二者都有將儒家樂論與道論相結

合的內容，同時也都有從心性論《樂》的特點。但是我們若從其言辭的精巧程度與理論的簡明扼要程度以及哲學化程度方面做進一步的比較，就會發現《禮記·樂記》要比儒家《樂》類出土文獻高明得多。同樣我們把《禮記·樂記》與《荀子·樂論》相比較，二者也都有將《樂》與政治教化相結合的特點，同樣《禮記·樂記》在此一方面也比《荀子·樂論》精緻細微。這正是因爲，《禮記·樂記》成書於漢代，全面吸收了先秦時期包括儒家《樂》類出土文獻與《荀子·樂論》眾多《樂記》類文獻，經過整理加工的結果。

綜上所述，我們認爲儒家《樂》的經典化始於孔子，中經七十子的理論提升，最後完成於荀子。漢代《禮記·樂記》的編纂則完成了《樂》之文化遺產的保存工作。

第五章　荀子與儒家《易》的經典化

　　荀子爲戰國後期儒家的集大成者，對儒家思想的繼承與發揚光大做出了傑出的貢獻。荀子對儒家思想的繼往開來性的貢獻主要是推進了孔子開創的儒家六藝的經典化進程。其中也包括了他對《易》的經典化的推進。傳統《易》作爲儒家六藝之一在學術史上曾經有過三種代表性的分支，即傳統所謂三易：《連山》、《歸藏》、《周易》〔註1〕。據文獻記載，三易中的另外二易——《連山》與《歸藏》在漢代還存在。魏晉南北朝以後，《連山》亡，宋代以後《歸藏》也亡佚了。因此，今天我們傳世本的《易》即指三易中的《周易》。這是三易唯一流傳至今的本子。這樣就對我們全面理解荀子對儒家《易》的經典化之努力留下了文獻不足的遺憾。然而近年來由於阜陽雙古堆漢簡《周易》、上海博物館藏戰國楚竹書《周易》、郭店楚簡《周易》、馬王堆帛書《周易》等大批《易》類出土文獻的發現，就爲我們解決這一問題提供了新的材料支持。

第一節　出土文獻與儒家《易》的經典化新證

　　《易》作爲儒家的六經之一，在其經典化的演變過程中，有著與眾不同的特點。這一特點突出地表現在，由於大家對其在儒家經典中地位的認識角

〔註1〕三易的說法來自於《周禮・太卜》：「（太卜）掌三易之法，一曰《連山》，二曰《歸藏》，三曰《周易》，其經卦皆八，其別皆六十有四。」漢代鄭玄作《易贊》稱：「夏曰《連山》，殷曰《歸藏》」，所以漢以後有把三易成書時間分別與夏、商、周相關聯的傳統。

度不同而將其放置在六經系統中的不同位置，因而也就導致六經排列的不同次序。其中最有代表性的是：《詩》、《書》、《禮》、《樂》、《易》、《春秋》與《易》、《書》、《詩》、《禮》、《樂》、《春秋》兩種排列方式。對於這兩種代表性的觀點，學者們也進行了解釋，一個較爲通行的觀點是前者代表今文學家的觀點，是按照六經的深淺和難易程度來排列的；後者是古文學家的觀點，是按照六經產生的時間先後來排列的。〔註2〕然而，當我們利用今天新發現的《易》類考古材料加以對比時，就會發現，按今古文學派立場不同的解釋存在明顯的漏洞，因爲在郭店楚簡《六德》中就有「觀諸《詩》、《書》則亦在矣，觀諸《禮》、《樂》則亦在矣，觀諸《易》、《春秋》則亦在矣。」〔註3〕郭店楚簡的成書時間基本確定爲「戰國中期偏晚」。〔註4〕這一時期，還不存在漢代才會形成的今古文經學派的不同立場。所以，由《易》經所處的位置不同而形成的六經不同的排列次序，以及由此爲代表的諸多長久以來形成的帶有時代累加觀念的《易》學相關問題，到了利用新材料進行階段性返本開新的時候了。本文就是由這一角度出發，從歷來關於《易》的經典化的爭論入手，通過與出土文獻加以分析比較，在此基礎上梳理出《易》的經典化的規律。

一、關於儒家《易》經典化問題的學術紛爭

關於儒家《易》的經典化問題在學術界長期存在著不同的觀點。從先秦到當代的文獻中，我們都可以找到大量的有關這一問題的爭論。而且，在長達二千多年的爭論中，學者往往將這一問題同《易》的起源問題結合在一起討論，這就更增加了這一學術問題的複雜性。因此，我們爲了能夠得到相對穩定的結論，在此將這一問題限定到儒家視野下進行討論。從儒家學者將《易》納入自己的教育體系中開始，來探求《易》在儒家思想演變中所同時完成的

〔註2〕 周予同先生對這一區分標準做了較爲詳細的分析。他先分別列舉出採用這兩種排列方式的文獻，然後經過分析，得出了其區別在於二者的今古文立場的不同，且對其各自立場的根據在於對於孔子的不同觀念進行了進一步分析：古文學家將孔子視爲歷史學家，其要點是述而不作，重在傳承歷史知識；今文學家將孔子視爲政治家、哲學家、教育家，六經是其託古改制的手段。參見，朱維錚編校，《周予同經學史論》，上海人民出版社，2010年2月，第3～6頁。

〔註3〕 荊門市博物館編，《郭店楚墓竹簡》，文物出版社，1998年5月，第188頁。

〔註4〕 荊門市博物館編，《郭店楚墓竹簡·前言》，文物出版社，1998年5月，第1頁。

儒家經典化的過程。這一探求過程，反過來也會對我們探求儒家思想的發展與演變過程提供思想與方法。

　　縱觀二千多年以來學術史上對儒家與《易》的經典化的規律的總結，大致上在近代以前是持肯定態度，且基本上認爲其完成經典化的時間在先秦時期；而由於始於宋代的疑古惑經思潮經過近千年的氤氳與擴散，中間又經過明代後期開始進入中國以科學理性爲主流的西方文化的催化，到五四時期終於促成了疑古學派的興起並在文史學界產生重大影響，正是疑古派開始對儒家與《易》的經典化問題重新質疑與反思。在這一近代思潮的影響下，以日本漢學爲代表的海外漢學界同樣對《易》的經典化時間進行了新的解釋，其特點是往往將其經典化的時間下限向秦以後推移，這一傾向愈演愈烈，在日本學術界幾乎已經成爲共識。

（一）古代典籍對儒家與《易》的經典化規律的整理與記述

　　我們考察儒家《易》的經典化最常用的方法，就是在古代典籍中尋找相關的記錄，看看《易》是在什麼時候被當作經典而被稱引與敍說的。

　　就現有文獻來看，較早地將《易》與儒家其他經典並稱的首先是《莊子》。例如《莊子・天運》說：「孔子謂老聃曰：『丘治《詩》、《書》、《禮》、《樂》、《易》、《春秋》六經，自以爲久矣，孰知其故矣……』」又如《莊子・天下》有言：「《詩》以道志，《書》以道事，《禮》以道行，《樂》以道和，《易》以道陰陽，《春秋》以道名分。」在《莊子》一書中，先後有二篇比較完整地將《易》與儒家其他五經並稱，這說明至少在莊子及其後學心目中，儒家把《易》作爲六經之一已經非常明確，甚至可以說是一種約定俗成的常識性觀念。同時我們也可以從第二條史料中發現，當時人們對於《易》在儒家思想體系中的作用已經有了明確的定位，即「《易》以道陰陽」。這也是與《易》自身的特點相協調的認識。

　　同樣，關於《易》作爲儒家經典的角色定位，在《禮記・經解》中也有更進一步的理論認識：「孔子曰：入其國，其教可知也。其爲人也，溫柔敦厚，《詩》教也；疏通知遠，《書》教也；廣博易良，《樂》教也；絜靜精微，《易》教也；恭儉莊敬，《禮》教也；屬辭比事，《春秋》教也。故《詩》之失愚，《書》之失誣，《樂》之失奢，《易》之失賊，《禮》之失煩，《春秋》之失亂。」這一段文字雖然是從儒家教化方法的角度進行論述的，但是我們從篇名中可以

看出，作者是將這六種著作當作「經」來解釋它們所承擔的不同的教化功能。我們通過這段文字還可以發現，在《禮記·經解》成書的時候，人們對於包括《易》在內的儒家經典的理論認識，相對於《莊子》一書而言，更加全面和系統。這主要體現在兩方面：其一，從正的一方面來看，《莊子·天下》的觀點是「《易》以道陰陽」，這是對《易》之特點的最基本的正確把握；而在《禮記·經解》中，則進一步提出來「絜靜精微，《易》教也」，這無疑比從陰陽這一宏觀角度來把握要深入一層，已經涉及更加具體的「絜靜精微」層面。因此，可以說是對《易》作為經典的更加精緻的理論闡述。其二，從反的方面看，《禮記·經解》在論述了「絜靜精微，《易》教也」這一正面特長之處後，接著又對其不足之處進行了分析，得出「《易》之失賊」的理論。這就使作為經典的《易》從正反兩個方面形成了精緻而全面的理論體系。

　　通過對《莊子》與《禮記》中有關《易》的稱引與論述，我們就可以大致明白，至少在戰國時期，當時的思想界已經將《易》同其他五經共同視為儒家經典而相提並論了。同時，對於其在儒家經典體系中的定位，也有了明確的理論認識，這說明當時的儒家學者在教學與實踐中已經有非常明確的指導思想，把《易》與其他五經各取所長，共同完成修齊治平之儒家理想化教育。

　　到了漢代，《易》作為儒家經典，已經成為一個沒有疑義的事實。這一點在眾多漢代的主要文獻中都有所體現。首先我們來看一下《史記》中的相關記載：「孔子晚而喜《易》，序《彖》、《繫》、《象》、《說卦》、《文言》。讀《易》，韋編三絕。曰：『假我數年，若是，我於《易》則彬彬矣。』」〔註5〕這是對孔子重視《易》的歷史記錄。《漢書·藝文志》言：「昔仲尼沒而微言絕，七十子喪而大義乖，故《春秋》分為五，《詩》分為四，《易》有數家之傳。戰國縱橫真偽分爭，諸子之言紛然殽亂。」〔註6〕從這一記錄來看，漢代不但認為《易》是儒家的經典之一，而且還補充記敘了儒家經典在孔子去世後的傳播特點。至此，人們對《易》作為儒家經典的地位已經形成固定認識，特別是自漢代經學確立之後，更使這一認識得到官方與主流文化的承認。這一狀況，一直持續到近代，才發生了變化。

〔註5〕　司馬遷，《史記·孔子世家》，中華書局，1982年11月第2版，第1936頁。
〔註6〕　《漢書·藝文志》。

（二）近代以來對《易》作為儒家經典的疑古思潮及其影響

　　《易》作爲儒家五經之一的經典地位，在漢代得到了全面的確立〔註7〕。這一地位在漢代以後一値得以延續。這也與儒家思想在漢代以後一直受到歷代王朝的尊崇有一定的關係。

　　與此同時，自宋代開始，由歐陽修作《易童子問》開始，人們對《易傳》作者、起源以及何時成爲儒家經典的問題產生了懷疑，進而又引發了人們對《易經》的質疑。與漢代以來人們對《易》作爲儒家五經之一的尊崇這一主流觀點相比較，對《易》質疑的思潮的影響要小得多，但是卻一直與之共同存在，時隱時現。然而，到清末民初，隨著世界現代化潮流的興起，中國也出現了反傳統化的歷史潮流。與此相適應，西方文化借強勢的軍事與政治、經濟力量的湧入，在思想文化界引發了以反傳統爲激發點的疑古思潮。在這一思潮的影響下，發韌於宋代的疑《易》之風便驟然被放大，對傳統《易》學觀念造成了強烈衝擊。這一衝擊的代表觀點，首先要算錢玄同對孔子贊《易》的全面否定。錢玄同在《重論經今古文學題》一文中論及《周易》時說：「今人如錢穆、馮友蘭、顧頡剛諸氏，對於《易傳》都有非孔子所作之說，而以李鏡池氏的《易傳探源》最爲詳審精密。至《論語》之『加我數年，五十以學易，可以無大過矣』一語，其中『易』字明明是古文家所改，《經典釋文》：『魯讀易爲亦，今從古』，是其鐵證。」〔註8〕我們在眾多的質疑《易》的觀點中選取錢玄同作爲代表，是因爲他的觀點最爲極端。從引文中我們發現他先是通過對眾人否定《易傳》爲孔子所作的列舉，代表了他自己對孔子作《易傳》所持的與他所列舉者相同的否定觀點，這是其一；其二，我們通過這段引文還可以發現他通過《經典釋文》的相關注釋，實際上否定了孔子與《易》的關係。這兩方面綜合起來，錢玄同實際上否定了《易》是經過孔子編選而成爲儒家經典之一的這一漢代以來幾乎成爲常識性的觀點。以錢玄同爲代表的宋代以來的疑古惑經思潮對《易經》的傳統觀念所產生的影響是重大而深遠的。直到 20 世紀 80 年代末，有學者進而還提出了「先秦無《易經》，《易經》成於西漢昭、宣間」的觀點〔註9〕。隨著疑古思潮影響的擴大，我們認爲

〔註7〕 先秦時期儒家的六經，到漢代時《樂》已經亡佚，因此自漢以後，人們就習慣稱儒家有「五經」了。

〔註8〕 顧頡剛編著，《古史辨》（第五冊），海南出版社，2005 年 5 月，第 40 頁。

〔註9〕 陳玉森、陳憲猷，《先秦無〈易經〉論》，載《中山大學學報》（哲社版），1986 年第 1 期。

海外漢學研究人員對中國典籍的全面、大膽懷疑的思潮，可能也是受到中國本土學者這類觀點的影響，至少是互動。在這樣一個疑古學術思潮氛圍下，海外學者同樣對《易》作爲儒家經典的諸問題提出了許多帶有疑古色彩的觀點。下邊我們就以漢學研究成就斐然的日本學者的部分觀點爲代表，加以具體分析。

我們首先來看一下最近的研究成果，池田知久的觀點可以是一個代表：「直到戰國末的古本《易》，只是由卦畫、卦名、卦辭、爻辭構成的簡單的《六十四卦》，它與以後的《易經》（特別是《易傳》）不同，尚不包含高度的形而上學等的哲學、陰陽五行的自然哲學、道德思想、政治思想等……當時的儒家思想家們，爲了對本來無關的《易》賦予儒教的意義，使其儒教化、經典化，在許多方面進行了種種努力……可以肯定，經過以上種種努力，《易》的儒教化、經典化取得了相當的成功。其中爲了添加儒教高度的哲學、道德思想、政治思想等內容，在西漢初期，《周易》已被認爲是孔子讀過且作了注釋的儒教正統的文本，是儒教信奉者必須學習的經典。」〔註10〕

當然，在日本學者中也有著對疑古模式的《易》學研究進行反思的一派，這一方面的代表是淺野裕一。他正是從反思的角度對日本學界近一個世紀以來的帶有濃厚的疑古色彩的《易》學研究進行了富有啓發性的總結：「日本也同樣站在疑古派方法的基礎上對《易》的形成與經典化提出新的說法。關於《易》成爲儒家經典之時期，津田左右吉在《儒教之研究》中推論說今本《易》是在戰國中期形成的。在這裡，津田主張《易》是到了漢代才成爲儒家經典的。另外，平岡武夫《經書的成立》認爲，今本《易》是在漢代形成的。此外，也同樣將《易》成爲儒家經典的時期推定爲漢代。武內義雄在《易與中庸之研究》中認爲，《象傳》、《象傳》與談論『中』的《中庸》前半部都是在戰國前期形成的；《繫辭傳》、《文言傳》與談論『誠』的《中庸》後半部都是在秦始皇統一之後形成的；《說卦》、《序卦》、《大象傳》則成於漢初。武內還認爲，《易》成爲儒家經典之時期，是在儒家無法用《詩》《書》來闡明其主張的公元前 213 年的焚書以後，亦即秦漢之際至漢代的時候。接著金谷治在《秦漢思想史研究》中承繼師說，同樣認爲《易》是在焚書之後，即秦漢之際至漢代時成爲儒家經典。金谷更認爲，儒家將《易》經典化的原因，在於

〔註10〕 池田知久，《〈周易〉研究的課題與方法》，載卜憲群、楊振紅主編，《簡帛研究》（二〇〇六），廣西師範大學出版社，2008 年 11 月。

將人類社會倫理賦予一種宇宙自然界統一秩序的形上根據，以適應秦漢時新的統一國家出現的局勢。以上是關於《易》成爲儒家經典之時期的代表說法，雖然各家有些微出入，但多半傾向於秦始皇焚書到漢初之間，而這就成爲日本學界的一般說法。」〔註11〕淺野裕一的這一總結，是對日本學者中以津田左右吉、平岡武夫、武內義雄和金谷治爲代表的，研究中國先秦思想史卓有成就和影響力學者的觀點較爲全面的總結。淺野裕一在歸納出日本學術界這個通行的看法後，也提出了自己的解決方法，那就是利用新出土文獻，從孔子聖人化的角度，把儒家對《易》的經典化歷程同孔子聖人化結合起來考察，作出新的探索，最後得出了「孔子與六經的深厚關係是一種偽造結果，『以予觀於天子，賢於堯舜遠矣』、『自生民以來，未有盛於孔子也』（《孟子·公孫丑上》）這些話顯示，賦予孔子凌駕於堯、舜、禹等聖王之上之地位的經學史觀，最遲至戰國時期已經形成。對於《易》的經典化，應該從作爲這種運動之一環的角度來重做探討」〔註12〕的結論。我們認爲，淺野裕一利用新材料推動當前先秦思想研究的方法是具有前沿性意義的，因此是值得肯定的。因此，他所得出的結論中所預示出的《易》的經典化以「最遲至戰國時期已經形成」爲重要參考背景的部分頗具啓發性。但是，他將《易》的經典化與所謂「孔子聖人化運動」結合起來，認爲「孔子與六經的深厚關係是一種偽造結果」則是一種缺乏深度論證的結論，有待進一步地研究。

　　綜上所述，《易》作爲儒家經典，在漢代基本上成爲一個公認的事實。但是，其經典化的規律與完成的過程則由於歷史悠久而逐漸模糊，進而在千年以後的中古時期，人們就開始對其最初的經典地位產生了懷疑。這一懷疑到了近代疑古思潮盛行時，更是達到了新的高度，並形成了廣泛的影響，甚至對海外漢學的主流觀點也產生了潛移默化的影響。所以，我們今天要準確把握儒家《易》學思想，就要祛除與清理歷史迷霧給我們造成的遮蔽與影響，重新整理《易》的經典化歷程，把握其演進規律，從而才能準確地掌握其思想精髓。

二、出土文獻與儒家《易》的經典化新證

　　上文對學術史上關於儒家《易》的經典化問題的紛爭進行了初步的總結，

〔註11〕淺野裕一，《儒家對〈易〉的經典化》，載《周易研究》，2009 年第 2 期。
〔註12〕淺野裕一，《儒家對〈易〉的經典化》，載《周易研究》，2009 年第 2 期。

我們這裡可以進一步總結出這一紛爭的規律，那就是時代愈後，懷疑與否定的氣氛愈濃厚，特別是近代五四以來，隨著反傳統文化潮流的盛行，人們對《易》作爲儒家經典的質疑達到了一個前所未有的水平。然而，經過近一個世紀的反思與重新評估後，人們逐漸認識到作爲思潮，爲了拉動民眾除舊更新，疑古派的觀點與方法必然具有的過猶不及的特點，否則就不足以引起最大多數人的注意；當時代新舊主題轉換告一段落後，人們就不得不對思潮的特徵進行重新定位，特別是學術研究，要回到恰如其分的合理軌道上來。正是由於這樣的原因，近年來，人們對近代以來反傳統潮流下有可能存在的疑古過勇的問題也開始有了精神上的反省與自覺。體現在儒家《易》的經典化研究上，人們也開始了新一輪的正本清源工作。這一工作要取得事半功倍的效果，新材料的發現無疑提供了重要的契機。特別是距離《易》的產生時代越近的新材料，越有助於我們接近歷史的眞實。事實上，近年來大量出現的《易》類出土文獻，也引起了學者的充分注意。廣大學者利用這些新材料對傳統《易》學研究的遺留問題進行了新的探索，也取得了豐富的研究成果。

（一）《易》類出土文獻概況

如果追溯一下儒家《易》的出土文獻，在古代主要有漢代孔壁遺書中的《易》與晉代汲冢竹書中的《易》。然而，由於歷史悠久，這些在當時看來是新材料的出土《易》類文獻，在長達一二千年的歷史傳承中逐漸散佚，或者被吸收到傳統文本中，現在只有一些零星的輯佚內容存在，已經很難復原其本來面目了。相比較而言，對於我們今天的研究工作有重要的新資料意義的《易》類出土文獻，主要是伴隨著近代以來考古學的興起與日漸發達而湧現出來的。近五六十年以來，是《易》類出土文獻集中出現的時期。這些出土的《易》類文獻可以初步分爲三類：第一類是與現行本內容相同或大體相同的《周易》文本的早期不同的版本及含有與《周易》相關內容的出土文獻；第二類是與文獻記載中曾經存在過的與現行本《周易》同類的其他類型的古《易》類文獻，如可能是學術史上所謂「三《易》」中除《周易》之外的另一種《易》類出土文獻；第三類，就是從廣義上與早期《易》類性質相同的卜筮類出土文獻。下面我們就按照這樣的分類進行具體的介紹。

1、出土《周易》早期文本以及含有與《周易》相關內容的出土文獻

與現行《周易》相關內容相同或基本相同的《易》類出土文獻主要有上海

博物館藏戰國楚竹書《周易》、安徽阜陽漢簡《周易》、長沙馬王堆帛書《周易》。含有與《周易》相關內容的出土文獻則以郭店楚墓竹簡中相關篇章爲代表。

I、上海博物館藏戰國楚竹書《周易》

　　上海博物館在 1994 年從香港文物市場收購了一批約爲戰國時期的竹簡，其出土地點與埋藏時代大致與 1998 年公佈的《郭店楚墓竹簡》相似。這批竹簡經過上海博物館召集專家進行了近八年的整理與保護後，於 2001 年開始以《上海博物館藏戰國楚竹書》（一）的名稱陸續由上海古籍出版社出版，至 2010 年已經出版到第七本，即《上海博物館藏戰國楚竹書》（七）。在這七本出版物中的第三本《上海博物館藏戰國楚竹書》（三）中發表了竹書《周易》。其特點主要有：

　　（1）根據整理者的研究，認爲上海博物館藏戰國楚竹書《周易》是迄今爲止所發現的最早的一部《周易》文本〔註13〕。

　　（2）楚竹書《周易》共有 58 簡，涉及今本《周易》中的 34 卦內容，共 1806 字，其中合文 3 個，重文 8 個，有 25 個卦畫。楚竹書《周易》是已經發現並公佈的竹簡文獻中，篇幅最大的一種文獻。〔註14〕

　　（3）香港中文大學中國文化研究所收藏的一段殘簡能夠與本篇中的第 32 簡完全綴合，並可以使該簡的全部內容得以完整。

　　（4）楚竹書《周易》在形式上有三種表示方法，分別爲卦畫、文字與符號。其卦畫與長沙馬王堆漢墓帛書《周易》、阜陽漢簡《周易》相同，與王家臺秦簡、今本《周易》不同。其文字表示在用字、用辭、用句與帛書本、今本《周易》多有不同。其符號表示法則最爲與眾不同，既不同於其他出土文獻，也不同於傳世本《周易》。針對楚竹書《周易》與其他出土文獻及傳世《周易》文本的許多不同之處，由濮茅左先生在《上海博物館藏戰國楚竹書》（三）書後做了兩個《附錄》，分別是《竹書〈周易〉、帛書〈周易〉、今本〈周易〉文字比較表》、《關於符號的說明》。這爲人們將不同版本《周易》進行對比，以及進一步深入研究《周易》文本與思想提供了方便。

〔註13〕本文所介紹的上海博物館藏戰國楚竹書《周易》特點主要參考了馬承源主編，《上海博物館藏戰國楚竹書》（三）的《釋文考釋》部分的《說明》，上海古籍出版社，2003 年 12 月，第 133 頁。

〔註14〕陳仁仁，《試論〈周易〈文本〉早期形態的一些問題——從楚地出土易類文獻來分析〉，載丁四新主編，《楚地簡帛思想研究——新出楚簡國際學術研討會論文集》，湖北教育出版社，2007 年 6 月。

II、安徽阜陽漢簡《周易》

1977 年，在安徽阜陽雙古堆一號漢墓中出土了一批竹簡，其中有《周易》性質的漢簡資料，即後來被稱作阜陽漢簡《周易》〔註 15〕。專家學者根據對墓中出土的器物銘文等研究，確定墓主人是西漢汝陰侯夏侯竈，根據《史記》、《漢書》等傳世文獻記載，其卒年爲漢文帝前元十五年（公元前 165 年），與出土帛書的長沙馬王堆 3 號墓的下葬年僅差 3 年〔註 16〕。

阜陽漢簡《周易》在發現時已經嚴重破損，共整理出 752 多片殘簡，計3119 字，其中屬經文的有 1110 字，屬卜辭的 2009 字。經文部分有卦畫 5 個（大有、林、賁、大過、離）。與通行本《周易》對勘後，發現阜陽漢簡《周易》存有卦爻辭的 221 片，分別屬於 52 個卦〔註 17〕。

由於阜陽漢簡《周易》破損嚴重，發現時已經基本上是「斷簡殘篇」，其自身本來的卦序已經無法復原，因此整理者是按照現在通行的王弼注本《周易》的卦序來整理編排阜陽漢簡《周易》的卦序，在此基礎上整理者進行了釋文工作。釋文的特點是在對阜陽漢簡《周易》的釋文下面附上今本《周易》和馬王堆帛書《六十四卦》中相應的辭句。這樣就方便了讀者的對比閱讀。

阜陽漢簡《周易》與今本《周易》和馬王堆帛書《周易》相比較而言，一個最顯著的特點是它在卦、爻辭的後邊，保存了許多卜問具體事項的卜辭。這一特點從整理出的 3119 字中，屬經文的有 1110 字，屬卜辭的 2009 字這一比例中鮮明地表現出來。據整理者研究，這些卜問具體事項的卜辭與《史記》中由褚少孫增補的《龜策列傳》中所列的卜問事項的語辭類似，也與近年來在各地考古當中不斷發現的用來占卜選擇時日的《日書》中的語句相似。

阜陽漢簡《周易》發現後，學界也就展開了全面的研究。首先，由中國文物局古文獻研究室、安徽省阜陽地區博物館漢簡整理組編寫了《阜陽漢簡簡介》，發表於 1983 年第 2 期《文物》上；以及《阜陽漢簡〈周易〉釋文·前言》，發表於陳鼓應主編三聯書店 2000 年 8 月出版的《道家文化研究》（第十八輯）。隨後，阜陽漢簡《周易》的主要整理者韓自強出版了《阜陽漢簡〈周

〔註 15〕 關於雙古堆一號墓漢簡情況，參見中國文物局古文獻研究室、安徽省阜陽地區博物館漢簡整理組編，《阜陽漢簡簡介》，載《文物》，1983 年第 2 期。

〔註 16〕 李學勤，《周易溯源》，巴蜀書社，2006 年 1 月，第 297 頁。

〔註 17〕 中國文物局古文獻研究室、安徽省阜陽地區博物館漢簡整理組編，《阜陽漢簡〈周易〉釋文·前言》，載陳鼓應主編《道家文化研究》（第十八輯），三聯書店，2000 年 8 月。

易〉研究》〔註 18〕。關於阜陽漢簡《周易》的特點與價值研究，也取得出了一些的成果。李零從古代文獻研究的角度認爲「此本雖爲占卜之用，而且殘破不全，但對校勘《周易》也有意義」〔註 19〕。李學勤則根據其存有豐富卜辭的特點，認爲其「實際完全不屬於《繫辭》講的『設卦觀象』的傳統……是種退化的產物」。因此，他認爲：「像雙古堆簡《周易》這類的占術，儘管仍用《周易》經文，和易學沒有什麼關係的，只是一種簡易的占書。爲了區別起見，似乎稱之爲《易占》更符合其性質。」〔註 20〕

Ⅲ、長沙馬王堆帛書《周易》

馬王堆帛書《周易》是 1973 年 12 月出土的長沙馬王堆 3 號漢墓中的一批帛書中的一種。帛書《周易》出土之後，引起了學術界很大的研究興趣。經過一段時期的研究積累，《文物》雜誌 1984 年第 3 期集中發表了一些重要的基礎性的研究成果，其中代表性的三篇是：馬王堆漢墓帛書整理小組《馬王堆帛書〈六十四卦〉釋文》；于豪亮《帛書〈周易〉》；張政烺《帛書〈六十四卦〉跋》。

帛書《周易》與傳世本《周易》相比，從形式上是相同的，即都分爲經與傳二種。帛書《周易》經文部分的內容與文字同傳世本《周易》基本相同，六十四卦基本完整不缺，二者存在一些文字差異，大多是屬於文字通假現象。

帛書《周易》與傳世本在傳文的內容上首先表現出不同。傳世本有「十翼」之說，即有七種十篇《易傳》，即《彖》（上下）、《象》（上下）、《繫辭》（上下）、《文言》、《說卦》、《序卦》、《雜卦》。而帛書《周易》的傳文共有 6 篇：《二三子問》、《繫辭》、《衷》、《要》、《昭力》、《繆和》。這其中只有《繫辭》、《衷》的大部分內容與傳世本《周易》中的相關內容相同，但比傳世本的內容要少。其他幾篇則不同於任何傳世的解易著作。

帛書《周易》與傳世本《周易》最大的不同體現在卦序上。傳世本卦序都是始於乾，終於未濟，而帛書本則始乾終益。綜合于豪亮、饒宗頤、李學勤、李零等學者的研究，發現帛書《周易》的卦序是按照所謂「分宮法」推導出來的。即乾、艮、坎、震、坤、兌、離、巽依次作爲上卦，從乾開始，分別從與所取的上卦相同的卦名開始作爲下卦，輪番組合八次，即得八八六

〔註 18〕韓自強，《阜陽漢簡〈周易〉研究》，上海古籍出版社，2004 年。

〔註 19〕李零，《簡帛古書與學術源流》，三聯書店，2007 年 9 月，第 263 頁。

〔註 20〕李學勤，《周易溯源》，巴蜀書社，2006 年 1 月，第 301 頁。

十四卦〔註21〕。針對這種不同的卦序的學術思想史意義，學者們進行了初步的研究。李零認為：「這種卦序，據張先生（張政烺）考證，是屬於卦氣說的一種，具有數術的意味，與儒家傳授《周易》的原旨不盡吻合……即使儒門傳《易》，也多雜數術之說，很難截然劃分。此書既與《二三子問》同抄一卷，仍可視為《周易》之一種。特別是用於校勘，它還是楚簡本和今本的中間環節。」〔註22〕李學勤則認為：「帛書經文的卦序是後來改編的，傳世本卦序反而是更古的。一般來講，先有比較亂的次序，而後才有比較有規律的次序，改編後的應是更合乎邏輯的……帛書經文的卦序的排列方法是一以貫之的，它用的方法是『分宮法』，分八個宮，把六十四卦規則地排列起來，而傳世本的卦序是不能用一個簡單的方法推導出來的……所以我們認為帛書《周易》經文卦序是按《說卦》把六十四卦重新組織起來，這便是易學。由於其中體現了陰陽學說的思想，因而作這個卦序的人是一個易學家，他用陰陽思想重新組織、改造了原來的卦序。」〔註23〕

Ⅳ、郭店楚墓竹簡中與《周易》相關篇章

在郭店楚簡的《六德》與《語叢一》中，在論述中涉及《易》的內容多處，為我們在今天探討《易》的經典化歷程提供了文獻支持。

2、其他古《易》出土文獻

1993 年湖北江陵王家臺十五號墓出土了一批竹簡，其中有一種屬於占筮性質的古書，經整理與研究後，發現其內容與清人馬國翰《玉函山房輯佚書》中的《歸藏》輯本的內容存在著多處相似，因此一方面可以知道清人輯本具有一定可信性，另一方面也為我們重新研究傳世本《易經》的創作背景與早期形態提供了寶貴的新材料。這一方面的深入研究必將為易學史的研究帶來新的收穫。目前，關於王家臺竹簡本《歸藏》的研究經王明欽等學者的努力已經基本論定為屬於戰國晚期的一種《歸藏》本子〔註24〕。李學勤又進一步認為：「王家臺《歸藏》是流行於戰國末的一種筮書，並在後世傳流增廣，直

〔註21〕　參見：李學勤，《周易溯源》，巴蜀書社，2006 年 1 月，第 303 頁；李學勤，《文物中的古文明》，商務印書館，2008 年 10 月，第 392 頁；李零，《簡帛古書與學術源流》，三聯書店，2007 年 9 月，第 261 頁。

〔註22〕　李零，《簡帛古書與學術源流》，三聯書店，2007 年 9 月，第 262 頁。

〔註23〕　李學勤，《文物中的古文明》，商務印書館，2008 年 10 月，第 392～393 頁。

〔註24〕　王明欽，《試論〈歸藏〉的幾個問題》，載古方等編《一劍集》，中國婦女出版社，1996 年 10 月，第 101～112 頁。

到宋朝還有篇章保存。目前無法論證的是這種《歸藏》與《周禮》所記的《歸藏》、《孔子》所見的《坤乾》等有多少關係，但其卜例繇辭文氣不能與《周易》相比，不會很古是肯定的。」〔註25〕

3、卜筮類《易》類出土文獻

這主要是指包含有卜筮內容的甲骨文、金文以及簡帛文獻。這是我們探討早期《易》的成書及其特點的重要新材料。

（二）出土文獻對儒家《易》的經典化研究新證

出土文獻對儒家《易》的經典化研究的意義，如前所述，首先就體現在其對學術史上形成的時代愈往後對《易》成為儒家經典的懷疑情緒就愈嚴重現象的重新解答。這種懷疑現象到了近代達到高潮，其中有三個最為重要的否定性觀點，其一就是否定孔子學《易》；其二就是否定孔子作過所謂「十翼」的《易傳》；其三就是對《易》成為儒家經典的時間向後推延到漢代。對於上述問題，由於近年來大量《易》類出土文獻的湧現，為我們重新思考與解答提供了豐富的新材料。

1、出土文獻對否定孔子學《易》以及作《易傳》問題的新解答

否定孔子與《易》的關係又表現為否定孔子曾經「贊《易》」和否定孔子學《易》。否定孔子「贊《易》」的理論根據是《論語》全書只有三條關於《易》的記錄，且都和「贊《易》」無關；否定孔子學《易》則是對唯一記錄孔子可能學《易》的《論語》記載的「加我數年，五十以學《易》，可以無大過矣」提出質疑，質疑的根據是所謂的「《魯論》說」，即根據《魯論》，此段話應為：「加我數年，五十以學，亦可以無大過矣。」這樣概括地說，孔子並沒有關於《易》學的著作，甚至於是否曾經學《易》也成為問題。

關於孔子學《易》的問題，出土文獻提供了新的論據。有關這個問題，我們首先要面對的一個關鍵問題就是對《論語》記載的「加我數年，五十以學《易》，可以無大過矣」中「易」與「亦」的異文的處理問題。李學勤先生從考古文獻與傳世文獻的角度進行了全面論證，最後得出結論：「《論語·述而篇》『加我數年，五十以學《易》』等語是孔子同《周易》一書直接有關的明證。」〔註26〕對於這一結論，馬王堆帛書《周易》又可以提供新的證據，這些證據不

〔註25〕李學勤，《周易溯源》，巴蜀書社，2006年1月，第296頁。

〔註26〕李學勤，《周易溯源》，巴蜀書社，2006年1月，第82頁。

但有明確的記載，而且還有孔子弟子對孔子學《易》的質疑，這更加證明了孔子曾經學《易》以及孔門對學《易》的重視。馬王堆帛書《周易》的《要》篇有云：「夫子老而好《易》，居則在席，行則在囊。子贛（貢）曰：『夫子它日教此弟子曰：德行亡者，神靈之趨，智謀遠者，卜筮之蔡（繁）。賜以此爲然矣，以此言取之，賜縉行之爲也，夫子何以老而好之乎？』夫子曰：『君子言以方也。前羊（祥）而至者，弗羊（祥）而考也。察其要者，不詭其德。尙書多遏矣，周易未失也。且有古之遺言有焉，予非安其用也』。」〔註27〕

首先，這條材料明確地說明孔子老年不但學過《易》，而且「好《易》」，用今天的話來說就是好《易》達到了手不釋卷即所謂「居則在席，行則在囊」的程度，大意就是坐下來放在手邊，走路的時候帶在身上。

其次，通過這條材料我們也可以看到孔子的得意門生子貢對孔子老年好《易》近乎癡迷的狀態表示了質疑。這是因爲孔子在教育學生的時候對卜筮之類的神靈、方術一類的東西是持反對態度，最起碼也是敬而遠之的，這在《論語》中是可以找到理論依據的，所謂「子不語怪力亂神」（《論語·述而》）；「務民之義，敬鬼神而遠之，可謂知矣」（《論語·雍也》）；「夫子之言性與天道，不可得而聞也已矣」（《論語·公冶長》）對於這一質疑，孔子的回答實際上表明了他對《周易》的二個基本態度：其一，「察其要者，不詭其德」。這說明孔子學《易》是要掌握其精要之處，就是不要埋沒了其中所蘊含的德義；其二，「且有古之遺言有焉，予非安其用也」。這說明孔子認爲《易》中保存了大量的古代遺言，這正符合孔子述而不作的原則，孔子並不是要學習《易》的卜筮之用途。

在同一篇中，通過回答子貢的進一步提問，孔子對重視學習《易》之德義，而輕其卜筮進行了詳細解說：「子貢曰：夫子亦信其筮乎⋯⋯子曰：《易》我覆其祝卜，我觀其德義耳。幽贊而達乎數，明數而達乎德，又（？）仁者而義行之耳。贊而不達於數，則其爲之巫；數而不達於德，則其爲之史。史巫之筮，嚮之而未也，好之而非也。後世之士疑丘者，或以《易》乎，吾求其德而已，吾與史巫同途而殊歸者也。君子德行焉求福，故祭祀而寡也。仁義焉求吉，故卜筮而希也。祝巫卜筮其後乎。」〔註28〕孔子在這裡回答子貢

〔註27〕李學勤，《周易溯源》，巴蜀書社，2006 年 1 月，第 82 頁。

〔註28〕陳松長、廖名春，《帛書〈二三子問〉、〈易之義〉、〈要〉釋文》，載陳鼓應主編，《道家文化研究》（第三輯），上海古籍出版社，1993 年 8 月，第 434 頁。

進一步的質疑，因此他也做了進一步的解釋。概括地說，孔子將當時人們對於《易》在生活的應用中分爲三類，第一類是「贊而不達於數，則其爲之巫」。就是明白《易》的占卜實用，卻不明白《易》所包含的規律，則是祝巫之《易》；第二類是「數而不達於德，則其爲之史」，就是能夠明白一些《易》所蘊含的規律，卻不能明白《易》所蘊含的成德之義，則是史官之《易》。第三類則是孔子在總結了前二種《易》的不足之處的基礎上，進行了超越，即「《易》我覆其祝卜，我觀其德義耳」。這說明孔子在這裡將學習《易》的目標進行了理論提升，儒家學習《易》不是爲了占卜，而是將《易》中所蘊含的德義，作爲學習與汲取的重點。這樣我們就會明白《論語・子路》中的「子曰：『南人有言曰：人而無恒，不可以作巫醫，善夫。』『不恒其德，或承之羞』，子曰：『不占而已矣』」這段話所代表的正是孔子對《易》的基本觀點，不是用來占卜，而是把握其德義的。這樣就將《易》納入了儒家思想的經典體系中，成爲德義之《易》。因此可以說，孔子開啓了把《易》作爲儒家經典的進程。

2、出土文獻對孔子作《易傳》問題的新啓示

否定孔子作《易傳》則是一個影響面更加廣泛的問題。這一問題可以追溯到宋代。周予同先生對這一問題做了較好的總結：「說《繫辭》以下六種不是孔子作的，始於宋歐陽修。他以爲這六種辭意繁複而矛盾，不僅不是孔子的作品，而且決不是出於一人之手。說『十翼』全不是孔子作的，始於崔述。他批評《史記》的原文不明，而且根據《孟子》全書沒有說到孔子作《易》，汲冢發現的《周易》也沒有《彖》、《象》、《文言》、《繫辭》等等，因以爲《易傳》的十翼決不是孔子所作。說《史記》『序、彖、繫、象、說卦、文言』八字不是原文，而是經古文學家故意增竄，始於康有爲及崔適。他們以爲古文學家主張十翼說，恐怕自己的學說被人攻擊或推翻，於是故意在《史記》中增竄這不倫不類的八個字。到了現在，『十翼』不是孔子所作，已成爲中外學人的定論了。」〔註29〕

對於《易傳》晚出問題，我們首先可以從傳統文獻的檢索中尋找一些線索。李學勤認爲：「這是由於沒有仔細查考各種典籍的緣故。很多先秦到漢初的古書，都曾引用《易傳》，有的明引，有的暗引，足供查考。例如《禮記》中子思所作的《坊記》、《中庸》、《表記》、《緇衣》等篇，體裁文氣很像《文

<hr />

〔註29〕朱維錚編校，《周予同經學史論》，上海人民出版社，2010 年 2 月，第 239～240 頁。

言》、《繫辭》，引《易》的地方也很多。有的語句，可以看出是引《文言》的。又如《禮記》中公孫尼子所作的《樂記》，更直接襲用了《繫辭》。子思和公孫尼子都在『七十子之弟子』一輩，他們引用《易傳》，可見《易傳》不會晚於七十子時期。」〔註30〕

　　其次，如果我們再從出土文獻方面加以考察，這種所謂的「定論」，也會受到否定性的證明。比如，在馬王堆帛書《周易》發現後，其主要的立論根據馬上就失去了說服力。因爲他們的主要觀點與根據是這樣的觀念：「因爲除了傳世本《周易》中存在著《易傳》之外，在其他典籍記載中，以及在諸如汲冢發現的其他版本的《周易》中，都沒有發現相同的《易傳》，所以《易傳》是後來成書的。」現在由於在馬王堆帛書《周易》中發現了六篇《易傳》性質的著作：《二三子問》、《繫辭》、《衷》、《要》、《昭力》、《繆和》。其中，《繫辭》、《衷》二篇都與傳世本的《繫辭》有不同程度的內容相同；而《二三子問》、《要》、《昭力》、《繆和》四篇主要是記載眾人向孔子或「子」問《易》的內容〔註31〕。這就說明，此前持「《易傳》晚出說」的基本理論根據已經完全錯誤。此外，馬王堆帛書中類似《易傳》的文獻的發現還至少可以說明二層意思：第一層意思是除了傳世本的《周易》有《易傳》之外，別的版本的《周易》也帶有《易傳》。雖然二種《周易》所包含的《易傳》不完全相同，但是二者還是存在一定程度上的相同的內容，而且二者在解《易》的觀點與方法上基本上同屬於儒家的基本立場。第二層意思是這六篇《易傳》類的作品儘管其中有《昭力》、《繆和》二篇沒有把孔子作爲問《易》的對象，但有四篇直問孔子。這說明《易傳》的大部分內容是對孔子易學觀點的記錄。我們還可以認爲儘管《昭力》、《繆和》二篇沒有把孔子作爲問《易》的對象，從此處的「子」所持的易學觀點同其他四篇同屬一類來看，也是屬於儒家學者，因此肯定也是對孔子易學思想的繼承與發展。所以，我們認爲孔子即使沒有親自作《易傳》，正如馬王堆帛書《周易》中有六篇《易傳》所體現出的孔子問答記錄式的《易傳》類作品那樣，現在《易傳》的藍本也可能是對述

〔註30〕李學勤，《古文獻論叢》，中國人民大學出版社，2010年1月，第4頁。

〔註31〕《昭力》、《繆和》二篇所記載的昭力、繆和等人問《易》的對象被稱爲「子」，而在《二三子問》與《要》中，眾人問《易》的對象被稱爲「孔子」。李學勤認爲，《昭力》、《繆和》中的「子」「有時又被稱爲『先生』，從人名和事蹟來看，這裡的『子』不是孔子，就是傳《易》的經師。」參見：李學勤，《文物中的古文明》，商務印書館，2008年10月，第393頁。

而不作的孔子易學講述的記錄，又經過後世的不斷完善與加工而形成的。因此，完全否定孔子與《易傳》的關係是站不住腳的。

3、出土文獻對《易》成為儒家經典的時間問題的辯證

關於儒家《易》的經典化的另一個古今分歧較大的問題是對於《易》成為儒家經典的時間的確定問題。近年來，對於這一問題，出現了將《易》成為儒家經典的時間向後推延的傾向。這一點在前邊已經進行了列舉，這裡我們再以海外中國思想研究重鎮的日本學術界的普遍觀點作為代表，利用出土文獻進行新的思考與解釋。正如日本學者淺野裕一所總結的那樣：「關於《易》成為儒家經典之時期的代表說法，雖然各家有些微出入，但多半傾向於秦始皇焚書到漢初之間，而這就成為日本學界的一般說法。」〔註32〕這是素來考據精密嚴謹的日本思想史研究者近代以來所形成的共識性的觀念。其實，這一觀念也正代表了近代以來中國本土的學術界的普遍觀念。因此，這一說法幾乎要成為一個定論。然而，隨著近代以來疑古思潮的降溫，面對這一典型的說法，人們也開始進行反思。這時，大量出土文獻的發現就為我們重新評價這一問題提供了新的材料。我們認為至少三個重要的簡帛《周易》以及郭店竹簡中的相關內容，為解答這一問題提供了四個方面的證據。

最早對這一問題提出有力駁證的是顧頡剛。他在 1929 年寫作的《周易卦爻辭中的故事》，根據王國維在奠定其著名的「二重證據法」的代表性成果《殷卜辭所見先公先王考》的古史考辨成果，對《周易》經文中的王亥喪牛於易、高宗伐鬼方、帝乙歸妹、箕子明夷、康侯用錫馬蕃庶等故事進行了考證，最後得出的結論是：《周易》卦爻辭的著作時代當在西周的初葉，作者無考，產生地點在西周的都邑中〔註33〕。對於顧氏的這一論點，當然也有不同的聲音。然而，李學勤先生卻認為這是一個經得起考驗的觀點，並根據顧文發表後 60 多年的考古發現，在初版於 1992 年的《周易經傳溯源》一書中，對顧氏的觀點進行了大量的補證〔註34〕。

接下來，讓我們來看郭店竹簡中的相關內容所能提供的新材料。在郭店

〔註32〕淺野裕一，《儒家對〈易〉的經典化》，載《周易研究》，2009 年第 2 期。
〔註33〕顧頡剛，《周易卦爻辭中的故事》，載顧頡剛編著，《古史辨》（第三冊），海南出版社，2005 年 5 月，第 1～25 頁。
〔註34〕見李學勤，《〈周易〉卦爻辭年代補證》，載李學勤著，《周易溯源》，巴蜀書社，2006 年 1 月，第 1～18 頁。

楚墓竹簡《六德》中有「觀諸《詩》、《書》，則亦在矣，觀諸《禮》、《樂》則亦在矣，觀諸《易》、《春秋》則亦在矣」的記載。〔註35〕淺野裕一據此認爲：「可以看到《詩》、《書》、《禮》、《樂》、《易》、《春秋》之名，這與先秦儒家視爲經典的『六經』內容完全一致。而且，這裡的順序和《莊子·天運》的『丘治《詩》《書》《禮》《樂》《易》《春秋》六經，自以爲久』以及《莊子·天下》的『《詩》以導志，《書》以導事，《禮》以導行，《樂》以導和，《易》以導陰陽，《春秋》以導名分』所說的六經順序都完全一致。從這一點看來，可以得知在《六德》寫成的戰國前期（公元前403～343年）時，儒家已經將六經視作經典了」〔註36〕。另外，在郭店楚墓竹簡《語叢一》中也可有「《易》所以會天道人道也，《詩》所以會古今之志也者，《春秋》所以會古今之事也」〔註37〕的論述。「這種論述表示，最遲至《語叢一》寫成的戰國前期，儒家已經將《易》《詩》《春秋》視爲自身的經典。」〔註38〕因此，通過郭店楚墓竹簡中的這兩部分歷史記載的分析，我們認爲其下葬的戰國時代，《易》被當作經典稱引已經成爲一個學術常識。

上海博物館藏戰國楚竹書《周易》的時間與郭店楚墓竹簡的時期大致相同，因而也進一步說明在戰國時代《易》就已經成爲較固定的經典文本了。安徽阜陽漢簡《周易》墓主人是西漢汝陰侯夏侯竈，根據《史記》、《漢書》等傳世文獻記載，其卒年爲漢文帝前元十五年（公元前165年），與出土大量帛書的長沙馬王堆3號墓的下葬年僅差3年。這兩種漢代簡帛《周易》的埋藏年代都在漢代初期，而這時的《周易》已經非常完整，可見其成書至少在秦以前。

綜上所述，根據甲骨、金文等新材料對《周易》卦爻辭成書的新證，以及上海博物館藏戰國楚竹書《周易》、郭店楚墓竹簡中相關篇章以及安徽阜陽漢簡《周易》、長沙馬王堆帛書《周易》等的埋藏時代，同時也通過對這些出土《周易》文本的結構與內容的完整與成熟情況的研究，以及它們在文獻中被稱引時的習慣稱謂，《周易》的經典化應該在先秦時期就已經基本完成，《周易》經典化晚成於漢代說很難成立了。

〔註35〕荊門市博物館，《郭店楚墓竹簡》，文物出版社，1998年5月，第188頁。
〔註36〕淺野裕一，《儒家對〈易〉的經典化》，載《周易研究》，2009年第2期。
〔註37〕荊門市博物館，《郭店楚墓竹簡》，文物出版社，1998年5月，第194～195頁。
〔註38〕淺野裕一，《儒家對〈易〉的經典化》，載《周易研究》，2009年第2期。

第二節　荀子與儒家《易》的經典化進程

　　孔子教授學生的主要內容就是六藝。孔子講授六藝時，就不斷有選擇地對講授內容進行整理和編訂，因此就逐漸形成了六種教本，這就是後來被稱作六經的早期文本。孔子編訂六藝之書的貢獻主要有兩點：其一，由於孔子的編訂，儒家學者有了學習與教學的穩定教材；其二，孔子在編訂教材的時候，也對其用途進行了結合時代需求的理論提升，使其具有統一的儒家思想特徵。經過這兩項工作之後，被孔子改編過的六藝之書，就開始走上了儒家經典化之路。由於《易》最初所承載的卜筮活動在春秋戰國時期仍然是重要的社會習俗之一，所以納《易》入六藝之中，同樣也是由於儒家教學實踐所需要。孔子講學所逐漸形成的儒家學派的思想日漸成熟，就需要有固定的思想的文本作為傳承之載體。這樣，《易》經歷了上述二項編訂工作而日漸走向經典化。

　　正如顧頡剛先生所發現的那樣：「此書初不為儒家及他家所注意，故戰國時人的書中不見稱引。到戰國末年，才見於荀子書，比了《春秋》的初見於《孟子》書還要後。《春秋》與《易》的所以加入《詩》、《書》、《禮》、《樂》的組合而成為六經的緣故，當由於儒者的要求經典範圍的擴大。」[註39] 這裡我們要注意的是，儒家對《易》的經典化，同其他五經一樣，是由孔子開其端，然後由其弟子不斷發揚光大，最後得以全面完成。從儒學發展史上來看，孔子弟子對六經的繼承與發展是各有所長的，因此其對不同的經典所作的貢獻也是不一樣的。在孔子之後，對六經皆有較大貢獻的當屬荀子。

　　荀子對儒家經典的貢獻是在孔子之後最為全面的一位。這一點，在其對《易》的經典化的貢獻上，也可以得到充分的證明。正如顧頡剛所發現，《易》「在戰國時人的書中不見稱引。到戰國末年，才見於荀子書」，顧氏認為戰國時代的諸子都沒有將《易》與《詩》、《書》、《禮》、《樂》同樣當作經典引用，只有從荀子開始，才繼《詩》、《書》、《禮》、《樂》之後，納《易》入儒家經典體系中。這也足以證明荀子在儒家對《易》的經典化進程中，是繼孔子之後的最為關鍵的人物。

[註39] 顧頡剛，《周易卦爻辭中的故事》，載顧頡剛編著，《古史辨》（第三冊），海南出版社，2005 年 5 月，第 25 頁。

一、二重證據下的儒家《易》的經典化演變規律

通過上面的研究，我們利用出土文獻與傳世文獻相互參證的方式，對學術史上遺留下來的對儒家《易》之經典化的問題做了新的解答。在此基礎上，我們可以初步總結出儒家《易》的經典演變的規律：首先由孔子納《易》入儒家「六藝」的體系中，並在超越「祝巫之《易》」與「史官之《易》」的基礎上，開始追尋《易》中所蘊含的哲理。我們因此可以說孔子實際上開始探索哲理之《易》，也正是從這一刻開始，《易》開始走上儒家經典之路，此後，經過孔子後學的不斷繼承、發展與完善，特別是到荀子時期，由於荀子對孔子易學思想的準確把握，並由於自己的學術影響，在講學與著述中極大地推進了儒家對《易》的經典化進程，為《易》最終定格為儒家經典作出了重要的貢獻。

（一）孔子贊《易》新解

關於孔子贊《易》的說法在近代以前，由於經學始終處於中國傳統學術的中心地位，所以一直沒有太大的問題。雖然在自宋代開始的疑古惑經思潮的影響下，也開始有一種質疑的聲音存在並延續，但是始終沒有形成太大的影響。到了近代，特別是五四運動以來，隨著社會制度由傳統農耕文明向現代工業文明的劇烈轉型而引發的革命潮流的激蕩，疑古思潮一度成為學術界顯學。在這樣的背景下，對孔子贊《易》的懷疑也開始形成了較大的影響，這一點在第一節我們也做了具體介紹與分析，利用新出土文獻已經證明孔子贊《易》說是可信的。這裡我們再從儒家《易》學演變史的角度，對孔子贊《易》及其對《易》的經典化的貢獻做進一步的理論總結。具體說來，孔子贊《易》對《易》的經典化的貢獻表現在其完成了《易》的哲學化轉向，成果就是《易傳》。

我們來回顧一下在前文已經初步得出的孔子對《易》的哲學化的貢獻：據新出土的馬王堆帛書《要》的記載，孔子在總結傳統的祝巫之《易》和史官之《易》的基礎上，提出了德義之《易》的新《易》學觀念。而且，在這三種《易》學思想中，孔子認為首要的是德義之《易》。因此，我們認為自孔子開始，開啟了對《易》中所蘊藏的思想精義的揭示過程，這一過程也就是將《易》從傳統的注重現實應用的術數《易》，轉向哲學性質的義理之《易》的發展道路。對於這一點，李學勤有這樣的論述：「德義兩個詞完全是易學的

兩個詞，所以孔子是易學的真正開創者，是孔子真正把數術的易和義理的易（或者叫哲學的易）完全區別開來，於是才有我們所說的真正的易學，所以我們說孔子對易學最大的貢獻就是區別這兩者，而正因為區別了這兩者，使《周易》的哲學成分進一步地純化，使易學進一步地影響了我們的思維方式。」〔註40〕對於這一點，高懷民先生也從孔子思想由於對《易》的精義的吸收而貫穿天道與人道的角度進行了論說：「孔子的學說得易學而更發皇，《論語》中孔子嘗言：『五十以學易，可以無大過矣。』又言：『五十而知天命。』忖度孔子的語氣，並非五十始學易，而是早已學易，但到五十歲時，對人生有大領悟，乃有『無大過』之言，『知天命』可以想見其與對易學的大領悟有關。五十之年是孔子為中都宰為大司寇之前不久，此時他已經以『仁』為中心，建立起他的人道思想體系，只是這個體系是以『推及』為方法的、平面的開展，由於對易學有新領悟及知天命的關係，他的思想乃變作縱的開展，貫通天人，為他的人道思想找到了天道上的依據。他也由此決定了晚年『贊易』的工作，將斷事決疑的筮術，一變而為哲學理論，集伏羲、文王以來易學發展之大成；為易學建立起一個龐大而完整的天人思想體系，從而把易學納入儒門以教學。自此，易學又換了一副新面貌。從孔子贊易以後，《周易》由筮術之書變為哲理之書。」〔註41〕我們說，這一哲學轉向的結果，就是加快了《易》成為儒家經典的步伐。這種轉向的成果，就是由孔子開始逐漸形成的所謂「十翼」的《易傳》。

（二）孔門序《易》新說

　　關於《易傳》的成書，我們提出一個孔門序《易》新說。宋代以來關於孔子作《易傳》的懷疑的思潮，同樣是到近代達到高潮。對此，前文我們根據考古學成果已經做了初步的駁證，這裡我們再從學術史演變內在規律的角度，對這一問題做一新的解答。我們的基本觀點是，《易》傳是由孔子及其後學在授受傳承儒家思想的進程中逐漸完成的，但其宗旨皆為孔子所創立。就此我們試做孔門序《易》新說如下。

　　自宋代以來，人們對孔子作《易傳》的懷疑主要是從文字的時代特點出發進行質疑。我們主要是從自歐陽修以來的懷疑孔子作《易傳》一派的方法

〔註40〕李學勤，《文物中的古文明》，商務印書館，2008年10月，第418頁。
〔註41〕高懷民，《先秦易學史》，廣西師範大學出版社，2007年7月。第31頁。

論立場的反思提出我們的反駁觀點。我們認爲，孔子對於教學與著述的基本
工作是編訂了六種主要的教材；同時堅持「述而不作」的立場，通過講授六
藝之學來闡明自己觀點，並不專門著述。就目前所見到的孔子的代表作《論
語》就是一個典型的例子，這是孔門弟子對孔子以及孔子傑出弟子如曾子等
的言行記錄。因此，我們認爲《易傳》的創作，也可能是孔子的學生對孔子
講述《易》之哲理的記錄，其中也有可能包含一部分孔子弟子對《易》的哲
理所作的合乎孔子所確立的儒家《易》學標準的講解記錄。所以高懷民認爲：
「歐陽修所提出的是指十翼之文字，至於十翼之思想則無疑均發於孔子。古
人論學，特別重視思想義理，尤以首先提出孔子作十翼的《易緯》，原非計較
文字之書；史稱孔子「贊易」，也主要指發揮光大易學之思想義理，非定指手
著十翼之文。孔子五十知天命後，五十一歲爲中都宰，接著爲司空，爲大司
寇，與聞國政，緊接著又是十四年的周遊流浪的生活，到他周遊反魯時，已
六十八歲。此時，口授講解，由弟子記錄成文字，爲意想中事；儒門後學，
本孔子贊易之思想義理，著爲文字，從思想上講，不當言歸於孔子爲不當。……
一個學術思想之形成，前有其漸形成之勢，後有其感後來之力，而歸名於中
峰之巔，爲古今一般現象。是以古人言孔子作十翼，就文字而論爲非是，就
思想而論則未爲不可。」〔註 42〕或者進一步說，孔子與孔門弟子對《易》的
創作分爲二個階段，即口頭傳授與文本寫定的階段。這也比較符合有學者對
先秦古書成書規律的總結：「春秋末，禮崩樂壞，王綱失墜，私學興起。而私
學始傳之人往往又在原先的諸侯國有專門的職守，《漢書‧藝文志‧諸子略》
所謂儒家出於司徒之官，道家出於史官，陰陽家出於羲和之官等，雖不必盡
符實際，但諸子之學出於王官，現在已經基本成爲定論。以諸子學爲特色的
私學，保留了口頭傳誦的授受習慣，一門之內，往往學傳數代之後才開始寫
定自己的代表著作。因此，占先秦古籍百分之九十的私學著作，眞正形成比
較固定的文本，要到戰國中期以後。但題名作者卻往往還是始傳之人，這並
非完全是出於尊師的考慮，因爲始傳者勾勒了學說的輪廓，奠定了基本的雛
型，其在成書中的作用是任何一個後學所無法比肩的。」〔註 43〕馬王堆帛書
《周易》文本中，六篇類似《易傳》性質的作品中，有四篇比較明確地記載

〔註 42〕 高懷民，《先秦易學史》，廣西師範大學出版社，2007 年 7 月，第 156 頁。
〔註 43〕 沈玉成、劉寧，《春秋左傳學史稿》，江蘇古籍出版社，1992 年 6 月，第 394
頁。

是問《易》於孔子，而另外兩篇《繆和》、《昭力》則往往記錄著問《易》於「子」或「先生」，則有可能指的是孔子的學生或門人。這也充分地說明了這一道理。

綜上所述，我們提出的孔門序《易》說的要點就是認爲，孔子贊《易》而納《易》入儒家六藝之教學體系中，由孔子的講授與闡發《易》之哲理，開啓了《易》作爲儒家經典的大門。此後，經孔子的弟子與後學的繼承與發展，並逐漸將講述中闡發出的《易》之思想進行記錄整理，形成了一系列的《易傳》。這一觀點的特點是，不再像傳統研究《周易》經典化那樣，將《易經》與《易傳》分開論述，而是將二者看作是《易》之經典化的同一過程中不斷提升的二個階段。《易傳》是《易》經典化的標誌性成果和記錄。

二、荀子對儒家《易》的經典化之推進

《荀子》一書對於《易》的徵引與論說，同《詩》、《書》、《禮》、《樂》等六經中的其他各經相比之下，從次數與頻率上看要少得多。這也許說明在荀子時代，儒家六藝經典化的程度，或者被認可的程度不同。但是，要把荀子引《易》、說《易》與其他的儒家學者比較一下，就可以發現問題了。特別是與「孟子不言《易》」相比，郭沫若首先發現：「荀子本來是在秦以前論到《周易》的唯一的一個儒者。」〔註44〕這就說明，在孔子之後，荀子是唯一的接著孔子的思路，來研究與應用周易的儒家學者。正是通過這種儒家式的應用與闡發，荀子成爲孔子之後又一個對《易》作出重要的儒家解說與應用的學者，因此也必然對其經典化作出了重要的推動。正因爲這種推動是在對《易》的應用與解釋中完成的，所以我們下邊就從對荀子引《易》與論《易》的分析開始，來探索荀子對《易》的經典化貢獻。

（一）荀子引《易》及其特點

荀子一書中引《易》並不多，直接引用的有二處，其中引用《易》之大意有一處，引用《易》的卦名有一處。另外還有多處是間接引用《易》之相關內容，這種情況容易有牽強附會之嫌，只舉一例加以說明。

〔註44〕郭沫若，《〈周易〉之製作時代》，參見：張濤主編，《儒家經典研究》（傅永聚、韓鍾文主編，《二十世紀儒學研究大系》第 3 卷），中華書局，2003 年 12 月。

1、直接引用《易》之一

> 故君子之於言也，志好之，行安之，樂言之，故君子必辨。凡
> 人莫不好言其所善，而君子為甚。故贈人以言，重於金石珠玉；勸
> 人以言，美於黼黻文章；聽人以言，樂於鐘鼓琴瑟；故君子之於言
> 無厭。鄙夫反是，好其實，不恤其文，是以終身不免埤污庸俗。故
> 《易》曰：「括囊，無咎無譽。」腐儒之謂也。不可不正也，君臣父
> 子之本也。咸，感也，以高下下，以男下女，柔上而剛下。

（《荀子‧非相》）

這段話引用的「《易》曰：『括囊，無咎無譽』」是《坤》卦六四爻辭。其
爻義為：「像紮緊口袋那樣（閉上嘴），就會沒有過錯，也沒有稱譽。」荀子
在此處是在論述君子要善於言辭，在不同的場合要勇於恰當表達自己的觀
點，而不要像小人那樣，對任何事情都為了明哲保身，而不發表意見。荀子
認為這樣的人終身都是一個埤污庸俗者。這實際上也就是孔子所強烈譴責的
所謂「鄉愿」。荀子這裡引《易》是作為反證，認為「括囊，無咎無譽」者是
腐弱無能之儒。

2、直接引用《易》之二

> 禮者，本末相順，終始相應。禮者，以財物為用，以貴賤為文，
> 以多少為異。下臣事君以貨，中臣事君以身，上臣事君以人。《易》
> 曰：「復自道，何其咎？」《春秋》賢穆公，以為能變也。

（《荀子‧大略》）

這段話引用的「復自道，何其咎」是《小畜》卦初九爻辭，其爻義為「回
到（正）道上，會有什麼錯麼？」荀子的這段話是在闡述如何恰當地應用「禮」，
在引用了《小畜》卦初九爻辭後，又以「《春秋》稱讚秦穆公」的典故來加強
說理性，主要目的是表明在實行禮的過程中要善於靈活變通。

3、引用《易》之大意

> 《易》之《咸》，見夫婦。夫婦之道，不可不正也，君臣父子之
> 本也。咸，感也，以高下下，以男下女，柔上而剛下。

（《荀子‧大略》）

「咸，感也」、「下女」、「柔上而剛下」均為《咸》卦《象傳》原文。荀
子引用《咸》卦之《象傳》的這些內容，是要說明人的修養要先從夫婦之道

開始，然後是父子之道，最後是君臣之道。這實際上是循儒家「修身、齊家、治國、平天下」理論的繼承與發揮。

4、直接引用《易》卦名

> 有物於此，居則周靜致下，動則縶高以鉅。圓者中規，方者中矩。大參天地，德厚堯禹，精微乎毫毛，而充盈乎大宇。忽兮其極之遠也，攭兮其相逐而反也，卬卬兮天下之咸蹇也。(《荀子·賦》)

馬積高認爲：「『咸蹇』二字，前人均不得其解，實指《易》之二卦。《咸》卦下艮象山，上兌象澤（據《說卦傳》），故《象傳》曰：『山上有澤，咸』；《蹇》卦下艮上坎，坎象水，故《象傳》曰『山上有水，蹇』……水、澤與雲雨爲同性質之物，說《易》象者亦互用（如《屯》卦上震上坎，《象傳》解爲『雲雷，屯』，就是以坎爲雲象），所以荀子用這兩卦來形容雲駐高山的壯觀。」〔註45〕這一發現確實使困擾大家準確理解這段話的障礙一掃而空了。

5、間接引用《易》之相關內容的例子

> 施薪若一，火就燥也，平地若一，水就濕也。草木疇生，禽獸群焉，物各從其類也。(《荀子·勸學》)

> 均薪施火，火就燥；平地注水，水流濕。夫類之相從也如此之著也。(《荀子·大略》)

廖名春認爲這兩段話是來源於《周易》的《乾·文言》「同聲相應，同氣相求；水流濕，火就燥，雲從龍，風從虎；聖人作而萬物睹；本乎天者親上，本乎地者親下，則各從其類也」〔註46〕。

綜上所述，我們發現荀子引用《易》基本上都是當作較權威的論據，來論證自己所主張的觀點。這在某種程度上說，實際上已經把《易》當作經典來使用了。

（二）荀子論《易》及其特點

《荀子》中直接論《易》的文字，僅有一處：「不足於行者，說過；不足於信者，誠言。故春秋善胥命，而詩非屢盟，其心一也。善爲詩者不說，善爲易者不占，善爲禮者不相，其心同也。」(《荀子·大略》)這說明，荀子對

〔註45〕馬積高，《荀學源流》，上海古籍出版社，2000 年 9 月，第 162 頁。
〔註46〕廖名春，《〈周易〉經傳十五講》，北京大學出版社，2004 年 9 月，第 213 頁。

《易》的基本看法，也就是他用《易》的原則，是理性的，而不是像傳統中將《易》當作神秘的溝通天人的卜筮之書來使用。

如上所述，人們對於《易》的認識由卜筮之《易》到史官之《易》，是一種進步，這是在春秋之前就完成的。由史官之《易》到義理之《易》（或曰哲理之《易》）則是由孔子完成的。《論語·子路》篇所載：「子曰：南人有言曰：『人而無恒，不可以作巫醫。』善夫！『不恒其德，或承之羞。』子曰：『不占而已矣』」，就是對孔子這一成就的記錄，其貢獻就體現在「不占而已矣」上，說明孔子不取《易》之占卜功能。荀子的「善易者不占」，是對孔子「不占而已矣」的《易》學成就的繼承與推廣。孔子的「不占而已矣」的進步意義是取《易》哲理之功能。這一點又可以從《禮記·經解》的相關記載中有所瞭解：「孔子曰：入其國，其教可知也。其為人也，溫柔敦厚，《詩》教也；疏通知遠，《書》教也；廣博易良，《樂》教也；絜靜精微，《易》教也；恭儉莊敬，《禮》教也；屬辭比事，《春秋》教也。故《詩》之失愚，《書》之失誣，《樂》之失奢，《易》之失賊，《禮》之失煩，《春秋》之失亂。」在這裡，孔子對《易》的優點與不足都做了理論分析，同時孔子對《易》之外的其他五經也同樣做了一分為二的分析。荀子在繼承孔子易學成就的同時，對其他經典的觀點也繼承了孔子的成果。所以才有「故春秋善胥命，而詩非屢盟，其心一也。善為詩者不說，善為易者不占，善為禮者不相，其心同也」的理論分析。

（三）荀子對儒家《易》的經典化之推進及其學術史意義

荀子通過對孔子易學思想的準確把握，沿著孔子開創的義理之《易》的方向，在自己的講學與著述中進一步深化了《易》的哲理化程度，從而也就在孔子之後實質性地推進了《易》作為儒家經典的步伐。荀子對儒家《易》之經典化推進的一個重要因素，還表現在他作為戰國末期最有影響的儒家大師的地位。這一大師地位也使他所提倡的孔子式的易學思想的影響日益擴大，從而也就事實上擴大了《易》作為儒家經典的影響。

1、荀子對孔門《易》學正統的繼承與發展

荀子對儒家《易》的經典化推進，首先體現在他所推進的乃是孔門正統的易學思想。如上所述，這種正統的易學思想就是孔子所首倡的「不占而已」的易，即義理之易。這一點已經得到相關學者的重視：「徵引《周易》經文來

講說道理，孔子已經做過，如《論語・子路》中一段話引《恒》九三爻辭。子思所撰《禮記・表記》、《坊記》、《中庸》、《緇衣》等篇有類似例子（高亨，《周易大傳今注・附錄一》。荀子的做法，正是孔門的傳統。」〔註47〕

　　荀子繼承正統的孔子理性易學觀而放棄傳統上的神性易學觀的同時，還對這一思想有所引伸與發展，據《荀子・天論》載：「卜筮然後決大事，非以爲得求也，以文之也。故君子以爲文，而百姓以爲神。以爲文則吉，以爲神則凶也。」在這裡，荀子對充滿宗教神秘意味的《易》之卜筮的功能進行了歷史性的分析：春秋時期用卜筮來決斷重要事項，並不是說眞正地能夠得到上天的啓示，只不過是一個美化的形式。然而，老百姓卻當作求神相助的方法。這實際上就是所謂「神道設教」。在先秦時期，人類處於邁入文明門檻的初期階段，與這樣的文明進程相適應，統治者爲了有效地實現統治目的，就需要將自己神化起來：「統治者一方面代表人和神打交道，另一方面又作爲神的代表來統治人民。中國古代的君主以及許多其他古國的君主都說自己得到『天命』或者『神的命令』，這不是偶然現象，是具有一般性的」〔註48〕。與此相適應，有一些學者就投其所好，提出一些神化其事的理論來，但也有一些學者懷著理性精神和崇高的歷史責任感，提出了擺脫神學蒙昧，覺醒時代理性的理論，於是這時的學說可分爲兩類：「一類學者以爲天命人心有內在關係，而另一類學者則以天命只體現於古今時運之變上，與人心並無關係」〔註49〕荀子認爲如果把《易》的卜筮行爲當作一種神道設教的形式就是好的事情，但是若將其當作神明之事，則是不吉利的事。這充分表明荀子已經在理論上十分清醒地從春秋時期的神命觀念的主宰下解放出來，實現了理性的覺醒。荀子學說是屬於理性覺醒的一類。

2、荀子對儒家《易》的經典化之推進

　　在孔門序《易》的進程中，有兩個關鍵時期，一個是七十子時期，一個是荀子時期。七十子時期是全面闡述《易》之精義的重要時期，也是《易傳》形成的重要時期。然而由於這一時期距孔子時代太近，所以其成就往往被孔子光芒所掩蓋，雖然其成果被記錄與保存下來，但具體的人物則付之闕如。

〔註47〕李學勤，《周易溯源》，巴蜀書社，2006年1月，第134頁。
〔註48〕劉家和，《關於中國古代文明特點的分析》，載《古代中國與世界——一個古史研究者的思考》，武漢出版社，1995年，第510頁。
〔註49〕劉家和，《論中國古代王權發展中的神化問題》，載《古代中國與世界——一個古史研究者的思考》，第556頁。

這主要是由於這一時期有關文獻不足的緣故。馬王堆帛書《周易》中六篇《易傳》性質文獻的發現，則給我們提供了一定的新材料，這也證明了我們的觀點的合理性。然而，在七十子以後，儒家學說則面臨著分裂與混亂的危險。《漢書·藝文志》言：「昔仲尼沒而微言絕，七十子喪而大義乖，故《春秋》分爲五，《詩》分爲四，《易》有數家之傳。戰國縱橫眞僞分爭，諸子之言紛然殽亂。」在《易》的傳播上，也同樣如此。這時需要有新的集儒家思想大成者出來，重新接續儒家文化的正脈。正是在這樣的背景下，荀子出現並擔當了這一責任。

由於荀子是戰國後期儒家思想的集大成者，其學術影響也是最大的。我們可以通過《史記·孟子荀卿列傳》的記載，充分瞭解到荀子在當時的影響：「荀卿，趙人。年五十始來游學於齊。騶衍之術迂大而閎辯；奭也文具難施；淳于髡久與處，時有得善言。故齊人頌曰：『談天衍，雕龍奭，炙轂過髡。』田駢之屬皆已死。齊襄王時，而荀卿最爲老師。齊尙修列大夫之缺，而荀卿三爲祭酒焉。齊人或讒荀卿，荀卿乃適楚，而春申君以爲蘭陵令。春申君死而荀卿廢，因家蘭陵。李斯嘗爲弟子，已而相秦。荀卿嫉濁世之政，亡國亂君相屬，不遂大道而營於巫祝，信機祥，鄙儒小拘，如莊周等又猾稽亂俗，於是推儒、墨、道德之行事興壞，序列著數萬言而卒。因葬蘭陵。」由於荀子在當時學術界有巨大的影響，所以荀子對《易》的影響，首先是體現在通過自己的講學，廣泛傳播給眾弟子，使《易》得到了此後儒家學者的高度重視，成爲六經之一。荀子對《易》的經典化的另一個貢獻就是他所繼承與傳播的《易》學思想，能夠準確地把握孔子加以理論提升後的義理之《易》的宗旨，因此可以說荀子發揚光大的是孔門正傳之《易》，這也是他對儒家《易》之經典化貢獻的關鍵所在。

第六章　荀子與儒家《春秋》的經典化

　　《春秋》是孔子傳授六藝中「春秋」藝之教本。孔子在教授春秋學的時候，形成了不同的解說，這些解說被學生記錄，同時又有所發展，就逐漸使這一教本走向經典化，最後成爲儒家六經之一。由弟子接受並發揮的孔子春秋學說的逐漸豐富與理論化、系統化，是《春秋》經典化的主要規律，而這一經典化形成的標誌就是專門的解釋《春秋》理論著作的出現，其典型的代表就是後來傳世的《春秋》三傳，即《左傳》、《公羊傳》和《穀梁傳》。在這一過程中，孔子引「春秋」而入儒門，並在講授中開始對其進行了經典化建設；孔子後學的不斷發展，形成大量記錄與解釋《春秋》的「傳」、「記」、「語」類著作，促進「春秋」學理論化的同時，也促進了《春秋》的經典化。本文將在現有文獻及其研究成果的基礎上，重點利用出土文獻，對這一過程進行新闡釋。同時，在對儒家六藝經典化的貢獻上，荀子作爲先秦時期儒家的最後一個具有廣泛影響力的學者，也對《春秋》經典化做出了除孔子本人之外，最重要的貢獻。這一點由於荀子在學術史上的雙重命運而缺乏深入的挖掘，本文亦將對此進行新的探索。

第一節　出土文獻視野下的儒家《春秋》經典化

　　隨著歷史發展的日漸久遠，儒家六經之一的《春秋》，也逐漸形成了許多種對其進行解說的「傳」。這些「傳」中的傑出代表即後世的「春秋三傳」，即《左傳》、《公羊傳》和《穀梁傳》。由於「春秋三傳」解經的成就之大，以致於唐宋以後，這三部傳一同被納入儒家「十三經」中。然而隨著歷史發展，唐宋以後，人們開始對《春秋》經的成書問題、作者問題、眞僞問題，以及

「春秋三傳」的創作及其與《春秋》經的關係等等一系列的關於儒家「春秋經傳」的基本問題都開始產生了疑問。同時，由於年代久遠，史料缺乏，這些疑問就日漸放大起來。這些問題綜合到一起，就對我們正確認識和利用《春秋》經傳造成了影響。所以，不斷地對這一系列問題進行與時俱進的解答，就成爲關鍵。近代以來，特別是近一個世紀以來考古發現中不斷出現的新材料，爲我們更好地解決這些問題提供了新的條件。我們這裡就利用新出土文獻與傳統文獻結合，對儒家《春秋》的早期經典化做新的清理。

一、孔子作《春秋》的思想史意義

我們追溯《春秋》經典化的源流，首先要找到一個合理的起點，這個起點從孔子算起是最爲恰當的。這是因爲，在孔子以前，春秋是一種較爲普遍但又沒有較爲統一嚴整形式的史書體裁。經孔子把這一史書體裁納入儒家六藝中之後，由於孔子有目的之節選，有思想主旨的講授，就使這種史書體裁成爲一種典型。後世的史書基本上都來源於這一史書源頭。因此，可以說正是孔子開啓了《春秋》經典化之路。選取孔子作爲研究的起點，還有一個原因就是在近二千年的學術發展史上，時間愈往後，人們對於《春秋》三傳的疑問就越多，但是有一個共同的現象，就是「自古以來，不管經學的家派怎樣，對孔子『作』或者『修』《春秋》這一點幾乎沒有異辭」〔註 1〕。這就爲我們的研究提供了一個較爲穩定的開端。

（一）「春秋」與《春秋》體史書形成的學術思想史意義

考察《春秋》經典化的起源及其早期發展特點，我們首先要從「春秋」一詞的語源學考索做起。我們要看「春秋」是如何由一個記時（古代之「時」往往有「季節」之義，與現代的「時刻單位中的『小時』」不同）詞彙而演變成爲一種史書體裁，然後又經過孔子的加工，以及孔門後學的不斷努力，而逐漸演變成爲儒家史學類經典。

1、從「春秋」到《春秋》

「春秋」兩個字連用作爲一個雙音節詞，最早見於《國語》。〔註 2〕在《國

〔註 1〕趙伯雄，《春秋學史》，山東教育出版社，2004 年 4 月，第 5 頁。

〔註 2〕沈玉成、劉寧，《春秋左傳學史稿》，江蘇古籍出版社，1992 年 6 月，第 15 頁。

語‧楚語上》所記載的申叔時回答楚莊王應該如何教育太子的問題時說：「教
之春秋，而爲之聳善而抑惡焉，以戒勸其心；教之世，而爲之昭明德而廢幽
昏焉，以休懼其動；教之詩，而爲之導廣顯德，以耀明其志；教之禮，使知
上下之則；教之樂，以疏其穢而鎮其浮；教之令，使訪物官；教之語，使明
其德，而知先王之務用明德於民也；教之故志，使知廢興者而戒懼焉；教之
訓典，使知族類，行比義焉。」〔註3〕一般認爲這裡的「春秋」並不是指某一
部書，而是代表一類書。這一點有的學者又進一步論定爲代表的是屬於歷史
類的書：「『春秋』不像是某一部書的專名，楚莊王太子所讀的春秋，絕不會
是我們今天看到的《春秋經》。『春秋』在當時可能是一類史書的通名。」〔註
4〕在申叔時所提倡的「春秋」、「世」、「詩」、「禮」、「樂」、「令」、「語」、「故
志」、「訓典」九種教育科目中，「春秋」是列於第一位的。這就說明在申叔時
所設計的教學體系當中，「春秋」是最爲重要的一門科目。至於爲什麼用「春
秋」一詞表示這一類書，從三國時韋昭所作的注「以天時紀人事，謂之春秋」
來看，是因爲這類書是按照時間順序記錄人間事蹟，所以用「春秋」稱之。
晉代杜預做了更爲詳細的解釋：「記事者，以事繫日，以日繫月，以月繫時，
以時繫年，所以紀遠近、別同異也。故史之所記必表年以首事。年有四時，
故錯舉以爲所記之名也。」〔註5〕這一體例特點確實是較爲符合歷史類書的一
般特點的。由申叔時對其功用的論述「教之春秋，而爲之聳善而抑惡焉，以
戒勸其心」來看，「春秋」類的史書往往是有勸誡意味的。這一特點，經孔子
發揚光大，就逐漸形成了後來的「春秋」之義。總之，在孔子對「春秋」進
行儒家式改編之前，「春秋」是史書中大致按年月日記事，並在事中寓意勸誡
的一類。

2、「詩亡而後春秋作」：「春秋」類史書的起源

作爲一類史書之通名的「春秋」的起源也有著重要的歷史背景，或者
也可以說是擔負著一定的歷史責任，那就是隨著時代發展承擔起維護社會
秩序與歷史記憶的職責。這一點我們可以通過孟子的「詩亡而後春秋作」
加以理解，《孟子‧離婁下》有言：「王者之迹熄而詩亡，詩亡然後春秋作。

〔註3〕左丘明，《國語》，上海古籍出版社，1978年3月，第528頁。
〔註4〕趙伯雄，《春秋學史》，山東教育出版社，2004年4月，第2頁。
〔註5〕杜預，《春秋經傳集解後序》，見《十三經注疏‧春秋左傳正義（上）》，北京
　　　大學出版社，1999年12月，第5頁。

晉之《乘》，楚之《檮杌》，魯之《春秋》，一也。其事則齊桓、晉文，其文則史。孔子曰：『其義則丘竊取之矣。』」對於這段話人們有不同的理解，但是大多數人都將其理解爲「王者之迹熄而《詩》亡，《詩》亡然後《春秋》作」，看起來只不過是把「詩」與「春秋」分別加上了書名號，但實際上就把這其中的「詩」與「春秋」具體化地理解爲《詩經》與《春秋》的專名了。那麼，孟子這段話的意思就順理成章地成爲描述《詩經》與《春秋》的產生，以及二者的前後相繼之關係了。對此，有學者提出了不同的觀點：「『詩亡然後春秋作』的正確含義應該是指，由韻文的『史詩』來記載歷史、傳承歷史階段的時代結束了，而改由散文的『春秋』來記載歷史、傳承歷史了。在這裡，詩不是專指《詩經》，而是自顓頊改革巫術以來，直至夏商西周兩千年的歷史長河中各民族宗教祭祀場合用於溝通天神祖神的史詩，即雅、頌之詩；春秋也不是專指魯國的《春秋》，而是各諸侯國散文體史書的通稱。」〔註6〕江林昌的這一觀點，大大開闊了我們對孟子這段話的理論思考的視野，也促使我們把孟子的話放在更加廣闊的歷史背景中進行深入歷史深處的思考。我們認爲這一新的闡述更能準確地說明「春秋」體產生的歷史背景以及它所產生的時代需求。在西周以前的較長一段時期，「王者之迹」也就是王者管理與調節社會秩序的一個重要的文化手段是通過由「詩」儀式所反映出的禮制，以及「詩」對社會精神的記錄與貶褒所實現的。到了春秋時期，由於與「詩」相表裏的禮樂制度已經不爲社會與時代所認可了，人們需要更加理性的歷史文化表述方式來擔當調節社會秩序與完成文化傳承的責任，因此出現了「春秋」類的史書，接過了「詩」的社會與文化責任。最初的「春秋」是通稱，正如春秋時期以前有百家詩一樣，也有百家春秋。由於百家春秋各自反映著不同的義理，分散而不集中，不利於人們提綱契領地把握其中的要義，於是將百家春秋中共有的反映公約性的義理的篇章集中起來，就成爲一個歷史的必然趨勢，這一任務最終由孔子完成。自從孔子對春秋進行整編，使之進入儒家六藝教材系列中之後，《春秋》逐漸演變成儒家的六部經典之一。《春秋》也就逐漸成爲儒家六經之一的《春秋》經的專名，而不再是泛指一類史書的通稱了。

〔註 6〕江林昌，《詩的起源及其早期發展變化》，載《中國社會科學》，2010 年第 4 期。

（二）孔子作《春秋》與《春秋》的儒家經典化

如上所述，儘管人們對《春秋》三傳的相關問題多所質疑，但是對於孔子作《春秋》一事卻鮮有明確反對者。這也正是本文在探討儒家對《春秋》經典化問題上的起始點。至於孔子是如何作《春秋》的，我們也要有歷史的思考。我們認為這裡的「作」不一定是「創作」有可能是編輯加工，也有可能是選訂刪節等。這一點，也有學者進行了分析：「從現有的史料看來，所謂『孔子作《春秋》』之說大約是指孔子對魯國舊史曾有所整理修訂……古人所謂『作』，不一定是指自己創制。事實上這種史書，如果沒有史料依據，也是無從臆造的。」〔註7〕

1、孔子作《春秋》的背景及其影響

關於孔子作《春秋》最早的記錄應該是《孟子・滕文公下》「世衰道微，邪說暴行有作，臣弒其君者有之，子弒其父者有之。孔子懼，作《春秋》。《春秋》，天子之事也。是故孔子曰：『知我者其惟《春秋》乎！罪我者其惟《春秋》乎！』聖王不作，諸侯放恣，處士橫議，楊朱、墨翟之言盈天下。天下之言不歸楊，則歸墨。楊氏為我，是無君也；墨氏兼愛，是無父也。無父無君，是禽獸也。公明儀曰：『庖有肥肉，廄有肥馬；民有饑色，野有餓莩，此率獸而食人也。』楊墨之道不息，孔子之道不著，是邪說誣民，充塞仁義也。仁義充塞，則率獸食人，人將相食。吾為此懼，閑先聖之道，距楊墨，放淫辭，邪說者不得作。作於其心，害於其事；作於其事，害於其政。聖人復起，不易吾言矣。昔者禹抑洪水而天下平，周公兼夷狄，驅猛獸而百姓寧，孔子成《春秋》而亂臣賊子懼。」這段話主要是說明孔子作《春秋》的背景是春秋時期「邪說暴行有作，臣弒其君者有之，子弒其父者有之」。孔子害怕這樣的局面會越來越糟，於是作《春秋》，來挽救世衰道微的局面。孟子進而認為孔子作《春秋》收到了周公平天下、大禹治水一樣的效果，使亂臣賊子有所畏懼，這樣就起到了一定的正世道、定人心的作用。

孔子作春秋之所以會收到這樣的效果，是因為他在編訂《春秋》時，著重對那些蘊含有勸誡與褒貶之義的史料進行了有目的的選擇。這些材料所蘊含的道理關鍵是要能夠與當時社會思潮中的禁忌結合起來，這樣才會使那些具有當時普遍信仰觀念的「亂臣賊子」，有所忌憚。這一點是值得我們做進一

〔註7〕曹道衡，《〈春秋〉與〈三傳〉說略》，見《經史說略——十三經說略》，北京燕山出版社，2002年10月，第149頁。

步探索的。對於這一問題，孟子也有所解釋，即《孟子・離婁下》所謂：「其事則齊桓、晉文，其文則史。孔子曰：『其義則丘竊取之矣。』」由這條史料我們可以知道，經過孔子加工過的《春秋》的內涵有三個部分即「事」、「文」、「義」。通過後來《春秋》學的發展史來看，主要都是在闡發《春秋》所包含的「義」，這些「義」正是亂臣賊子畏懼的原因所在。從另一個角度來看，也是教育人們如何按照這些「義」來處世行事。

2、孔子作《春秋》與《春秋》經典化

孔子正是通過將通行於各國的春秋類史書進行賦義式的整理與編訂，作爲儒家六藝之一的藍本進行教學，從而將其逐漸經典化。有學者甚至認爲孔子加工過了，就是經典化的開始，所謂「不管孔子對《春秋》一書作了什麼程度的加工，但只要經過了他的手，就被儒家學派奉爲『經典』，想從中尋求深奧的教義，認爲其中的字句，都各有豐富的含義。所以《荀子・勸學》中就一再說『《春秋》之微也』，『《春秋》約而不速』的話。」〔註8〕

孔子作《春秋》是《春秋》經典化的開始。從此以後，《春秋》在孔子後學中作爲六藝之一的教本，不斷地被學習與挖掘，形成了越來越豐富的思想體系。這些思想體系，包括孔子的思想，當然也包括了孔子後學的思想。然而，這些思想的共同來源，當然還是孔子最初編訂的《春秋》。所以，後來的春秋學思想越發達、越豐富，人們就越重視其最初的源頭《春秋》。這樣發展的結果，就是到漢代形成了三部解釋《春秋》的代表性作品《左傳》、《公羊傳》和《穀梁傳》。隨著這三傳先後被奉爲儒家經典，《春秋》經典化就以一樹三花的形式得以圓滿完成。

3、《春秋》經典化的學術史意義

由孔子開始對《春秋》之思想意義的開掘，最後形成了以《春秋》及其三傳爲代表的《春秋》類儒家經典。《春秋》作爲儒家經典的意義首先就是成爲後世多種史書的源頭。對於這一點，姚仲實的論述可以說是對《春秋》作爲史學之始源的典型觀點：「何以言《春秋》爲《史》源也？蓋《春秋》者，編年之體所出也。史家因有此書，分二大派：一爲《左傳》派，論本事而爲書者也。後世如荀悅《漢紀》、司馬溫公《資治通鑒》，皆依而用之；一爲《公》、《穀》派，用意於書法者也，後世朱子《綱目》，依而用之。蓋各有所主矣。

〔註8〕曹道衡，《〈春秋〉與〈三傳〉說略》，見《經史說略——十三經說略》，北京燕山出版社，2002年10月，第149頁。

至《三傳》釋《經》之語，在《經》學，其體爲《傳》；在史學，其體爲《評》。考史評之類有三：一爲論史之體例，後世如《史通》是也；一爲論史之書法，後世如尹起莘《綱目發明》、劉友益《綱目書法》、張自勳《綱目續麟》是也；一爲論史之人物事蹟，後世如范祖禹《唐鑒》、胡寅《讀史管見》是也。其發源皆起於《三傳》。蓋《三傳》之論體例，如《左氏》之『五十凡』，《二傳》之言『《春秋》編年，四時具而後爲年』，與『內其國而外諸夏，內諸夏而外夷狄』之類是也。其論書法者，如《左氏》之『書』，『不書』、『故書』、『不言』、『不稱』、『書曰』之類，《二傳》之言『州不若國，國不若氏，氏不若人，人不若名，名不如字，字不如子』之類是也。其論人物事蹟者，如《左氏》所引『君子曰』云云，《二傳》論『齊桓公』、『宋襄公』之類是也。」〔註9〕通過姚仲實的研究，後世的編年體與史評體諸史書都直接來源於《春秋》及其「三傳」。這是《春秋》作爲儒家經典的又一個重要意義之所在。

　　《春秋》作爲儒家經典的另一個重要意義是通常所謂對後世影響深遠的「春秋大義」。經過孔子對《春秋》中微言大義的重視與發掘，逐漸形成了中國傳統思想中的一些重要的道義原則，成爲中國傳統社會規則與倫理原則的重要思想文化基礎。同時，在表達這些重要的「義」時，孔子所注重的一字之褒貶的原則也形成了所謂「春秋筆法」，使我們傳統文化的各個分支中「文以載道」有了重要的表達方式。

二、出土文獻與儒家《春秋》經典化

　　我們都知道，孔子作《春秋》的方法，最有可能的就是在當時存在的大量「春秋」類史書中，根據自己的編撰宗旨，也就是我們前邊所述的重視由「微言」而顯示「大義」，進行選擇、整理和編訂。然而，隨著歷史的日漸久遠，那些在孔子所選擇範圍之外的「春秋」類史書就漸漸散佚在歷史長河中。這樣，當後世學者從不同的角度重新審視《春秋》經傳的時候，由於缺乏足夠的旁證，就產生了眾多的分歧。要解決這些分歧，最有效的方式就是能夠設法還原孔子當時的選編過程。還原孔子選編過程的關鍵，是找到當時存在的、與後來列入儒家十三經的《春秋》「三傳」同類的新版本的春秋類史書。這是當前解決《春秋》經傳學術分歧的關鍵所在，簡單地說就是發現新材料。

〔註9〕轉引自黃壽祺，《群經要略》，華東師範大學出版社，2000年10月，第164～165頁。

　　同時，由於孔子是根據他所生存時代之問題，有目的性地編選了適合回答或解決當時時代問題的《春秋》。我們今天學習與研究《春秋》經傳，既是爲學術傳承，同時還要能夠將其內在的思想精髓與時代需求結合，解決現實問題。學術的求眞與致用是合二爲一，缺一不可的。要在學術求眞的基礎上，進一步做好致用工作，就要盡量恢復沒有經過時代篩選時的全面的原始史料狀況，這樣才會使我們結合當前的時代需求，有更全面的史料選擇範圍。

　　綜合上述對《春秋》經傳研究的求眞與致用兩個方面，要取得實質性進展，與《春秋》成書同時代或盡量接近之時代史料之發現就成爲一個共同的需求。有了新材料再結合新時代的方法，自然就會促進對傳統學術研究的實際推進。面對這一問題，20 世紀 20 年代以來大量出現的《春秋》類出土文獻爲我們提供了豐富的新材料。下面，我們就利用這些新材料，對儒家《春秋》的經典化途徑進行新的解析，從而爲我們推進當前的《春秋》學研究，做出新的探索。

（一）《春秋》類出土文獻概要

　　歷年考古發現的《春秋》類出土文獻可以分爲兩類，一類是與傳世本《春秋》三傳文本全部或部分相同的《春秋》文本，二者的關係類似於馬王堆帛書《老子》與傳世本《老子》，我們可以稱其爲《春秋》出土文本；一類是與傳世的《春秋》相關的出土文獻，我們稱爲《春秋》類出土文獻。

　　就目前考古發現的總體水平看，較完整或者較大篇幅的《春秋》出土文本還沒有發現，因此當前發現的《春秋》出土文本都是一些篇幅很小的隻言片語，或是一些歷史遺蹟上的少量信息。例如魏晉時期的正始石經《春秋左傳》殘石；近代斯坦因在樓蘭古城發現的《左傳》晉寫本殘紙（LM.I.i.016），「內容是《左傳》昭公八年夏四月的一段文字」〔註10〕。相比之下，《春秋》類出土文獻的考古發現在 20 世紀後半期則取得了豐富的成果，其中重要的發現有：馬王堆帛書《春秋事語》、阜陽漢簡《春秋事語》、慈利楚簡中的《國語・吳語》等相關篇章、上海博物館藏戰國楚竹書中與《春秋事語》相類似的文獻。由於當前發現的《春秋》出土文本僅存寥寥數語，尚不能對學術研

〔註10〕 李零，《簡帛古書與學術源流》，三聯書店，2007 年 9 月，第 264 頁。李零對樓蘭古城發現的《左傳》晉寫本殘紙的整理成果也進行了參考文獻的介紹，請參考頁下注〔1〕。

究有較大之文獻參考價值，所以當前我們主要利用相對豐富多彩的《春秋》類出土文獻對相關學術問題進行新的闡釋與參證。所以，下面就對主要的《春秋》類出土文獻的基本情況及其研究概況做一個概述。

1、馬王堆帛書《春秋事語》

馬王堆帛書《春秋事語》是 1973 年馬王堆三號漢墓中出土的大批珍貴帛書中的一種。寫有帛書《春秋事語》的絹「廣約 23 釐米，長 74 釐米，文字存有 97 行，前部殘缺較重，不知卷首缺多少行，後部較完整，尚有餘絹……書法由篆變隸，不避邦字諱，當是漢初（約公元前 200 年左右）或更早一些時候抄寫的。全書分十六章，每章均提行另起。《春秋事語》十六章中，只有第二章關於燕國和晉國的戰爭不見記載，其它的歷史事件都可以查明年代。此外，記事簡略，而敘述當事人的談話以及後來人的評論比較詳細，一部分和《春秋》三傳，《國語》等古書相近，但裏面有不少從未見過的資料，極可寶貴。」〔註 11〕

由於這部分內容所具有的「記事簡略，而敘述當事人的談話以及後來人的評論比較詳細」的特點，所以張政烺先生進行分析後認爲：「這十六章的文字，記事十分簡略，而每章必記述一些言論，所佔字數要比記事多得多，內容既有意見，也有評論，使人一望而知這本書的重點不在講事實而在記言論。這在春秋時期的書籍中是一種固定的體裁，春秋爲『語』。語，就是講話。語之爲書既是文獻記錄，也是教學課本……語這一類的書雖以語爲主，但仍不能撇開記事，所以又有以『事語』名書的……帛書這個卷子所記皆春秋時事而以語爲主，所以我們給它加了《春秋事語》這樣一個書名。」〔註 12〕這應該就是《春秋事語》得名的由來。張先生所說的「語」類文獻，最初的記載見於《國語·楚語上》申叔時回答楚莊王關於教育太子的九門課程之一，即所謂「九藝」中的「語」。

關於帛書《春秋事語》的抄寫年代，如前所引整理者根據「書法由篆變隸，不避邦字諱」，定爲「當是漢初（約公元前 200 年左右）或更早一些時候抄寫的」。對於這一觀點，徐仁甫又根據《春秋事語》有可能是避秦始皇父親名楚之諱，進行了進一步的論證：「馬王堆漢墓帛書《春秋事語》，不避高帝

〔註 11〕馬王堆漢墓帛書整理小組編，《馬王堆漢墓帛書》（三），文物出版社，1983年 10 月，《出版說明》。

〔註 12〕張政烺，《春秋事語解題》，載《文物》，1977 年第 1 期。

劉邦之諱，而避秦始皇父名楚之諱，故凡言『楚』皆曰『荊』。這和《韓非子》一書『凡言荊者，俱爲楚之代名，以避秦諱改也』一樣。那麼《春秋事語》成書當在秦始皇統一天下之後，約公元前二百年左右。釋文的這個看法無疑是正確的」〔註13〕。李學勤根據金文資料，對這一論證提出了一定的建議，認爲在證據不足的情況下，尚難做出準確的定論，同時也提出了自己的觀點：「帛書第十三章確稱楚爲荊，但西周金文已有稱楚作『荊』或『楚荊』之例。即使帛書此處確爲諱字，也可能是傳抄未改。帛書中不諱秦始皇名政，如第九章『後（苟）入我，正（政）必甯氏之門出』，可見恐不抄於秦代。作爲楚漢交爭時期的寫本，是最合理的。當然，古人傳抄舊籍，諱字容許不甚嚴格，這一問題尚有待搜集更多例證，再綜合論定。」〔註14〕李學勤在修正徐說不嚴密的基礎上提出了自己的「楚漢交爭時期的寫本」說，但卻沒有將這一說法說到底，認爲還有待於更多例證，進行綜合論定。李學勤的觀點一方面總結了帛書《春秋事語》的抄寫年代的研究現狀，另一方面也爲我們進一步探討留下了空間。

馬王堆帛書《春秋事語》共有 16 章，其內容主要涉及春秋時期的晉、燕、齊、魯、宋、衛、吳、越八國。其中「只有第二章關於燕國和晉國的戰爭不見記載，其它的歷史事件都可以查明年代」。此外，其內容大致同《春秋》三傳和《國語》等古書，只是在文字與具體行文上，稍有不同。

關於《春秋事語》的內容特點及其性質的研究，實際上從其定名的時候就已經開始。因此，我們說《春秋事語》這一篇名的確定，就是對其性質研究的第一個成果，其經過已如上所述。此後，學者對其內容特點及其與傳世本相關文獻的關係展開了全面的探討。1974 年裘錫圭先生提出這卷帛書很可能是《鐸氏微》一類的書。〔註15〕根據《史記·十二諸侯年表序》的相關記載，《鐸氏微》應該是《左傳》節選本一類的書，是爲了便於王者的快速閱讀與掌握《左傳》要點一類的書。因此，裘錫圭先生的這一觀點是將《春秋事語》劃入《左傳》類的書籍中了。唐蘭先生則認爲它不是《左傳》系統，而爲另一本古書，並認爲有可能是《漢書·藝文志》中的《公孫固》〔註16〕。

〔註13〕徐仁甫，《馬王堆漢墓帛書〈春秋事語〉和〈左傳〉的事、語對比研究——談〈左傳〉的成書時代和作者》，載《社會科學戰線》，1978 年第 4 期。

〔註14〕李學勤，《簡帛佚籍與學術史》，江西教育出版社，2001 年 9 月，第 267 頁。

〔註15〕《座談馬王堆漢墓帛書》，載《文物》，1974 年第 9 期。

〔註16〕《座談馬王堆漢墓帛書》，載《文物》，1974 年第 9 期。

李學勤在全面總結各家觀點的基礎上，提出「《春秋事語》實爲早期《左傳》學的正宗作品。其本於《左傳》而兼及《穀梁》，頗似荀子學風，荀子又久居楚地，與帛書出於長沙相合，其爲荀子一系學者所作是不無可能的。」〔註17〕李零在歸納整理了近年來出土文獻中多種「語」類文獻後認爲：「春秋戰國時期，語類或事語類的古書非常流行，數量也很大。同一人物，同一事件，故事的版本有好多種。這是當時作史的基本素材。我相信，這類古書，今後還會有更多的發現……我認爲，《國語》、《左傳》和《春秋》，它們的關係可能是這樣，即《春秋》這部魯國史記，內容非常簡略（只有 16000 字），只是一個大事年表，本身沒有可讀性，作爲教材，要有輔助材料，一種是講歷史細節（即班固所說的『本事』），一種是講微言大義，兩者都是古人理解的傳。前者是《左傳》，後者是《公羊》、《穀梁》……《左傳》也是這樣，它肯定是利用事語類的古書，即與今《國語》類似的材料而編成（包括天象、曆日，也是各國材料雜糅在一起）。」〔註18〕李零的這一分析，對於我們今天合理利用出土的事語類文獻來研究春秋戰國時期經典演變規律是一個重要的思路，其立論的尺度可能更適合於現有的文獻根據。我們將在後邊的研究中，在此基礎上有所深入分析與發展。

2、阜陽漢簡《春秋事語》

阜陽漢簡《春秋事語》是 1977 年在安徽阜陽雙古堆一號漢墓中出土的一批漢簡中的一種與馬王堆帛書《春秋事語》相類似的文獻。安徽阜陽雙古堆一號漢墓的墓主人是西漢汝陰侯夏侯竈，其卒年爲漢文帝前元十五年（公元前 165 年）。這些基本情況我們在第五章第一節中關於阜陽漢簡《周易》的介紹中已經說明，此不贅述。我們主要介紹一下阜陽漢簡《春秋事語》的整理與命名等一些基礎研究情況。

阜陽漢簡《春秋事語》由兩部分組成：一部分是一件被整理者定名爲「二號木牘」的刻有文字的木牘。這件木牘長 23 釐米，寬 5.5 釐米。木牘殘損嚴重，經拼接整理後，其正反兩面各分上、中、下書寫章題，「總計存有四十個章題，其中有十四行存字太少，尚未找到出處。另一部分是整理者從所發現的竹簡裏找到的與「二號木牘」同類性質的近百條竹簡。在《說苑》、《新序》、

〔註17〕李學勤，《簡帛佚籍與學術史》，江西教育出版社，2001 年 9 月，第 275 頁。
〔註18〕李零，《簡帛古書與學術源流》，三聯書店，2007 年 9 月，第 299 頁。

《左傳》、《國語》等今本文獻裏找到相同的內容，得二十五章，加上章題的二十八章，共得五十三章。尚餘數百條還待查找。」〔註19〕

　　阜陽漢簡中的這批文獻的整理者在定名時，請教了張政烺先生。張政烺先生認為：「阜陽漢簡這一部古佚書，既然亦是談春秋時事，與馬王堆古佚書一樣稱其為《春秋事語》為妥。」〔註20〕於是整理者就採納了這一建議，將其定名為《春秋事語》。目前，利用阜陽漢簡《春秋事語》進行研究的成果，相對較少。這可能是因為它與馬王堆帛書《春秋事語》相近，而帛書《春秋事語》的研究已經較為充分的緣故吧。我們認為，阜陽漢簡《春秋事語》的研究應該充分展開，最起碼它可以是帛書《春秋事語》的一個支持文獻。我們還可以將二者結合起來，對傳統文獻的早期形成與演變規律進行新的挖掘與闡釋。

3、慈利楚簡中的相關篇章

　　1987 年 6 月，考古工作者在湖南省慈利縣城關石板村的戰國古墓群進行了發掘。在其中編號為 M36 號的大墓中出土了一批竹簡。該墓年代被確定為戰國中期前段。墓主人被定為士一級。該墓出土的竹簡「簡片均較薄，出土時厚 1～2、4～7 毫米，保存最長者 36 釐米、短者不足 1 釐米，估計整簡長 45 釐米，數量約一千支，字數共約兩萬一千多字，文字毛筆墨書，部分字跡清晰，書法精美。」〔註21〕

　　慈利楚簡的形式主要以文書為主。這些文書記載的內容主要是戰國時期的一些歷史事件，但以楚國和吳、越等國的歷史事件為主，其中比較有典型意義的如「黃池之盟」、「吳越爭霸」等。經整理者的初步研究，這些竹簡所記載的內容可分為二類，一類是有傳世文獻典籍可資對勘的，如《國語·吳

〔註19〕 韓自強，《阜陽漢簡〈周易〉研究──附〈儒家者言〉章題、〈春秋事語〉章題》，上海古籍出版社，2004 年 7 月，第 184 頁。按：整理者介紹説木牘部分「總計存有四十個章題，其中有十四行存字太少，尚未找到出處」，然後又説在竹簡部分找到與今本文獻有相同內容者，「得二十五章，加上章題的二十八章，共得五十三章」，可見整理者原説章題有「四十章」，最後在與竹簡部分相加時，又説章題「二十八章」，不知這其中相差的十四章是怎麼回事，本書作者沒有將這一出入表示清楚，有待解答。

〔註20〕 韓自強，《阜陽漢簡〈周易〉研究──附〈儒家者言〉章題、〈春秋事語〉章題》，上海古籍出版社，2004 年 7 月，第 185 頁。

〔註21〕 張春龍，《慈利楚簡概述》，載艾蘭、邢文主編，《新出簡帛研究》，文物出版社，2004 年 12 月，第 4 頁。

語》和《逸周書·大武》；一類是《管子》、《寧越子》等書的佚文或古佚書。對於整理者關於慈利楚簡的內容與性質的初步結論，有學者也提出了不同的觀點。張錚「通過將《商君書》、《呂氏春秋》兩部先秦時期的著作對比，以及對《左傳》、《國語》成書、性質的討論，認爲其內容不是像整理者定義爲某些篇章與《國語·吳語》、《逸周書·大武》相類似，或是《管子》、《寧越子》等書的佚文或者是古佚書，而是《漢書·藝文志》所記《鐸氏微》。這一觀點與整理者的觀點形成了對比。這樣也爲我們做進一步的探索，提出了問題。

4、上海博物館藏戰國楚竹書中與《春秋事語》相類似的文獻

上海博物館藏戰國楚竹書中也有大量的與馬王堆帛書《春秋事語》相類似的文獻。對於這一類文獻的價值大家還沒有充分注意，因爲目前學術界的興趣還主要集中在那些較重要的如《周易》、《孔子詩論》一類的文獻上。然而，我們認爲隨著研究的深入，以及大批文獻學家、歷史學家、思想史及哲學研究者的介入，將會對《春秋事語》這類帶有原始史料特徵的文獻產生越來越大的興趣。目前首先對這一問題加以關注的是李零先生。李零在 2003 年前後就注意到了上博簡中這一類文獻的重要性，並做了初步的歸納，得出 20 種與馬王堆帛書《春秋事語》、《戰國縱橫家書》相類似的古文獻。因爲這兩類書，在李零看來就應該是一類書，被他稱爲「春秋戰國故事」類，並認爲在現存文獻中，這類故事書籍的「典型標本是《國語》和《戰國策》」〔註22〕。上海博物館藏戰國楚竹書自 2001 年 11 月開始分冊出版，到 2010 年底已經出版了七冊。然而，在這七冊已經出版的楚竹書中，只有 5 種在李零所列出的 20 種書中。這有可能是整理後的文獻與李零最早見到的文獻採用了不同的名稱，也有可能是有些還沒有出版〔註23〕。本文選取已經出版的《上海博物館藏戰國楚竹書》中 6 種 7 篇與李零所列出的 20 種書中相重合者爲例，加以初步介紹。

（1）I《昭王毀室》、II《昭王與龔之脽》

這兩篇文獻的現用名見《上海博物館藏戰國楚竹書》（四）。整理者陳佩

〔註22〕李零，《簡帛古書與學術源流》，三聯書店，2007 年 9 月，第 293 頁。
〔註23〕李零是上海博物館藏戰國楚竹書最早的整理者之一，大概 1995 年就參與了整理工作。參見李零，《上博楚簡三篇校讀記》，中國人民大學出版社，2007 年 8 月，第 3 頁之《上博楚簡校讀記之一·說明》。

芬在二文的釋文考釋《說明》中介紹：「本篇共十支簡，其內容由《昭王毀室》、《昭王與龔之脾》合成。前篇的結束與後篇的起始同在第五簡上，有墨節可分，故文字內容可以分爲兩篇。《昭王毀室》比較完整，敍述昭王新宮建成後與大夫飲酒，有一位穿喪服的人踰廷而入，並訴說他父母的屍骨就埋葬在新宮的階前，現新宮建成，他就無法祭祀父老，昭王聞此即令毀室（『室』即『宮』）。此事史籍未載。《昭王與龔之脾》敍述昭王爲珧寶之事，大尹遇見龔之脾。由其衣著疑是脾爲之，並告知昭王，於是昭王不願見龔之脾；而大尹瞭解眞情後又告知昭王，昭王遂見龔之脾。此篇內容有缺失，尙不能通讀。」〔註24〕

　　（2）《柬大王泊旱》

　　此篇文獻亦見於《上海博物館藏戰國楚竹書》（四）。文獻記載的是楚簡王（公元前431～408年）的事蹟。整理者濮茅左在該文的釋文考釋《說明》中介紹：「本篇原無題，現題取用全文首句，也是全文中心。本篇記載了戰國早期，有關楚國柬（簡）大王的兩件佚事：柬大王病疥和楚國大旱。」〔註25〕

　　（3）《競公瘧》

　　此篇文獻見於《上海博物館藏戰國楚竹書》（六）。文獻記載了齊景公久病不愈，引起朝廷爭議。有寵臣就將其歸咎於國家沒有好的祝、史，因此建議要殺當時在任的祝、史。晏嬰堅持正義，保護了祝、史的故事。

　　（4）《莊王既成》

　　此篇文獻見於《上海博物館藏戰國楚竹書》（六）。本篇文獻主要記載楚莊王與大臣討論國家大事的一些情節。

　　（5）《平王問鄭壽》

　　此篇文獻見於《上海博物館藏戰國楚竹書》（六）。本篇主要內容是「楚平王因國之禍敗事問於鄭壽」〔註26〕。

　　（6）《平王與王子木》

　　此篇文獻見於《上海博物館藏戰國楚竹書》（六）。文獻記載了楚平王命

〔註24〕馬承源主編，《上海博物館藏戰國楚竹書》（四），上海古籍出版社，2004年12月，第181頁。

〔註25〕馬承源主編，《上海博物館藏戰國楚竹書》（四），上海古籍出版社，2004年12月，第193頁。

〔註26〕馬承源主編，《上海博物館藏戰國楚竹書》（六），上海古籍出版社，2007年7月，第255頁。

王子木去城父一地，以及王子木到達該地之後，向其下屬瞭解基本情況的故事。

（7）《吳命》

此篇文獻見於《上海博物館藏戰國楚竹書》（七）。本篇文獻記載了吳王親自率兵入陳，引起晉國派人與吳王交涉的事情；以及「吳王派臣下告勞於周天子之辭」〔註27〕。

綜上所述，我們對當前發現的《春秋》類出土文獻進行了概要介紹，同時也對相關的研究狀況進行了初步的總結。最後要強調的是：在沒有充分論據支持的情況下，我們切不可以通過出土文獻與傳世文獻一對一的簡單比較，再輔以距離經典產生時代較遠的學術史記錄，輕易斷定某種出土文獻就是某一部亡佚許久的古代典籍。事實上，這兩種證據就各自不同的性質而言，在各自缺乏其他證據的情況下，對於每一種文獻來說內證都是單一的。學術史的證據雖然可舉出若干，但這些成系列的證據又往往有一個共同的淵源，因此也形成了事實上單一的外證，也不足以說明問題。更重要的是內證與外證也難以咬合與匹配，二者從結合度上也形不成嚴密的論據閉合性。所以，我們在面對某一個具體的與《春秋》三傳及《國語》、《戰國策》等可稱之爲《春秋》相關文獻有某種相似性的出土文獻的時候，在沒有充分的旁證的時候，還是愼重地以「春秋類出土文獻」稱之爲好，或者更進一步，把其稱爲「春秋事語類出土文獻」也可以。至於進一步的文獻確定工作，還有待後來新的發現與探索，切不可操之過急。

（二）出土文獻與《春秋》經典化研究的新視角

大量《春秋》類出土文獻的發現，首先爲我們研究《春秋》的經典化提供了新材料。我們之所以要對《春秋》經典化這一問題進行新的梳理和解答，如前所述，是因爲《春秋》成書之後，在二千多年的學術發展史上，由於其當初編撰時所根據的原始史料的不斷散佚，人們就開始對《春秋》的一些基本問題產生了懷疑，而且這種懷疑隨著歷史跨度的加長，就日漸放大。到近代以來，人們甚至對《春秋》的作者、《春秋》經傳的關係、《春秋》與其同時代的其他歷史文獻的關係等一系列基本問題都產生了懷疑。因此，要正確

〔註27〕馬承源主編，《上海博物館藏戰國楚竹書》（七），上海古籍出版社，2008 年12 月，第 303 頁。

理解與利用《春秋》經傳的寶貴資源，首先就要對這些問題做一個新的、符合歷史發展實際的解答。而這一系列基本問題合而觀之，則正是《春秋》經典化進程中重要的節點問題。因此，我們通過對這些問題的新解答，就會水到渠成地完成對《春秋》經典化過程的正本清源。

1、《春秋》成書的史料採擷方法新釋

與《春秋》成書密切相關的一個問題，就是其史料採擷方法，以及它與其相他關史書的關係問題。這一問題是我們探討《春秋》經典化首先要遇到的問題。關於這一問題在漢代以來形成了一個固定的說法即「春秋內外傳」說。所謂《春秋內傳》指的是《左傳》，《春秋外傳》指的是《國語》。這個問題實際上反映了《春秋》的史料選擇標準，以及《春秋》的作者對解釋《春秋》的不同類型史料的不同處理方法，由此形成了不同類型的史書，以及這些史書之間的相互關係。然而，這一說法在後來的學術發展史中不斷受到質疑，特別是近代以來，在疑古思潮影響下，這種懷疑也達到了空前的程度。許多人認為《左傳》與《國語》是沒有關係的兩部書，有人還認為二書不是同出於左丘明一人之手。對於這一懷疑，我們可以從楊伯峻的初步歸納中大致瞭解其脈絡：「《左傳》和《國語》是兩書，《國語》更不是一人所作。過去有不少學者加以論定，我只不過是加以編排整理而插以自己心得，寫成此章罷了。」〔註 28〕然而，我們在分析他所採用的論證材料，往往是晉以後之史料為多。即使是用《左傳》與《國語》自身內容進行對比，其所依據的理論也往往是宋代以後一些人的疑經思想。因此，對這一問題的反思，從材料上，我們首先要盡可能用距離《春秋》產生時代較近之史料，才可能最大限度減小史料在歷史流傳中的失真程度。所以，近半個世紀以來發現的新材料，就會給我們提供新的思路。下面我們就先利用較早的傳世文獻與新發現的出土文獻相結合的方法，對這一歷史問題進行一輪新的解答。

I、《春秋》與《左傳》的創作

關於《春秋》與《左傳》的產生，我們還要簡單回顧一下《春秋》作為史書的產生及其與先秦時期史學傳統的繼承關係。《漢書‧藝文志》記錄了《春秋》作為史學記事文體的情況：「古之王者世有史官，君舉必書，所以慎言行，昭法式也。左史記言，右史記事，事為《春秋》，言為《尚書》，帝王靡不同之。」

〔註28〕 楊伯峻，《春秋左傳注》，中華書局，1990 年 5 月第二版《前言》，第 41～46 頁。

這時的《春秋》還是春秋類史書的通用名稱，還不是專指《魯春秋》以及後來的儒家經典《春秋》。通過《漢書》的這一記載，我們可以知道，在春秋時代以前王者身邊有二種史官，分別記言論與歷史事件，記言形成的內容是「尚書」一類史書最早的原材料，記事形成的內容是後世「春秋」一類史書的原材料。在《禮記・玉藻》中也有：「右史記言，左史記事」的記錄，雖然同《漢書・藝文志》所記的「左」、「右」相反，但是在說明春秋時期存在二種史官的問題上是相同的，從而也說明先秦時期存在兩類史學傳統的事實。

對於儒家經典的《春秋》的編撰，《史記十二諸侯年表序》做了詳細的記錄：「孔子明王道，干七十餘君，莫能用，故西觀周室，論史記舊聞，興於魯而次《春秋》，上記隱，下至哀之獲麟，約其辭文，去其煩重，以制義法，王道備，人事浹。七十子之徒口受其傳指，為有所刺譏褒諱挹損之文辭不可以書見也。魯君子左丘明懼弟子人人異端，各安其意，失其真，故因孔子史記具論其語，成《左氏春秋》。鐸椒為楚威王傅，為王不能盡觀『春秋』，采取成敗，卒四十章，為《鐸氏微》。趙孝成王時，其相虞卿上采『春秋』，下觀近勢，亦著八篇，為《虞氏春秋》。呂不韋者，秦莊襄王相，亦上觀尚古，刪拾『春秋』，集六國時事，以為八覽、六論、十二紀，為《呂氏春秋》。及如荀卿、孟子、公孫固、韓非之徒，各往往捃摭『春秋』之文以著書，不可勝紀。漢相張蒼歷譜五德，上大夫董仲舒推春秋義，頗著文焉。」

這段文字說明了四層意思：

其一，在孔子生活的時期，有許多種「春秋」類的史料性圖書存在，孔子以自己有褒貶的思想為指導，選擇一部分「春秋」史料，編著了《春秋》。從此，《春秋》作為儒家六藝藍本之一，日漸經典化，《春秋》就逐漸演變成儒家經典《春秋》經的專稱了。

其二，由於孔子借《春秋》的史實，對當時社會及政治以及權勢有所譏刺，所以孔子所講解的春秋之旨只在教學時口授弟子。然而，孔子弟子繼續傳授時則出現了人人異辭的現象，左丘明怕孔子學說因此而失真，就把較為正確的孔子議論編成了《左氏春秋》。

其三，由孔子開創的在「百家春秋」取材，編撰一家之言式的「春秋」類史書的模式，在孔子之後形成了風氣，先後有《鐸氏微》（很可能是某一種「春秋」的節選本，或者是多種「春秋」的綜合節選本）、《虞氏春秋》、《呂氏春秋》。

其四，「荀卿、孟子、公孫固、韓非之徒，各往往捃摭『春秋』之文以著
　　書」，說明諸子百家著書的重要史料來源，也是所謂的百家「春
　　秋」。

《漢書·藝文志》對司馬遷的說法進行了繼承，並有所補充：「周室既微，
載籍殘缺，仲尼思存前聖之業，乃稱曰：『夏禮吾能言之，杞不足徵也；殷禮
吾能言之，宋不足徵也。文獻不足故也，足則吾能徵之矣。』以魯周公之國，
禮文備物，史官有法，故與左丘明觀其史記，據行事，仍人道，因興以立功，
就敗以成罰，假日月以定曆數，藉朝聘以正禮樂。有所褒諱貶損，不可書見，
口授弟子，弟子退而異言。丘明恐弟子各安其意，以失其真，故論本事而作
《傳》，明夫子不以空言說經也。《春秋》所貶損大人當世君臣，有威權勢力，
其事實皆形於傳，是以隱其書而不宣，所以免時難也。及末世口說流行，故
有《公羊》、《穀梁》、《鄒》、《夾》之傳。四家之中，《公羊》、《穀梁》立於學
官，鄒氏無師，夾氏未有書。」

班固接受了司馬遷的基本觀點，說明司馬遷的立論根據在漢代是受到認
可的。同時，班固對司馬遷時代尚未明確意識到的《春秋》經典化進程中，
解經著作的發展與變化情況進行了補充，其要點如下：

其一，班固肯定左丘明著《傳》是為了保存正統的孔子學說這一觀點。
　　他認為左氏「論其本事作《傳》」，我們認為這裡所說的「本事」，
　　就是孔子所記述根本史實與講述的正統的儒家見解。左丘明所作
　　之《傳》，即應該是《左傳》，正是對這些基本史實與儒家見解的
　　真實記錄。

其二，班固也認為孔子口授《春秋》是為了避時難的觀點。

其三，班固認為《公羊》、《穀梁》、《鄒》、《夾》之傳，帶有「末世口說
　　流行」的性質，也就是對孔子所傳的正統《春秋》學形成不同解
　　說流派。

以上通過對《史記》、《漢書》相關材料的分析，我們對孔子作《春秋》，
以及左丘明作《左傳》的情況有了基本的瞭解。其規律是：百家「春秋」—
—孔子編選的《春秋》，並加以褒貶，口授孔門後學——《左氏春秋》保存正
統的孔子《春秋》思想。

Ⅱ、「《春秋》內外傳說」與《春秋》、《左傳》、《國語》的史源關係

對於《國語》的創作，《漢書·司馬遷傳》是這樣記載的：「孔子因魯史

記而作《春秋》，而左丘明論輯本事以爲之傳，又纂異同爲《國語》。」這一條史料說明孔子是根據《魯史》作《春秋》，左丘明在根據孔子的本事作《傳》之後，又將那些與孔子所用史料存在出入的史料編成《國語》。這樣就首次說明《春秋》、《左傳》和《國語》之間的關係。我們今天看來，此三書可能根據的是同一批史料，《春秋》是經過孔子精心選擇的，《左傳》是忠實地記錄孔子所選定的史料以及孔子對這些史料的評價，而《國語》則是與這批史料相關的以及不相關的、當時能見到的史料的初步整理而成的著作。這一說法又被後來的學者加工成了「《春秋》內外傳說」。王充《論衡‧案書篇》：「《國語》，左氏之外傳也。左氏傳經，辭語尚略，故復選錄《國語》之辭以實。然則左氏《國語》，世儒之實書也。」就是這一說法較早的明確記載。

綜上所述，從史源學與史料採摭的角度來看，《春秋》是以魯國《春秋》爲基礎，廣泛參考了各種「春秋」類史料編撰而成的，更爲重要的是孔子主要是以口授的方式傳授給孔門弟子，因爲他要寓褒貶於講授中；在孔子之後的眾弟子對《春秋》的傳播則因人多口雜，而日漸失去孔子眞義，左丘明將孔子所憑據的史實以及孔子的見解記錄下來而成《左傳》，開啓後儒解釋《春秋》而成「傳」的先河，《左傳》即後來漢代人開始稱謂的《春秋內傳》；對於那些孔子時代存在的大量史料，有的是孔子參考過或引用過的（所謂「纂異同爲《國語》」中的「同」的部分），以及孔子沒有採用過的（所謂「纂異同爲《國語》」中的「異」的部分），左丘明又將這二類史料綜合起來編纂成《國語》，即所謂《春秋外傳》。

2、出土文獻與《春秋》經典化新證

通過上面的研究，我們認爲孔子作《春秋》時，是對當時眾多史料經過研究後，選定以魯國《春秋》爲依據，編撰儒家的《春秋》。從孔子編撰完成後，《春秋》就開始向儒家經典演變。其形成經典的標誌，就是後來不斷出現的「傳」。直到漢代形成《春秋》三傳，並先後得到學術界以及官方的認可，《春秋》經與《春秋》三傳就成爲儒家的經典。而這些解經之傳的史料與《春秋》有著共同的來源。這也是保證解經之作不失其眞的關鍵。所以，我們現在要重新認識《春秋》的產生與傳播，解《春秋》經之《傳》的形成過程及其所反映出的《春秋》經典化的規律，找到更多當時的史料就成爲關鍵。這樣，近年來大量出現的《春秋》類出土文獻就爲我們提供了重要的條件。其意義主要有以下幾個方面：

首先，大量的《春秋》類出土文獻的發現，爲我們提供了《春秋》成書時期的史料來源的背景情況。如前所述，我們目前所發現的《春秋》類出土文獻，被明確以春秋冠其名稱之前的就有兩種，即馬王堆帛書《春秋事語》和阜陽漢簡《春秋事語》；屬於記敘春秋故事類的則有慈利楚簡的相關篇章、上海博物館藏戰國楚竹書中的 20 多種〔註29〕。如此豐富的《春秋》類出土文獻，可以說爲我們重新形成了一個春秋時期史料小環境。在這些史料的對比與參照下，我們可以重新思考孔子作《春秋》是如何在眾多的史料中進行選擇與取捨，從而也就可以看出孔子在作《春秋》時所形成的最初的春秋思想。還有，通過對這些出土文獻和現有的與《春秋》相關的文獻，如《春秋》三傳以及《國語》等文獻的對比來看，就可以發現這些著作的取捨標準。這些標準也反映了對孔子思想的繼承，以及在此基礎上的發展。

其次，通過對這些《春秋》類出土文獻與傳世文獻的比較，可以重新理解《春秋》經典化的歷程，以及與同一時期相關文獻之間的內在邏輯關係。如前所述，我們通過《史記‧十二諸侯年表序》、《漢書‧藝文志》、《漢書‧司馬遷傳》以及《論衡‧案書篇》等漢以前的著作的記載，基本上都認爲《春秋》與《左傳》和《國語》是三位一體的關係，即從史源學的角度來看，《左傳》與《國語》是從內、外兩個角度解釋《春秋》經，這就是「《春秋》內外傳說」。對於這一問題，後世學者產生了越來越大的質疑。我們上面已經分析出這種質疑所用的方法、思路以及主要材料，往往是史、漢以後的，這本身就缺乏說服力。然而隨著近代疑古思潮的影響不斷高漲，這種質疑卻形成了很大的影響。現在看來，是有疑古過勇之嫌的。特別是通過對大量《春秋》類出土文獻的研究，可以說明史、漢的結論要比懷疑論者更經得起論證。這無疑會使我們從學術思潮過猶不及的影響中，走回原有的正確途徑上來。

對這一問題，李零利用出土文獻做了自己的新闡釋：「我認爲，《國語》、《左傳》和《春秋》，它們的關係可能是這樣，即《春秋》這部魯國史記，內容非常簡略（只有 16000 字），只是一個大事年表，本身沒有可讀性，作爲教材，要有輔助材料，一種是講歷史細節（即班固所說的『本事』），一種是講微言大義，兩種都是古人理解的傳。前者是《左傳》，後者是《公羊》、《穀梁》……《左傳》的作者（不管是依託，還是眞的與左丘明有關）要編這個輔助教材，

〔註29〕參見李零，《簡帛古書與學術源流》，三聯書店，2007 年 9 月，第 295 頁。

肯定是找了一大堆事語類的古書，包括各國的材料，然後拿它們當材料，按《春秋》剪裁，插進其年月順序之中，這就叫『論輯本事』，即便做不到處處對應，也還算得上貼身合體……《左傳》只是利用了其中的一部分材料，沒有採入《左傳》者，就像《詩》、《書》編定之後，還有《逸詩》、《逸書》，這是非常正常的。古人把它們視爲《左傳》的編餘稿或補充材料，把它們叫作『外傳』。」〔註30〕李零這一說法有一定的啓示意義，但是我們如果再結合《史記》與《漢書》對《左傳》、《國語》成書的記載，則對這一分析有所補充：《左傳》並不是完全出於事語類古書，還有很重要的孔子不便於書之於竹帛的內容，就如《史記》、《漢書》所說的譏刺當世之權勢的內容，只能口授於其學生。孔子學生再傳播的時候就出現了「人人異辭」的現象，左丘明是爲了防止孔子眞義的散失而作《左傳》，因此，《左傳》除博采事語類古書來輔助解《春秋》經之外，更重要的是對孔門口耳相傳的後世所謂「春秋義法」的記載與保存。

　　第三，通過對出土文獻與傳世文獻的比較，我們可以得出一個新的《春秋》經典化觀念：《春秋》的經典化是由孔子及其後學前後相繼完成的，不是一人一時完成的。事實上，《春秋》的經典化並不是由孔子一蹴而就的觀點，在近代以來已經引起了人們的注意。日本學者本田成之在其 1934 年出版的經學史著作中，就曾經大膽推測：「《春秋》是孔子的的遺志，筆之於書的，是成於孔子以後、孟子以前七十子中的一人的手，因而其傳自然是以後發生的。在孟子當時，《左氏》、《公羊》、《穀梁》三傳（據《漢志》尙有鄒氏、夾氏二傳，今已不傳）都未出來，孟子對於這等的說，還一點不知道。其證據在於孟子雖把《春秋》的價値特筆大書，然關於現今的《春秋》三傳之說，卻什麼也不曾見，只有：孟子曰：『《春秋》無義戰，彼善於此則有之矣。征者，上伐下也，敵國不相征也。』（《孟子·盡心下》）然現今的《春秋》經文，沒有所謂『征』，只有所謂『侵』與『伐』。因征與伐略似，或以伐謂之征也未可知，或今所傳的《春秋》是別一種的《春秋》也未可知。」〔註31〕本田的這一觀點由於帶有推測性質，缺乏足夠的證據，因而略顯粗糙，但也會給後來者以有益的啓示。近四分之三個世紀以後，

〔註30〕　李零，《簡帛古書與學術源流》，三聯書店，2007 年 9 月，第 298～299 頁。

〔註31〕　〔日〕本田成之著，孫俍工譯，《中國經學史》，上海書店出版社，2001 年 7月，第 63～64 頁。

有學者進行了更細緻一步的研究，得出進一步的觀點：「作爲《春秋》的一部『傳』，它的形成可能是一個較長的過程，而不一定是某一個人在短期內撰述完成的。直到漢代『著於竹帛』，寫成定本，這才題以先師之名，稱爲『穀梁傳』或者『公羊傳』。」〔註32〕當前，大量《春秋》類出土文獻中存在著類似於傳世本的《春秋》三傳的文本，也說明當時存在爲記錄口傳經典而形成的多個文本。我們認爲在分析《春秋》三傳的成書過程中，要注意這一規律的應用，特別是在分析《春秋》與《春秋》三傳的經典化進程與次序的時候更要注意這一特點。就此我們可以對《春秋》及《春秋》三傳的經典化做一個新的總結：《春秋》納入儒家教學體系後開始經典化之路，多種解釋《春秋》經之傳的形成表明《春秋》已經成爲事實上的儒家經典，到漢代《春秋》與《公羊》、《穀梁》、《左傳》先後立於官學，得到官方承認，《春秋》及其三傳正式成爲儒家經典。

第二節　荀子與儒家《春秋》的經典化

如上所述，儒家對《春秋》的經典化是孔子在參考眾多《春秋》類文獻的基礎上，重點根據魯國的《春秋》，加以改編形成的。大量出土的《春秋》類文獻與傳世本《春秋》、《國語》存在大量相同之處，就爲我們部分地恢復了孔子創作《春秋》時的學術背景。經過進一步研究，我們也認爲《春秋》的經典化是由孔子及孔門後學逐漸完成的。在《春秋》經典化的歷程上，荀子曾經起到了一個重要的承上啓下的作用。從繼承的角度來看，荀子繼承了孔子以後各家《春秋》學的優秀成果，實際上起到了集孔子之後《春秋》學之大成的作用。荀子的這一集成性的工作體現在他對《春秋》三傳思想的採擷與應用上。荀子正是通過對以《春秋》三傳爲代表的孔子後學《春秋》學思想的取捨與應用，一方面爲自己著書立說提供材料與理論支持，另一方面也就提升了《春秋》的地位，不斷增強其經典性。從發揚的角度來看，由於荀子把《春秋》與其他五經並稱，事實上確認了《春秋》的經典地位，同時由於荀子在深入把握了《春秋》學基礎上，又廣爲傳授，對漢代《春秋》三傳的經典傳承都產生了重要影響。從這一意義上說，荀子也開啓了《春秋》學在漢代經典化的先河。

〔註32〕趙伯雄，《春秋學史》，山東教育出版社，2004年4月，第55頁。

一、荀子對《春秋》經傳的採摭及其意義

自漢代以後，學者探討荀子與《春秋》之關係，往往會認爲荀子是屬於
《春秋》三傳中的某一派別。我們認爲，這是一個歷史的誤區。因爲在荀子
之時代，《春秋》三傳或者尚未成書（如《公羊傳》、《穀梁傳》），或者已經成
書，但是還沒有成爲代表性著作（如《左傳》）（對這一問題，下文詳述）。因
此，漢以後追述荀子與《春秋》三傳之關係，皆是以漢代以後《春秋》三傳
都已經成爲經典並形成了各自獨特的理論體系爲學術史背景，來考量荀子時
代之狀況。這顯然是一種撫今追昔、時代倒置性的解釋歷史發展進程的方法，
顯然是有問題的。

因此，我們現在研究荀子與《春秋》及其後世所形成的三傳之間的關係，
就要重新回到荀子的時代，以此爲起點，順流而下，按照歷史發展順序來還
原其發展軌跡。按照這樣的思路，我們認爲荀子對於《春秋》三傳，首先就
是當作自己著書立說的歷史資料來使用的。正如司馬遷《史記·十二諸侯年
表序》說：「荀卿、孟子、公孫固、韓非之徒，各往往捃摭『春秋』之文以著
書，不同勝紀。」司馬遷之所以說荀子採摭《春秋》，而未提及三傳，是因爲
此時三傳或者尚未成書，或者已經成書，但是還沒有成爲代表性著作。所以，
我們對荀子與《春秋》關係之考察，先要從探討荀子是如何採摭《春秋》經
傳入手，這樣才能正確把握荀子與《春秋》經傳之關係。

（一）荀子對《春秋》經傳的採摭

《荀子》一書中有許多與傳世本的《春秋》三傳相關的內容。這些內容
是我們研究與探討荀子與《春秋》經傳關係的基本史料。通過對這些史料的
分析，我們就可以瞭解荀子在著書立說的時候是如何處理《春秋》類文獻的。
通過這種歷史還原性的研究，我們更可以進一步探討荀子的《春秋》學立場
與方法，從而就可以說明荀子與《春秋》以及三傳經典化的關係。

1、荀子對《左傳》的採摭

關於荀子對《左傳》的採摭與取捨，馬宗霍、馬積高、趙伯雄都做出了
充分的研究，我們這裡主要的研究思路是在綜合前哲與時賢的成果基礎上，
對其規律性進行總結與理論提升。首先我們來看《荀子》一書與《左傳》內
容相同與相近的情況：

（1）《荀子·致士》有這樣的話：「賞不欲僭，刑不欲濫，賞僭則利及小

人，刑濫則害及君子。若不幸而過，寧僭勿濫；與其害善，不若利淫。」在《左傳・襄公二十六年》中有類似的話，文字略有不同：「歸生聞之：『善爲國者，賞不僭而刑不濫。』賞僭，則懼及淫人；刑濫，則懼及善人。若不幸而過，寧僭無濫。與其失善，寧其利淫。無善人，則國從之。《詩》曰：『人之云亡，邦國殄瘁。』無善人之謂也。」這段話描寫了蔡人聲子與楚令尹子木的對話。

（2）《荀子・議兵》：「齊桓、晉文、楚莊、吳闔閭、越句踐，是皆和齊之兵也，可謂入其域矣，然而未有本統也，故可以霸而不可以王。是強弱之效也。」《荀子・王霸》：「故齊桓、晉文、楚莊、吳闔閭、越句踐，是皆僻陋之國也，威動天下，強殆中國，無它故焉，略信也。是所謂信立而霸也。」馬積高先生根據這兩段話，認爲五霸並稱是據《左傳》爲說的〔註33〕。

（3）馬宗霍認爲：「《荀子・正名》篇之旨，本於《左傳》的『不可假人』」；《荀子・王霸》篇言『公侯失禮則幽』本於《左傳》『諸侯相執稱人』之義。」〔註34〕對於這一觀點，馬宗霍的學生馬積高則認爲：「正名說亦見《論語・子路》，其餘多爲歷史上的禮制，未必定爲發明《春秋》微旨之言，也可能別有所據。〔註35〕

從《左傳》的行文與《荀子》的行文比較來看，二書相似部分有二種之可能。第一種可能是《荀子》採用了《左傳》的史料；第二種可能是《荀子》與《左傳》的作者採用了共同的史料。對於後一種可能，在我們今天已經發現了大量的春秋時期出土資料的情況下，更應該引起我們的重視。如果這一可能得到進一步的史料支持，將會使我們研究早期的《春秋》成書狀況，以及《左傳》一類解經之傳的形成規律，還有《荀子》一類的子書成書方法及其與《春秋》經傳一類古書的關係，有新的開拓之可能。

2、荀子對《公羊傳》的採摭

荀子對《公羊傳》的採摭問題，現有的研究成果主要是從兩個思路上取得的：

其一，從《荀子》一書與《公羊傳》在文本內容的相同或相關性方面加以分析。這一方面的代表是趙伯雄的研究：「《大略》篇云：《春秋》賢穆公，以爲能變也。這是以肯定語氣來引證《春秋》的，而所謂『《春秋》賢穆公』，

〔註33〕馬積高，《荀學源流》，上海古籍出版社，2000 年 9 月，第 156 頁。
〔註34〕馬宗霍，《中國經學史》，上海書店出版社，1984 年 4 月，第 25 頁。
〔註35〕馬積高，《荀學源流》，上海古籍出版社，2000 年 9 月，第 156 頁。

不見於《左傳》，亦不見於《穀梁傳》，唯文公十二年《公羊傳》曰『秦伯使遂來聘。遂者何？秦大夫也。秦無大夫，此何以書？賢穆公也。何賢穆公？以爲能變也。』《公羊傳》認爲《春秋》所以記載『秦伯使遂來聘』，是對秦穆公的褒揚。這當然是《公羊傳》的一家之言，然此義確乎被荀子繼承下來了。又如《大略篇》云：『《春秋》善胥命』，指桓公三年《春秋》經云『齊侯、衛侯胥命於蒲』……《公羊傳》認爲《春秋》經所以將此事記作『胥命於蒲』，是含有深義的，是對齊、衛雙方講誠信的肯定。荀子說『《春秋》善胥命』，正是接受了《公羊傳》的這種觀點。此外，《王制》說『（齊）桓公劫於魯莊』，此事也只有《公羊傳》上記載，這正好說明荀子是採用了《公羊》之義的。」〔註36〕

　　其二，通過對荀子思想與《公羊傳》思想的比較研究，而認爲荀子與《公羊學》之間有著傳承關係。這一方法的代表是蔣慶的《公羊學引論》。在此書中，作者通過荀子與《公羊傳》的七個重要義法的相關性說明荀子是傳《公羊》學的。這七個方面的義法是：1、荀子傳公羊「通三統」之說；2、荀子傳公羊「大一統」之義；3、荀子傳公羊「譏世卿」之義；4、荀子傳公羊「民貴君輕」之義；5、荀子傳公羊「異內外」之義；6、荀子傳公羊「三代改制質文」之義；7、荀子傳公羊「禮制」。〔註37〕

3、荀子對《穀梁傳》的採摭

　　從現有的研究成果來看，《荀子》採摭《穀梁傳》，主要有以下幾個方面的內容：

　　（1）《荀子·禮論》云：「禮有三本：天地者，生之本也；先祖者，類之本也；君師者，治之本也。……故王者天太祖，諸侯不敢壞，大夫士有常宗，所以別貴始；貴始得之本也。……故有天下者事七世，有一國者事五世，有五乘之地者事三世，有三乘之地者事二世，持手而食者不得立宗廟，所以別積厚者流澤廣，積薄者流澤狹也。」趙伯雄先生認爲荀子這段話的意思可能是來自《穀梁傳·僖公十五年》云：「己卯，晦，震夷伯之廟。晦，冥也。震，

〔註36〕趙伯雄，《春秋學史》，山東教育出版社，2004年4月，第89頁。
〔註37〕參見：蔣慶，《公羊學引論》，遼寧教育出版社，1995年，第79～81頁。

－141－

雷也。夷伯，魯大夫也。因此以見天子至於士，皆有廟。天子七廟，諸侯五，大夫三，士二。故德厚者流光，德薄者流卑。是以貴始德之本也。」〔註38〕

（2）《荀子·大略》中云：「誥誓不及五帝，盟詛不及三王，交質子不及五伯。」學者馬宗霍、趙伯雄都認爲這段話來自於《穀梁傳·隱公八年》：「誥誓不及五帝，盟詛不及三王，交質子不及二伯」。〔註39〕

（3）《荀子·大略》中云：「貨財曰賻，輿馬曰賵，衣服曰襚，玩好曰贈，玉貝曰唅。賻賵，所以佐生也；贈襚，所以送死也。送死不及柩屍，弔生不及悲哀，非禮也。故吉行五十，奔喪百里，賵、贈及事，禮之大也。」而《穀梁傳·隱公元年》：「乘馬曰賵，衣衾曰襚，貝玉曰含，錢財曰賻。」二文在大義上基本相同，只不過是詳細不同，這也說明二者有相互借鑒的情況。

《荀子》一書中這三段與《穀梁傳》相關的內容，實際上是荀子在行文中將《穀梁傳》的內容很自然地嵌入《荀子》一書當中。從引用的角度來看，也屬於暗引或者說是間接引用。因此，《荀子》一書與《穀梁傳》的關係，更符合司馬遷所謂「採摭《春秋》以著書」之說。

（二）荀子與《春秋》經傳關係新探

現在大家已經較爲普遍地接受荀子的《春秋》學是「兼采三傳」的觀點。〔註40〕然而通過上面對《春秋》三傳成書時代的考察，我們發現根據荀子後世形成的三傳體系來歸納荀子時代的思想是屬於三傳中的哪一派，就是以今釋古式的思路，顯然是有問題的。同樣，荀子「兼采三傳」也有不嚴密的問題存在。

首先，我們在這裡不妨以《左傳》與《荀子》的關係爲例，來作具體說明。學者們在發現《荀子》與《左傳》存在著相同內容的同時，也發現了二者在立場上不同的內容。趙伯雄對這一問題進行了歸納：「《荀子》之中雖有與《左傳》之義相合之處，但也有不少地方與《左傳》明顯不合。從這個角度看，也很難說荀子是《左傳》的傳人。例如對齊桓公的評價，《荀子·仲尼》稱他『外事則詐邾襲莒，併國三十五，其事行也若是其險污汰也』，而《左傳》

〔註38〕趙伯雄，《春秋學史》，山東教育出版社，2004年4月，第89～90頁。

〔註39〕馬宗霍，《中國經學史》，上海書店出版社，1984年4月，第25頁。又見：趙伯雄，《春秋學史》，山東教育出版社，2004年4月，第90頁。

〔註40〕見馬宗霍，《中國經學史》，上海書店出版社，1984年4月，第25頁。又見：趙伯雄，《春秋學史》，山東教育出版社，2004年4月，第90頁。

對齊桓公在當時諸侯國中的作用多所肯定，稱讚他『救患、分災、討罪，禮也』，承認他『以禮與信屬（會合也）諸侯』，而所謂詐邾襲莒，均不見載於《左傳》」〔註41〕。趙伯雄還舉了另外兩個《荀子》與《左傳》觀點不同的例子，一個例子是關於子產評價的問題；另一個例子是對於「妖」的看法。在這兩個問題上，《荀子》與《左傳》的立場是截然不同的，形成了鮮明的對比。趙伯雄的結論是：「此外，《荀子》一書中講到春秋史事，與《左傳》所記不同者還有不少，這些都應該看做是荀子不完全遵用《左傳》的顯證。如果說左氏是戰國時代《春秋》學諸多家派中的一支的話，荀子的《春秋》學顯然不應該是屬於這一家派的。」〔註42〕通過趙伯雄的論證，說明荀子的《春秋》學不屬於《左傳》派，那麼就可能是對《左傳》派思想的繼承與批判後的超越派，或者是與《左傳》有共同史料來源的一派。

荀子的《春秋》學不屬於《左傳》家派。與此同時，雖然在《荀子》一書中也有許多與《公羊》、《穀梁傳》相同或相近的內容，但是由於在荀子時代《公羊》與《穀梁》尚未形成如《左傳》那樣的規模與影響，所以如果我們深入比較，恐怕也會發現荀子的《春秋》學也不屬於《公羊》與《穀梁》二者中的任何一個家派。下面我們再從《春秋》三傳的成書規律上來進一步探討荀子與《春秋》經傳的關係。

根據現有史料的記載，在荀子生活的時代很可能只有《左傳》成書，而其他二傳成書都應該在漢代。《左傳》成書的最為明確的記錄是《史記・十二諸侯年表序》：「孔子明王道，干七十餘君，莫能用，故西觀周室，論史記舊聞，興於魯而次《春秋》，上記隱，下至哀之獲麟，約其辭文，去其煩重，以制義法，王道備，人事浹。七十子之徒口受其傳指，為有所刺譏褒諱挹損之文辭不可以書見也。魯君子左丘明懼弟子人人異端，各安其意，失其真，故因孔子史記具論其語，成《左氏春秋》。」關於《公羊傳》成書較明確的記載是唐人徐彥為《公羊傳》所作疏解中引漢人戴宏說：「子夏傳於公羊高，高傳於其子平，平傳於其子地，地傳於其子敢，敢傳於其子壽。至漢景帝時，壽乃共弟子胡毋子都著於竹帛。」關於《穀梁傳》的成書，最早的完整記錄是《漢書・儒林傳》：「瑕丘江公受《穀梁春秋》於魯申化，傳子至孫為博士。」唐楊士勳《春秋穀梁傳序疏》載：「穀梁子，名俶，字元始，魯人。一名赤。

〔註41〕趙伯雄，《春秋學史》，山東教育出版社，2004年4月，第87頁。
〔註42〕趙伯雄，《春秋學史》，山東教育出版社，2004年4月，第88頁。

受經於子夏，爲經作傳，故曰《穀梁傳》。傳孫卿，孫卿傳魯人申公，申公傳博士江翁，其後魯人榮廣大善《穀梁》，又傳蔡千秋。漢宣帝好《穀梁》，擢千秋爲郎，由是《穀梁》之傳大行於世。」因此，荀子與《公羊傳》、《穀梁傳》的關係與《左傳》類似，或者是對二者進行了繼承與批判後的合理超越派，或者是與二者有共同史料來源。

因此，如果從歷史實際來思考，荀子同《春秋》三傳的關係準確地說是採摭與應用的關係。所謂採摭是對當時各家解釋《春秋》的學說加以選擇，所謂應用就是利用這些經過選擇的觀點構建自己的學說。因此，荀子不一定是完全繼承《左傳》，也不可能完全繼承《公羊傳》、《穀梁傳》，而是有取捨和應用。這種取捨與應用，很可能是根據孔子真義而做選擇。同時，也有可能根據時代需求，取不悖於孔子原旨而有所發揮的說法。這樣也就完成了與時俱進。荀子也同左丘明一樣「懼弟子人人異端，各安其意，失其真，故因孔子史記具論其語」，在繼承左氏保護孔子《春秋》真義精神的同時，也豐富了《春秋》思想，促進了《春秋》的經典化。

二、荀子對儒家《春秋》經典化的推進

荀子一方面要吸取歷史經驗教訓，一方面也對包括傳世的《春秋》三傳在內的眾多《春秋》傳類作品進行選擇，以保證《春秋》學的發展按照孔子既定的方向發展，而不至於誤入歧途。這樣就事實上堅持了孔子的《春秋》學方向，也促進了《春秋》的發展，日益走向儒家經典的地位。正是在這一過程中，荀子開始將《春秋》與儒家其他五經並稱，並且對孔子所開創的《春秋》學要旨進行了理論抽象與概括。進而，荀子通過自己對《春秋》的應用與講授、對眾多《春秋》傳類作品的選擇與推介，對《春秋》及三傳在漢代取得官方主流地位打下了堅實的基礎。

（一）荀子對《春秋》作爲儒家經典地位的確認與強化

荀子的學術活動在春秋戰國末年。這時孔子之學經七十子發揚，及孟子的集成，已經有了一定的規模與系統。與此同時，孔子所教授的六藝，由學生的不斷記錄整理，也逐漸開始上升爲儒家的經典。荀子接續孔門正統，開始逐漸對這些成績加以整理與推進。這一推進工作的表現有二。其一，就是通過不斷將已經具備經典特徵的儒家六藝當作經典稱引，加強了

六經觀念的確立；其二，對六經各自在儒家思想體系中的突出特點進行了畫龍點睛式的凸顯，從而形成了六經觀念。這實際上就完成了六藝文本作爲儒家經典的定位。這六經中，《詩》、《書》、《禮》、《樂》在荀子時已經基本成爲共識，而此外的《易》與《春秋》經典地位的確定，荀子應該是做出了重要的貢獻。

《荀子·勸學》有言：「學惡乎始？惡乎終？曰：其數則始乎誦經，終乎讀《禮》；其義則始乎爲士，終乎爲聖人。眞積力久則入，學至乎沒而後止也。故學數有終，若其義則不可須臾舍也。爲之，人也；舍之，禽獸也。故《書》者，政事之紀也；《詩》者，中聲之所止也；《禮》者，法之大分，類之綱紀也。故學至乎《禮》而止矣。夫是之謂道德之極。《禮》之敬文也，《樂》之中和也，《詩》、《書》之博也，《春秋》之微也，在天地之間者畢矣。」在這段話中，荀子從學習的角度談人們該如何通過學習儒家所主張的各種「經」，並以《禮》的精神與要求爲最終的歸宿，最後在「天地之間」而達到「道德之極」。這就把《春秋》納入了儒家經典教育的體系中，擔負著重要的職責，並且對這一職責進行了明確的理論提升，稱之爲「微」，即後來所謂的「微言大義」。在《荀子·儒效》中，荀子對《春秋》的經典地位及其在儒家經典體系中的分工進行了再次的確認與論證：「聖人也者，道之管也。天下之道管是矣，百王之道一是矣。故《詩》、《書》、《禮》、《樂》之歸是矣。《詩》言是其志也；《書》言是其事也；《禮》言是其行也；《樂》言是其和也；《春秋》言是其微也。」

正如徐復觀所說：「站在經學史的立場，把《春秋》與《詩》、《書》、禮、樂組在一起，是一件大事。」〔註43〕我們認爲，這個評論的言外之意就是荀子開始，已經正式把《春秋》接納到儒家經典系列中，也就是確認了它在儒家經典體系中的地位。同時，我們要補充強調的是，荀子是繼孟子之後對所謂「其義則丘竊取之」的「春秋之義」進行了進一步的說明，即認爲這種「義」是微言大義。

（二）荀子對孔子《春秋》義法的應用與探索

荀子確定《春秋》經典地位的另一個具體方法就是對「春秋之微」的具體領會與實踐應用。這就表現在面對相同的史料，荀子與孟子及《左傳》

〔註43〕徐復觀，《徐復觀論經學史二種》，上海書店出版社，2005年1月，第33頁。

等其他孔子後學的理解有不同的層次之分。比如齊桓、晉文之事孟子是從一般的歷史事件的現實意義加以評論即當作「時事政治」，就一時之功效來論其功過。而荀子則是要進一步分析，將其納入整個歷史發展進程中加以參驗，要看其「歷史意義」，這或許就是荀子所理解的孔子所引而不發、孟子以義稱之、荀子則以「微」論之的《春秋》之「義」。「荀子似乎並不認爲《春秋》是史文，如同孟子所說的那樣。前引《勸學》、《儒效》那兩段話裏，《書》是與『事』、『政事』對應著的，因此《書》應當屬於『史』的範疇；而《春秋》是與『微』對應，用今人的話講，《春秋》應當屬於政治哲學。在這一點上，荀子對《春秋》的定性似乎更抓住了它的本質……荀子對以齊桓爲首的王霸評價很低……由於荀子更強調《春秋》的『微』，而漠視《春秋》的『事』，因而『羞稱五霸』云云與『其事則齊桓、晉文』之間的矛盾顯得不那麼突出」〔註44〕

　　對於這一觀點，我們可以再從《荀子》一書的相關內容上加以比較。《荀子・仲尼》：「仲尼之門人，五尺之豎子言羞稱乎五伯。是何也？曰：然。彼誠可羞稱也。齊桓，五伯之盛者也，前事則殺兄而爭國；內行則姑姊妹之不嫁者七人，閨門之內，般樂奢汰，以齊之分奉之而不足；外事則詐邾襲莒，并國三十五。其事行也若是其險汙淫汰也。彼固曷足稱乎大君子之門哉！若是而不亡，乃霸，何也？曰：於乎！夫齊桓公有天下之大節焉，夫孰能亡之？倓然見管仲之能足以託國也，是天下之大知也。安忘其怒，出忘其讎，遂立以爲仲父，是天下之大決也。立以爲仲父，而貴戚莫之敢妬也；與之高、國之位，而本朝之臣莫之敢惡也；與之書社三百，而富人莫之敢距也。貴賤長少，秩秩焉莫不從桓公而貴敬之，是天下之大節也。諸侯有一節如是，則莫之能亡也；桓公兼此數節者而盡有之，夫又何可亡也？其霸也宜哉！非幸也，數也。然而仲尼之門人，五尺之豎子，言羞稱乎五伯，是何也？曰：然。彼非本政教也，非致隆高也，非綦文理也，非服人之心也。鄉方略，審勞佚，畜積修鬥而能顚倒其敵者也。詐心以勝矣。彼以讓飾爭，依乎仁而蹈利者也，小人之傑也，彼固曷足稱乎大君子之門哉！」

　　這一大段的議論，顯然是非常明確地表達了荀子所代表的儒家對以齊桓公爲代表的所謂「五霸」事業的否定，這就與孟子帶有隱喻意味的肯定《左

〔註44〕趙伯雄，《春秋學史》，山東教育出版社，2004年4月，第85～86頁。

傳》的立場形成了比較明顯的對壘之勢。這本身就是在「透過現象看本質」，實際上已經表明了荀子的褒貶態度，這也正是荀子所要發揮的孔子的「《春秋》之微」的具體示範。經過這一探索，不但生動地說明了孔子所發明的春秋之義法的具體效果，也同時突出了《春秋》的經典意義。

（三）荀子對《春秋》三傳家法的超越及其經學史意義

學術界對漢以後《春秋》三傳各自日漸森嚴的家法觀念缺陷已經有了較為清醒的認識。從宋代的葉夢得、朱熹開始，學者已經逐漸形成了一個共識「《左傳》傳事不傳義，《公》、《穀》傳義不傳事」。〔註45〕通過前邊的研究，我們對荀子與《春秋》經傳的關係進行了探討，從學術史上的記載來看荀子與《春秋》三傳的傳承都有著千絲萬縷的聯繫。我們認為，對荀子與《春秋》三傳傳承的記載，時代越後的著作描寫得越詳細，這自然有層累說的可能。因此，我們也不認為荀子與每一傳的關係就如後世著作所描述得那樣明確，而是認為荀子對這些著作採取了全面吸收與整理的工作，因而是超越於任何一家之學的超越派。

荀子之所以能夠做到對《春秋》三傳家法局限性的超越，是因為他在對《春秋》學的研究與教學過程中，由於對戰國末年時代主題的劇烈變動的不斷思考，在不同的歷史時期內對不同家派的學說有了不同的理解。「荀子對《春秋公羊傳》的學習和教授當在居於稷下學宮之時。荀子是趙人，早年在趙地生活學習，《春秋左氏傳》的產生流傳地域在趙地附近，所以荀子學習和教授《春秋左氏傳》很可能是在居於趙地的早年時期……荀子一生思想的發展是有脈絡可循的，荀子早年學習儒家的傳統思想，偏重於古代禮樂制度。中年居於稷下學宮開始創立新說，主張法後王。晚年見秦政之暴，弟子李斯相秦，荀子為之不食，荀子思想發生了一定的變化……荀卿晚年的思想變化和蘭陵的人文環境對《春秋穀梁傳》形成『親親上恩』的學術特色起到了決定性作用，從而與《春秋公羊傳》大義滅親和劇烈變革的學術特色完全對立。」〔註46〕由此觀之，荀子對《春秋》三傳的學習與教授，有著一定的時間段特點，這也是針對不同時代主題所做的選擇。所以，我們也可以說時代主題意識是

〔註45〕參見：〔日〕本田成之著，孫俍工譯，《中國經學史》，上海書店出版社，2001年7月，第66頁；沈玉成、劉寧，《春秋左傳學史稿》，江蘇古籍出版社，1992年6月，第55頁。

〔註46〕楊德春，《荀子與〈春秋穀梁傳〉》，載《安陽師範學院學報》，2009年第1期。

荀子繼承與發揚《春秋》經傳思想的宗旨所在，他是用時代主題超越了狹隘的門派家法。

　　荀子對三傳特別是公、穀的採用，對於保存孔子真義，有一定的功效。比如荀子與《公羊傳》的關係，馬積高認為「惟嚴可均所舉『善胥命』（胥，相也）一語，差可謂發其隱微（《公羊傳》晚出，或係本《荀子》為說，但孤證不足以定傳授關係），然其例亦罕矣。故我以為，荀子所受《春秋》的影響，主要是從中吸取歷史的經驗教訓，尚不如後世經學家那樣，專意於《春秋》的『微言大義』」。〔註47〕荀子在採用《春秋》著書的同時，還要對孔子解釋《春秋》的成果加以繼承。由於孔子解《春秋》，往往有針砭時弊之言論，所以不方便記之於竹帛，故口耳相傳。這就導致其後學形成不同的派別。應該說後世的三傳基本上在荀子時代都已經形成了一定規模，只不過是沒有像漢代立於官學那樣顯赫。然而，當時的派別一定有很多，所謂三傳是經歷史選擇最終留傳下來的。當前大量出土的《春秋》類文獻，就說明了這種可能性。在荀子時代應該還有更多的《春秋》之傳、記之類的文本存在。然而，眾口異辭，有的往往與孔子原意越來差別越大，通過今天的文獻記載，公、穀二傳就是例子，正是由於二者「口說」嚴重，已可能有違孔子原意，才有左丘明論輯本事之作《左傳》。

　　綜上所述，荀子對《春秋》經典化建設的貢獻主要體現在兩個方面：第一，如上所述強化孔子納《春秋》入儒家六藝教育體系的經典意義，並且對其在儒家經典體系中的地位進行了明確的理論定位；第二，荀子通過對《春秋》學各家學說的兼收並蓄，並按照孔子的宗旨加以選擇，從而避免了各家學說「眾說異辭」的現象，在此基礎上通過自己的講學使具有代表性特點的《春秋》學思想得以廣泛傳播，為漢以後《春秋》三傳先後成為儒家經典奠定了基礎。

〔註47〕馬積高，《荀學源流》，上海古籍出版社，2000年9月，第156頁。

結　語

　　如果我們稍作反思，迄今爲止的中國傳統學術現代化有一個特點是不會引起爭議的，那就是主要是以西方的模式重構中國學術。因此，當我們今天要進一步推動中國學術研究方法繼續發展的時候，就要對這一特點進行評價與定位，然後找到除舊布新的起點。從發生學的視角來考察，思想史學科在中國的發生是近代中國學術與西方學術相會後，學術研究分科化的結果之一。因此其研究方法、研究範圍與內容等就必然會帶有鮮明的時代特點。本文在反思荀子思想研究方法的基礎上，以荀子與儒家六藝經典化爲切入點，對荀子思想研究方法的更新進行了新的探索。從近代學術發展史這一大的背景來看，也可以說是對思想史研究走出固定模式所做的一次個案研究。爲了使這一個案研究能夠具有更加普遍的學術思想史意義，最後再對這一研究做一下理論的概括與總結。

一、荀子思想的西方式解讀與歷史性解讀

　　本文通過對近代以來荀學研究史的梳理與總結，發現自近代荀學研究復興以來，已經形成了兩種固定的模式，或者說叫做兩個固定的論域：西方式解讀與歷史性解讀。在前文的探索基礎上，再對這兩種模式的主要方法做進一步的概括如下：

　　西方式解讀模式：將荀子思想研究以天論、性論（或曰人性論，發展到後來直接以性惡論代替荀子的性論）以及認識論，或者是以荀子的政治思想、荀子的經濟思想、荀子的倫理思想、荀子的心理學等等爲理論框架來進行研

究。這種模式實際上就是用西方學術思維解讀荀子思想。我們將這一模式概括爲荀子思想的西方式解讀。

　　同荀子思想的西方式解讀相對應的第二種模式是荀子思想的歷史性解讀。這一研究模式是以學術思想的歷史發展爲線索，將荀子思想按時代劃分進行研究，於是就有了漢代荀學、魏晉隋唐荀學、宋元明荀學、清代荀學、近代荀學的劃分。這一研究方法，在近代之前的荀學研究中是主要的模式。我們要研究近代以前的荀學發展史，就要從不同時代人的記述中總結出不同時代的荀學成果。我們將這一研究模式概括爲荀子思想的歷史性解讀。

　　這裡需要指出的是，近代以來，學者對荀子思想做歷史性解讀的時候，其使用的方法大多是西方式的。因此，從這一角度來看，二種模式在近代相遇後又有了主從關係，即從總體上看，西方式解讀是主要的模式。

二、固定研究模式下層累的荀學體系與循環遞減的荀子本義

　　我們通過對當前荀子思想研究方法的總結發現，在近代學科重構與傳統繼承的雙向作用下，荀子思想研究的兩種模式形成了兩個相互悖反的結果：一方面，隨著秦漢以來二千多年學術史研究的積累，形成了層累疊加的荀學體系；另一方面，在後來學者視野中的荀子本義，卻由於不斷地被時代剃刀削足適履而循環遞減。

（一）關於層累的荀學體系問題

　　所謂層累的荀學體系問題，是在顧頡剛「層累地造成古史說」的啓發下，對荀學做學術發展史考察的結果。把握這一問題要從以下三個層面逐漸理解：

　　首先要同中國文化的延續性特點相聯繫。中國文化的延續性在世界文明發展史中是獨具特色的。由於不同的時代有不同的主題，所以中國文化在以儒家文化爲主流傳承的同時，也在不同時代形成了不同的特點。這一現象，梁啓超較早地進行了總結：「今之恒言，曰『時代思潮』。此其語最妙於形容。凡文化發展之國，其國民於一時期中，因環境之變遷，與夫心理之感召，不期而思想之進路，同趨於一方向，於是相與呼應洶湧，如潮然。……有思潮之時代，必文化昂進之時代也。其在我國，自秦以後，確能成爲時代思潮者，則漢之經學，隋唐之佛學，宋及明之理學，清之考證學，四者而已。」〔註1〕

〔註 1〕梁啓超，《清代學術概論》，東方出版社，1996 年，第 1 頁。

時代思潮對傳統思想的影響，同樣也是西方史學界關注的課題，克羅奇的著名理論「一切真歷史都是當代史」〔註2〕就是一個典型的代表。

其次要同儒家文化發展的階段性特點相聯繫。儒家文化從漢代開始，每一時期的發展都打上了鮮明的時代烙印：漢代以經學方式解儒，增加了諸多家法與說解，極端時對《尚書》「曰若稽古」四字之解說竟達十數萬言。魏晉用玄學思潮解儒，唐宋用佛學解儒，明清樸學釋儒。由此可見，儒家文化的傳承是不斷被附加上了不同時代之思想成分，最後形成了一個歷史潮流的合集。

最後具體到荀學的演變規律上來。不同時代對荀子有不同時代的理解，正如前面所述：有尊荀——抑荀之傳統、有傳經之爭論的傳統、有唯物主義之荀子、有西方式解讀之荀子等等。經歷過學術史洗禮的荀學也成為不同時代之思潮的歷史合集。

這樣就使我們後世對荀子的理解必然要面對附加了不同時代觀念的荀學體系。這種被多重時代觀念包裹起來的荀子思想，其原始意義必然就會日漸隱晦。所以，這一問題是我們推進荀子研究首先要解決的問題。

（二）關於後世學者對荀子本義循環遞減的理解問題

正是由於歷代學者對荀子思想的解讀，在自覺與不自覺間都是在因循中用自己時代之主題加以闡述，因而在形成了越來越豐富的解讀成果的同時，也使荀學本義被時代剃刀不斷地剪裁，因而日漸式微。有人可能會提出相反的質疑：不同時代對荀子思想的解釋對荀子思想難道就沒有發展麼？對於這個問題，我們可以從幾個方面來解答。

首先，從儒家思想的演變過程來看。我們知道，以孔孟荀為代表的原始儒家同漢代以後的儒家思想有一脈相承的源流關係。但是，我們也可以從梁啟超為代表的近代學者的總結來看，漢代以後，儒家思想代有其特點。綜合近代之研究成果，可分為漢代經學、魏晉玄學、宋明理學、清代樸學。我們通過這些研究成果可以發現，一方面正如上文所述，儒學的發展不斷地受時代主題影響，被打上了時代烙印；另一方面，我們還可以發現，時代主題對

〔註2〕克羅奇，《歷史學的理論和實踐》（History： Its Theory and Practice. New York, Harcourt, brace and Co., 1923, P12），轉引自何兆武、陳啟能主編，《當代西方史學理論》，中國社會科學出版社，1996年，第154頁。

－151－

儒家思想的影響主要表現在學與術的關係方面。從某種程度上，儒家思想影響的演變是「以術變學」的過程。這實際上，就是用政治主導學術，正如海外學者所謂的儒家的制度化。對於這一特點，我們從中國學術史的文獻中也可以找到論據。司馬談《論六家要旨》「太史公學天官於唐都，受易於楊何，習道論於黃子。太史公仕於建元元封之間，愍學者之不達其意而師悖，乃論六家要旨曰：易大傳『天下一致而百慮，同歸而殊途』。夫陰陽、儒、墨、名、法、道德，此務爲治者也，直所從言之異路，有省不省耳。」〔註3〕曾博學天官、易、道論等諸家學說的司馬談認爲陰陽、儒、墨、名、法、道德六家的要旨是「務爲治者也」。班固亦有相近之論述：「諸子十家，其可觀者九家而已。皆起於王道既微，諸侯力政，時君世主，好惡殊方，是九家之說蜂出並作，各引一端，崇其所善，以此馳說，取合諸侯。」〔註4〕所謂取合諸侯之說，也就要以政治思想爲主。我們經常對黑格爾對儒家思想的評論進行反駁，認爲他沒有瞭解儒家文化的眞相，這是毫無疑問的〔註5〕。但是我們也要想一下，黑格爾爲什麼會有這樣的觀點？這主要是因爲他對儒家思想的瞭解，主要是借助於 18、19 世紀西方傳教士等人對儒家文化的介紹，那已經是政治化的儒家思想了。

大約在同一時期，中國的思想家對傳統儒家思想的政治化進行了反思，耐人尋味的是，他們都將儒家思想的政治化追溯到了荀子。主要代表是譚嗣同倡之於前，梁啓超和之於其後的「二千年荀學說」。雖然我們不能同意二人將儒家思想政治化歸咎於荀子，但是我們可以從另一個側面發現他們對荀子思想的片面理解。這可以說是荀學本義被減化，或曰被狹窄化理解的有力證據。

〔註3〕　司馬遷，《史記·太史公自序》，中華書局，1959 年，第 3288～3289 頁。
〔註4〕　班固，《漢書·藝文志》，中華書局，1962 年，第 1746 頁。
〔註5〕　黑格爾對儒家思想的評論體現在他對孔子的評論上：「我們看到孔子和他的弟子們的談話〔按即《論語》——譯者〕，裏面所講的是一種常識道德，這種常識道德我們在哪裏都找得到，在哪一個民族裏都找得到，可能還要好些，這是毫無出色之點的東西。孔子只是一個實際的世間智者，在他那裡思辨的哲學是一點也沒有的——只有一些善良的、老練的、道德的教訓，從裏面我們不能獲得什麼特殊的東西。西塞羅留下給我們的「政治義務論」便是一本道德教訓的書，比孔子所有的書内容豐富，而且更好。我們根據他的原著可以斷言：爲了保持孔子的名聲，假使他的書從來不曾有過翻譯，那倒是更好的事。」載黑格爾著，賀麟、王太慶譯，《哲學史講演錄》，商務印書館，1996 年，第 119～120 頁。

其次，我們從宏觀歷史考察的觀點看，荀子思想也可能存在被減化理解的可能。這裡我們可以用「軸心時代」這一廣爲傳播的觀點加以說明。在雅斯貝爾斯看來，我們當前的文明，仍然沒有超過軸心時代所取得的成就。我們如果思考一下中西方思想演變史，就可以發現這一觀點有其正確性的根據。西方的文藝復興、啓蒙運動等劃時代性的文化更新運動，都是以重新回到經典，返本開新的形式完成的。而中國的漢代經學、宋明理學等的產生，也同樣是走了這樣的理路。因此，我們說當前的荀子思想研究，在被時代學術思潮不斷剪裁的過程中，其本義有循環遞減的可能。

三、荀子與六藝經典化個案研究的「公約性」意義

通過對當前荀子思想研究所形成的兩種模式，及其對當前的荀子思想研究所形成的影響的反思，本文以荀子與儒家六藝經典化研究爲個案，在結合出土文獻做返本開新研究的基礎上，嘗試在思想層面經過中西知識的整合取捨，重構荀子與六藝經典化的歷程與規律，使其既恢復了中國思想之本源特點，又能以融會中西的視野加以準確地把握。我們所嘗試的方法論之應用有以下二點：

（一）層累的荀學體系問題的解決

對於這一問題我們採取歷史還原的方法，以求恢復荀子思想原始的歷史環境，以求達到返本開新之效果。具體做法是將二重證據法與歷史語境的研究方法結合起來應用。

二重證據法是王國維所提倡的利用出土文獻與傳世文獻互證的研究方法。這對於我們開拓近代學術研究的新境界起到了劃時代之意義。這種方法對於研究成果的確定性提供了雙重證據，從而也就爲我們擺脫層累的時代觀念提供可能。歷史語境的研究方法是劍橋學派對思想史研究方法的一個重要推進。這一方法認爲沒有脫離語境的無時間限制的恒久眞理，因此必須從產生經典文本的社會和歷史背景中研究思想的產生及其意義。正如該學派的傑出代表人物昆廷・斯金納（Quentin Skinner）所言：「在我看來，試圖以是否能夠爲那些經典文本中所謂的『恒久問題』提供答案作爲這一學科的基礎是完全站不住腳的，若從這樣的角度研究這一學科，我認爲將使這一學科變得極其幼稚。任何言說必然是特定時刻特定意圖的反映，它旨在回應特定的問

題，是特定語境下的產物，任何試圖超越這種語境的做法都必然是天眞的。」
〔註6〕

　　把二重證據法與歷史語境研究法相結合，既保證了研究成果的實證性與本源性，又保證了研究成果的歷史性，同時又具有了中西方法相結合之特點。

　　具體到荀子與儒家六藝經典化研究方面，我們主要是利用荀子同時代以及盡可能距離荀子較近時代的傳世文獻與出土文獻，重構荀子思想產生的歷史語境。這樣就會對我們擺脫學術史的歷史積累所造成的層累的荀學體系，盡可能恢復荀學本來面目提供可能。在這一方面，近年新出土的地下文獻，爲我們恢復荀子與儒家六藝研究的歷史語境，重新認識荀子思想本義，提供了難得的新資料。這些出土文獻對於我們穿越歷史時空，重新認識傳世文獻的本義提供了準確的證據。

（二）荀子與儒家六藝經典化研究的「公約性」意義的探求

　　荀子思想作爲近代中國思想史的內容之一，當然也具有被西方模式建構之學科特點。因此，要對其研究方法加以革新，就必然涉及如何處理中西學術關係的問題。我們認爲中西學術的發展有一點是共同的：那就是學術研究向逐漸深入的層次發展。我們把學術深入發展的過程，用一個粗略的層級公式加以說明：「史料——文化——思想」。我們認爲，當前的中西比較只是在文化層面的比較，因此就必然會陷入「以西釋中」還是「以中釋西」的解釋循環中難以定論。要超越這一解釋循環，在原層次打轉是不能解決問題的，必須尋求層次的提升，那就是深入到思想層面的相互切蹉融合，然後求得公約性，再回歸到各自的文化主體中，對其加以指導，完成文化之更新。

　　經過對中西古典學術發展特點的宏觀比較，在軸心文明時期前後，經典的形成是文明成熟的重要標誌。後世接續文明脈絡的重要方法也往往與重回經典研究密切相關。因此，爲了在當前學術史背景下求得荀子思想研究的普適性，本文選定了經典研究這一主題。

　　事實上，關於荀子思想研究，傳經（也就是經典傳承）問題在古代的荀學研究中一直是以肯定爲基調的。但是，清末民初以來，隨著時代主題之轉換，學術研究也經歷了傳統與現代之轉型。與歷史發展的除舊布新之大勢相

〔註6〕昆廷·斯金納著，任軍鋒譯，《觀念史中的意涵與理解》，載丁耘、陳新主編，《思想史研究》（第一卷），廣西師範大學出版社，2005年12月，第77頁。

適應，以「古史辨」派爲代表的疑古思潮一度對現代學術範式的初期形態產生了廣泛的影響。這一狀況表現在荀學研究上就是對荀子傳經及其在經學史上的地位產生質疑，也就是否定了荀子在儒家六藝經典化中的貢獻。所以，我們把這一問題解決了，也就解決了荀子思想研究在近代學術史中的最重要的矛盾點。從而，也就爲荀子思想研究擺脫歷史束縛與現代西化束縛，解決了基本的前提問題。

參考文獻

（一）出土文獻及相關研究著作

1. 中國科學院考古研究所等，《武威漢簡》，文物出版社，1964 年。

2. 馬王堆漢墓帛書整理小組，《馬王堆漢墓帛書》（三），文物出版社，1983 年。

3. 荊門市博物館，《郭店楚墓竹簡》，文物出版社，1998 年。

4. 馬承源主編，《上海博物館藏戰國楚竹書》（一），上海古籍出版社，2001 年。

5. 馬承源主編，《上海博物館藏戰國楚竹書》（三），上海古籍出版社，2003 年。

6. 馬承源主編，《上海博物館藏戰國楚竹書》（四），上海古籍出版社，2004 年。

7. 馬承源主編，《上海博物館藏戰國楚竹書》（六），上海古籍出版社，2007 年。

8. 馬承源主編，《上海博物館藏戰國楚竹書》（七），上海古籍出版社，2008 年。

9. 陳夢家，《漢簡綴述》，中華書局，1980 年。

10. 龐樸，《帛書五行篇研究》，齊魯書社，1988 年。

11. 胡平生、韓自強，《阜陽漢簡詩經研究》，上海古籍出版社，1988 年。

12. 韓自強，《阜陽漢簡〈周易〉研究》，上海古籍出版社，2004 年。

13. 張光直，《中國青銅時代》，三聯書店，1999 年。

14. 張光直，《中國考古學論文集》，三聯書店，1999 年。

15. 郭齊勇主編，《郭店楚簡研究》（《中國哲學》20 輯），遼寧教育出版社，1999 年。

16. 郭齊勇主編，《經學今詮初編》（《中國哲學》22 輯），遼寧教育出版社，2000 年。

17. 郭齊勇主編，《經學今詮續編》（《中國哲學》23 輯），遼寧教育出版社，2001 年。

18. 郭齊勇主編，《經學今詮三編》（《中國哲學》24 輯），遼寧教育出版社，2002 年。

19. 郭齊勇主編，《經學今詮四編》（《中國哲學》25 輯），遼寧教育出版社，2004 年。

20. 郭齊勇主編，《儒家文化研究》（第一輯），三聯書店，2007 年。

21. 郭齊勇主編，《儒家文化研究》（第二輯），三聯書店，2008 年。

22. 揚之水，《詩經名物新證》，北京古籍出版社，2000 年。

23. 丁四新，《郭店楚墓竹簡思想研究》，東方出版社，2000 年。

24. 郭沂，《郭店竹簡與先秦學術思想》，上海教育出版社，2001 年。

25. 王博，《簡帛思想文獻論集》，臺北臺灣古籍，2001 年。

26. 李學勤，《簡帛佚籍與學術史》，江西教育出版社，2001 年。

27. 李學勤，《中國古史尋證》，上海科技教育出版社，2002 年。

28. 李學勤、謝桂華主編，《簡帛研究二○○二、二○○三》，廣西師範大學出版社，2005 年。

29. 李學勤，《周易經傳溯源》，巴蜀書社，2006 年。

30. 李學勤，《文物中的古文明》，商務印書館，2008 年。

31. 李學勤，《中國古代文明研究》，華東師範大學出版社，2009 年。

32. 李學勤，《古文獻論叢》，中國人民大學出版社，2010。

33. 李零，《郭店楚簡校讀記》（增訂本），北京大學出版社，2002 年。

34. 李零，《簡帛古書與學術源流》，三聯書店，2004 年。

35. 李零，《上博楚簡三篇校讀記》，中國人民大學出版社，2007 年。

36. 上海大學古代文明研究中心、清華大學思想文化研究所主編；朱淵清、廖名春執行主編，《上博館藏戰國楚竹書研究》，上海書店出版社，2002 年。

37. 上海大學古代文明研究中心、清華大學思想文化研究所主編；朱淵清、廖名春執行主編，《上博館藏戰國楚竹書研究續編》，上海書店出版社，2004 年。

38. 沈頌金，《二十世紀簡帛學研究》，學苑出版社，2003 年。

39. 沈頌金，《考古學與二十世紀中國學術》，學苑出版社，2003 年。

40. 歐陽禎人，《郭店儒簡論略》，臺北臺灣古籍，2003 年。

41. 陳桐生，《〈孔子詩論〉研究》，中華書局，2004 年。

42. 於茀，《金石簡帛詩經研究》，北京大學出版社，2004 年。

43. 謝維揚、朱淵清主編，《新出土文獻與古代文明研究》，上海大學出版社，2004 年。

44. 夏含夷，《古史異觀》，文物出版社，2004 年。

45. 孫敏、王麗芬，《洛陽古代音樂文化史蹟》，文物出版社，2004 年。

46. 艾蘭、邢文主編，《新出簡帛研究》，文物出版社，2004 年。

47. 魏啓鵬，《馬王堆漢墓帛書〈黃帝書〉箋證》，中華書局，2004 年。

48. 魏啓鵬，《簡帛文獻〈五行〉箋釋》，中華書局，2005 年。

49. 廖名春，《〈周易〉經傳十五講》，北京大學出版社，2004 年。

50. 廖名春，《中國學術史新證》，四川大學出版社，2005 年。

51. 劉釗，《郭店楚簡校釋》，福建人民出版社，2005 年。

52.〔日〕池田知久，《馬王堆漢墓帛書五行研究》，中國社會科學出版社，2005 年。

53.〔日〕池田知久，《池田知久簡帛研究論集》，中華書局，2006 年。

54. 沈文倬，《宗周禮樂文明考論》（增補本），浙江大學出版社，2006 年。

55. 濮茅左，《楚竹書〈周易〉研究》，上海古籍出版社，2006 年。

56. 卜憲群、楊振紅主編，《簡帛研究二〇〇四》，廣西師範大學出版社，2006 年。

57. 卜憲群、楊振紅主編，《簡帛研究二〇〇五》，廣西師範大學出版社，2008 年。

58. 卜憲群、楊振紅主編，《簡帛研究二〇〇六》，廣西師範大學出版社，2008 年。

59. 丁四新主編，《楚地簡帛思想研究——新出楚簡國際學術研討會論文集》，湖北教育出版社，2007 年。

60. 馬承源著，陳佩芬、陳識吾編，《馬承源文博論集》，上海古籍出版社，2007 年。

61. 武漢大學出版社簡帛研究中心，《簡帛》（第二輯），上海古籍出版社，2007 年。

62. 武漢大學出版社簡帛研究中心，《簡帛》（第三輯），上海古籍出版社，2008 年。

63. 裘錫圭，《中國出土文獻十講》，復旦大學出版社，2008 年。

64. 梁濤，《郭店竹簡與思孟學派》，中國人民大學出版社，2008 年。

65. 季旭升，《上海博物館藏戰國楚竹書（一）讀本》，北京大學出版社，2009 年。

66. 臧克和，《簡帛與學術》，大象出版社，2010 年。

（二）傳統文獻及相關研究著作

1. 司馬遷，《史記》，中華書局，1959 年。

2. 班固，《漢書》，中華書局，1962 年。

3. 左丘明，《國語》，上海古籍出版社，1978 年。

4. 陸德明，《經典釋文》，中華書局，1983 年。

5. 皮錫瑞，《經學通論》，中華書局，1954 年。

6. 皮錫瑞，《今文尚書考證》，中華書局，1989 年。

7. 皮錫瑞，《經學歷史》，中華書局，2004 年。

8. 孫詒讓，《周禮正義》，中華書局，1987 年。

9. 馬瑞辰，《毛詩傳箋通釋》，中華書局，1989 年。

10. 王聘珍，《大戴禮記解詁》，中華書局，1983 年。

11. 孫星衍，《尚書今古文注疏》，中華書局，1986 年。

12. 洪亮吉，《春秋左傳詁》，中華書局，1987 年。

13. 孫希旦，《禮記集解》，中華書局，1989 年。

14. 劉寶楠，《論語正義》，中華書局，1990 年。

15. 焦循，《孟子正義》，中華書局，1987 年。

16. 《諸子集成》，中華書局，1954 年。

17. 《四庫全書總目》，中華書局，1965 年。

18. 阮元，《十三經注疏》，中華書局，1980 年。

19. 王先慎，《韓非子集解》，中華書局，1998 年。

20. 章學誠著、葉瑛校注，《文史通義》，中華書局，1985 年。

21. 譚嗣同，《仁學》，載《譚嗣同全集》，中華書局，1981 年。

22. 李慈銘，《越縵堂讀書記》，上海書店出版社，2000 年。

23. 康有爲，《孔子改制考》（卷十），載《民國叢書》（第四編），上海書店，1992 年，第 2 冊。

24. 湯志鈞編，《康有爲政論集》（上），中華書局，1981 年。

25. 梁啓超，《儒家哲學》，載陳其泰、陸樹慶、徐蜀編，《梁啓超論著選粹》，廣東人民出版社，1996 年。

26. 梁啟超，《清代學術概論》，東方出版社，1996 年。

27. 王國維，《古本竹書紀年輯校》，遼寧教育出版社，1997 年。

28. 王國維，《觀堂集林》，中華書局，1959 年。

29. 姜義華主編，《胡適學術文集・中國哲學家史》（上），中華書局，1991 年。

30. 顧頡剛、羅根澤等編著，《古史辨》（第一至七冊），海南出版社，2005 年。

31. 顧頡剛，《漢代學術史略》，東方出版社，1996 年。

32. 侯外廬，《中國思想通史》，人民出版社，1957 年。

33. 侯外廬，《中國古代思想學說史》，遼寧教育出版社，1998 年。

34. 郭沫若，《十批判書》，東方出版社，1996 年。

35. 馮友蘭，《中國哲學史》（上下），華東師範大學出版社，2000 年

36. 錢穆，《先秦諸子繫年》，商務印書館，2005 年。

37. 錢穆，《兩漢經學今古文平議》，商務印書館，2001 年。

38. 童書業，《春秋左傳研究》，上海人民出版社，1980 年。

39. 童書業，《春秋史》，山東大學出版社，1987 年。

40. 蒙文通，《中國史學史》，上海人民出版社，2006 年。

41. 蒙文通，《經學抉原》，上海人民出版社，2006 年。

42. 蒙文通，《儒學五論》，廣西師範大學出版社，2007 年。

43. 許維遹校釋，《韓詩外傳》，中華書局，1980 年。

44. 李鏡池，《周易探源》，中華書局，1978 年。

45. 任繼愈，《中國哲學發展史・先秦》，人民出版社，1983 年。

46. 陳奇猷，《呂氏春秋校釋》，學林出版社，1984 年。

47. 李澤厚、劉綱紀，《中國美學史》，安徽文藝出版社，1999 年。

48. 李澤厚，《中國古代思想史論》，天津社會科學出版社，2003 年。

49. 徐復觀，《中國人性論史》（先秦篇），上海三聯書店，2001 年。

50. 徐復觀，《兩漢思想史》，華東師範大學出版社，2001 年。

51. 徐復觀，《徐復觀論經學史二種》，上海書店出版社，2006 年。

52. 葛兆光，《思想史研究課堂講錄》，三聯書店，2005 年。

53. 張國淦，《張國淦文集續編》（經學卷上），北京燕山出版社，2009 年。

54. 屈萬里著，《先秦文史資料考辨》，臺灣聯經出版公司，1993 年。

55. 劉家和，《古代中國與世界——一個古史研究者的思考》，武漢出版社，1995 年。

56. 陳鼓應主編，《道家文化研究》（第三輯），上海古籍出版社，1993 年。

57. 陳鼓應主編，《道家文化研究》（第十八輯），三聯書店，2000 年。

58. 復旦大學哲學系中國哲學教研室編，《中國古代哲學史》（全二冊），上海古籍出版社，2006 年。

59. 王秀臣，《三禮用詩考論》，中國社會科學出版社，2007 年。

60. 張岩，《審核古文〈尚書〉案》，中華書局，2006 年。

61. 何成軒，《儒學南傳史》，北京大學出版社，2000 年。

62. 白奚，《稷下學研究》，三聯書店，1998 年。

63. 周予同，《群經概論》，中國書籍出版社，2006 年。

64. 朱維錚編校，《周予同經學史論》，上海人民出版社，2010 年。

65. 劉師培，《經學教科書》，載劉師培，《中國中古文學史講義》，中國人民大學出版社，2004 年。

66. 〔日〕本田成之著，孫俍工譯，《中國經學史》，上海書店出版社，2001 年。

67. 馬宗霍，《中國經學史》，上海書店出版社，1984 年。

68. 黃壽祺，《群經要略》，華東師範大學出版社，2000 年。

69. 姜廣輝，《中國經學思想史》（第一卷），中國社會科學出版社，2003 年。

70. 姜廣輝，《中國經學思想史》（第二卷），中國社會科學出版社，2003 年。

71. 劉周堂，《前期儒家文化研究》，廣西師範大學出版社，1998 年。

72. 傅永聚、韓鍾文主編，《二十世紀儒學研究大系》，中華書局，2003 年。

73. 夏傳才，《詩經研究史概要》，清華大學出版社，2007 年。

74. 夏傳才，《思無邪齋詩經論稿》，學苑出版社，2000 年。

75. 吳萬鍾，《從詩到經——論毛詩解釋的淵源及其特色》，中華書局，2001 年。

76. 王妍，《經學以前的〈詩經〉》，東方出版社，2007 年。

77. 陳致，《從禮儀化到世俗化：〈詩經〉的形成》，上海古籍出版社，2009 年。

78. 高懷民，《先秦易學史》，廣西師範大學出版社，2007 年。

79. 沈玉成、劉寧，《春秋左傳學史稿》，江蘇古籍出版社，1992 年。

80. 趙伯雄，《春秋學史》，山東教育出版社，2004 年。

81. 楊伯峻，《春秋左傳注》，中華書局，1990 年。

82. 蔣慶，《公羊學引論》，遼寧教育出版社，1995 年。

83. 何兆武、陳啓能主編，《當代西方史學理論》，中國社會科學出版社，1996 年。

84. 黑格爾著，賀麟、王太慶譯，《哲學史講演錄》，商務印書館，1996 年。

85. 丁耘、陳新主編，《思想史研究》（第一卷），廣西師範大學出版社，2005 年。

86. 車銘洲編著，《現代西方哲學流派》，天津教育出版社，1989 年。

87. 田曉菲，《塵幾錄：陶淵明與手抄本文化研究》，中華書局，2007 年。

88. 劉笑敢，《詮釋與定向》，商務印書館，2009 年。

（三）荀子注釋及相關研究著作

1. 王先謙集解、〔日〕久保愛增注、〔日〕豬飼彥博補遺，《增補荀子集解》（上下），臺灣蘭臺書局，1972 年。

2. 王先謙，《荀子集解》，中華書局，1988 年。

3. 于省吾，《雙劍誃諸子新證》，中華書局，1962 年。

4. 章詩同，《荀子簡注》，上海人民出版社，1974 年。

5. 毛子水，《荀子訓解補正》，臺灣華正書局，1980 年。

6. 梁啓雄，《荀子簡釋》，中華書局，1983 年。

7. 楊柳橋，《荀子詁譯》，齊魯書社，1985 年。

8. 高正，《〈荀子〉版本源流考》，中國社會科學出版社，1992 年。

9. 王天海，《〈荀子〉校釋》，上海古籍出版社，2005 年。

10. 張覺，《荀子校注》，嶽麓書社，2006 年。

11. 夏甄陶，《論荀子的哲學思想》，上海人民出版社，1979 年。

12. 胡玉衡、李育安，《荀況思想研究》，中州書畫社，1983 年。

13. 向仍旦，《荀子通論》，福建教育出版社，1987 年。

14. 郭志坤，《荀學論稿》，上海三聯書店，1991 年。

15. 方爾加，《荀子新論》，中國和平出版社，1993 年。

16. 惠吉星，《荀子與中國文化》，貴州人民出版社，1996 年。

17. 孔繁，《荀子評傳》，南京大學出版社，1997 年。

18. 馬積高，《荀學源流》，上海古籍出版社，2000 年。

19. 韓德民，《荀子與儒家的社會理想》，齊魯書社，2001 年。

20. 陸建華，《荀子禮學研究》，安徽大學出版社，2004 年。

21. 高春花，《荀子禮學思想及其現代價值》，人民出版社，2004 年。

22. 儲昭華，《明分之道——從荀子看儒家文化與民主政道融通的可能性》，商務印書館，2005 年。

23. 李亞彬，《道德哲學之維——孟子荀子人性論比較研究》，安徽大學出版社，2004 年。

24. 廖名春，《荀子新探》，臺灣文津出版社，1994 年。

25. 陳榮慶，《荀子與戰國學術思潮》，西北大學博士學位論文，2007 年。

26. 江心力，《20 世紀前期的荀學研究》，中國社會科學出版社，2005 年。

27. 韋政通，《荀子與古代哲學》，臺灣商務印書館，1966 年。

28. 吳康，《孔孟荀哲學》（上下），臺灣商務印書館，1967 年。

29. 劉子敬，《荀子學綱要》，臺灣商務印書館，1969 年。

30. 韋日春，《荀子學述》，臺灣蘭臺書局，1973 年。

31. 饒彬，《荀子疑義輯釋》，臺灣蘭臺書局，1977 年。

32. 牟宗三，《名家與荀子》，臺灣學生書局，1979 年。

33. 鮑國順，《荀子學說析論》，臺灣華正書局，1984 年。

34. 蔡仁厚，《孔孟荀哲學》，臺灣學生書局，1984 年。

35. 周群振，《荀子思想研究》，臺灣文津出版社，1987 年。

36. 陳大齊，《荀子學說》，臺灣中國文化大學出版部，1989 年。

37. 蔡錦昌，《從中國古代思想方式論較荀子思想之本色》，臺北唐山出版社，1989 年。

38. 柯雄文著、賴顯邦譯，《倫理論辨——荀子道德認識論之研究》，臺灣黎明文化專業公司，1990 年。

39. 李哲賢，《荀子之核心思想——「禮義之統」及其現代意義》，臺灣文津出版社，1994 年。

40. 吳文璋，《荀子的音樂哲學》，臺灣文津出版社，1994 年。

41. 《漢學研究集刊第三期·荀子研究專號》，國立雲林科技大學漢學資料整理研究所刊行，2006 年。

（四）相關研究論文

1. 《座談馬王堆漢墓帛書》，載《文物》，1974 年第 9 期。

2. 張政烺，《春秋事語解題》，載《文物》，1977 年第 1 期。

3. 徐仁甫，《馬王堆漢墓帛書〈春秋事語〉和〈左傳〉的事、語對比研究——談〈左傳〉的成書時代和作者》，載《社會科學戰線》，1978 年第 4 期。

4. 周子同，《從孔子到孟荀——戰國時的儒家派別和儒經傳授》，載《學術月刊》，1979 年第 5 期。

5. 中國文物局古文獻研究室、安徽省阜陽地區博物館漢簡整理組編，《阜陽漢簡簡介》，載《文物》，1983 年第 2 期。

6. 陳玉森、陳憲猷,《先秦無〈易經〉論》,載《中山大學學報》(哲社版),1986 年第 1 期。

7. 鍾肇鵬,《荀子與經學》,載《管子學刊》,1989 年第 4 期。

8. 葛志毅,《荀子學辨》,載《歷史研究》,1996 年第 3 期。

9. 湖北省荊門市博物館,《荊門郭店一號楚墓》,《文物》,1997 年第 7 期。

10. 夏傳才,《詩經學四大公案的現代進展》,載《河北學刊》,1998 年第 1 期。

11. 江林昌,《郭店楚簡〈詩論〉與早期經學史的有關問題》,載姜廣輝主編《經學今詮三編》,遼寧教育出版社,2002 年。

12. 王中江,《傳經與弘道──荀子的儒學定位》,載姜廣輝主編《經學今詮三編》,遼寧教育出版社,2002 年。

13. 劉立志,《二十世紀考古發現與〈詩經〉研究》,載《南京師範大學文學院學報》,2004 年第 2 期。

14. 劉毓慶,《楚竹書〈孔子詩論〉與孔門後學的詩學傾向》,載《北京師範大學學報》(社會科學版),2004 年第 4 期。

15. 〔美〕柯馬丁,《出土文獻與文化記憶──〈詩經〉早期歷史研究》,載姜廣輝主編,《經學今詮四編》(中國哲學第二十五輯),遼寧教育出版社,2004 年,第 113～114 頁。

16. 夏傳才,《〈詩經〉出土文獻與古籍整理》,載《河北師範大學學報》(哲學社會科學版),2005 年 1 期。

17. 〔英〕昆廷・斯金納著、任軍鋒譯,《觀念史中的意涵與理解》,載丁耘、陳新主編《思想史研究》(第一卷),第 77 頁,廣西師範大學出版社,2005 年。

18. 楊朝明,《從孔子弟子到孟、荀異途──由上博竹書〈中弓〉思考孔門學術分別》,載《齊魯學刊》,2005 年第 3 期。

19. 方旭東,《詮釋過度與詮釋不足:重審中國經典解釋學中的漢宋之爭──以〈論語〉「顏淵問仁」章爲例》,載《哲學研究》,2005 年第 2 期。

20. 張耀南,《走出「中國哲學史」研究的「格義」時代》,載《哲學研究》,2005 年第 6 期。

21. 石洪波,《荀子的性情觀》,載《管子學刊》,2006 年第 2 期。

22. 張強,《儒學南漸考》,載《江海學刊》,2006 年第 6 期。

23. 劉又銘,《荀子哲學典範及其在後代的變遷轉移》,載《漢學研究集刊第三期・荀子研究專號》,國立雲林科技大學漢學資料整理研究所出版,2006 年。

24. 佐藤將之,《荀子哲學的解構與建構:以中學者之嘗試與「誠」概念之探討爲線索》,載《國立臺灣大學哲學論評》,第三十四期,2006 年。

25. 廖名春，《20 世紀後期大陸荀子文獻整理研究》，載《漢學研究集刊第三期・荀子研究專號》，國立雲林科技大學漢學資料整理研究所，2006 年。

26. 劉毓慶、郭萬金，《荀子〈詩〉學與先秦「詩傳」》，載《晉陽學刊》，2007 年第 6 期。

27. 謝中元，《〈詩〉經典化與古史辨〈詩經〉闡釋的去經典化》，載《井岡山學院學報》（哲學社會科學），2007 年 3 期。

28. 王建男，《荀子經學研究綜述》，載《湖南科技學院學報》，2007 年第 3 期。

29. 〔美〕柯馬丁，《引據與中國古代寫本文獻中的儒家經典〈緇衣〉研究》，載《簡帛研究》（二○○五），廣西師範大學出版社，2008 年 9 月。

30. 張錚，《荀子與〈詩〉學芻議》，載〈《古籍整理研究學刊》，2008 年第 5 期。

31. 李承貴，《論宋儒重構儒學利用佛教的諸種方式》，載《哲學研究》，2009 年第 7 期。

32. 顏炳罡，《郭店楚簡〈性自命出〉與荀子的情性哲學》，載《中國哲學史，》2009 年第 1 期。

33. 〔日〕淺野裕一，《新出土文獻與思想史的改寫——兼論日本的先秦思想史研究》，載《文史哲》，2009 年第 1 期。

34. 楊德春，《荀子與〈春秋穀梁傳〉》，載《安陽師範學院學報》，2009 年第 1 期。

35. 劉光勝，《出土文獻與荀學研究》，載《孔子研究》，2009 年第 1 期。

36. 〔日〕淺野裕一，《儒家對〈易〉的經典化》，載《周易研究》，2009 年第 2 期。

37. 葛立斌，《戰國出土文獻引〈詩〉條綴》，載《廣東教育學院學報》，2009 年第 1 期。

38. 杜保瑞，《中國哲學的基本哲學問題與概念範疇》，載《文史哲》，2009 年 4 期。

39. 于溯，《拂去千秋紙上塵——評〈塵幾錄〉》，載《書品》，中華書局，2009 年第 4 輯。

40. 江林昌，《詩的起源及其早期發展變化》，載《中國社會科學》，2010 年第 4 期。

後　記

　　本書是在我的博士學位論文基礎上整理出版的。因為博士論文完成時，清華簡尚未全面出版發行，所以未引用相關內容。本書研究與寫作過程中先後得到了首都師範大學優秀博士培養資助及北京印刷學院「北印學者」培養與選拔計劃及北京印刷學院重點項目的資助。我的博士學位論文於 2011 年 5 月通過答辯並因此而獲得了歷史學博士學位。在論文答辯後，導師白奚教授就建議我盡早將此論文整理出版，然而一直拖延至今才終於決定接受花木蘭文化出版社邀約，納入其系列文化研究叢書中出版。在畢業五年後，本書尚能被花木蘭文化出版社不棄而免費出版，表明本書在思想史視角的選題方向尚有其一定的學術價值，因此對花木蘭文化出版社的厚愛及其無償支持學術出版事業謹致謝忱！這次正式出版的論文還收錄了在本書研究基礎上公開發表的三篇學術論文作為附錄。下面就把博士論文的原後記略做調整移錄如下，以標記我的求學歷程、感恩與紀念：

　　還是在 2008 年 9 月入學後的第一個星期，導師白奚教授幫我確定了以荀子研究為目標的選題方向，同時確定了要結合新方法與新材料，在對傳統的荀子研究進行反思與總結的基礎上，力爭對荀子的研究有所推進的研究思路。這個方向與思路一經導師提示，當下就有一種豁然開朗的感覺。在確定荀子為研究目標之後，首先進行的是荀子研究資料的收集與整理。在此基礎上，對傳統與現代荀子研究狀況進行了全面的總結與梳理，最後確定了「出土文獻與荀子經學研究」為初步的博士論文選題，並完成了相關的文獻綜述與開題報告。這一時期的收穫就是在文獻綜述基礎上所形成的論文《荀子思想研究模式的反思與重構》，對漢代以來荀子研究模式進行了理論總結與概

括，在此基礎上提出了當前推動荀子思想研究向前發展的具體思路與方法。該文發表於《哲學動態》2010年第10期。

荀子的經學研究是一個龐大的課題，要全面完成這一研究項目，就要分層次分步驟研究荀子對經典的繼承與發展的過程，才可能更接近於歷史的真實。荀子對經典的繼承與發展過程也就是荀子經學思想的形成過程。荀子對儒家六藝的經典化是繼承的過程，荀子在對儒家六藝經典化的過程中所形成的對儒家經典理論的闡發與引伸，是發展的過程，其結果是事實上形成了自己的經學思想。因此，對荀子的經學研究就也可以分成兩步。這篇論文選擇了第一步，把「出土文獻與荀子經學研究」這一選題進一步細化為「荀子與儒家六藝經典化」。

博士論文的寫作是對一個學術研究者研究能力進行系統訓練的最後一個階段。這一工作的完成，也預示著一個人接受現代學歷教育過程的結束。因而，回顧從基礎教育到攻讀博士學位階段的長達二十餘年的漫長歷程，歲月滄桑，逝者如斯，自然不免人生五味遍嘗，感慨萬千。

首先，我要感謝業師白奚教授和劉家和先生。正是在二位業師的辛勤培育與指導下，才使我的研究不斷有新的方向與層次的提升。在論文的選題與研究過程中，承蒙牟鍾鑒先生、許抗生先生在百忙之中加以細心點撥與指導，對二位先生的辛勤勞動表示由衷的感謝！承蒙歐陽中石先生特許我旁聽了書法博士生課程，使我對中國書法文化有了深刻的理解。我要特別感謝已故著名古埃及史專家劉文鵬先生對我走上學術研究道路的影響與指導。

其次，在我多年的求學經歷中，總有志同道合的學友支持與幫助。這些亦師亦友者的砥礪與扶助，使我的求索歷程從來都不是一個人獨行。蔣重躍師兄、于殿利師兄以身作則地教會我如何去擔當、面對困難，成為一個知行合一的人。北京外國語大學王立志博士則是時刻與我互相鼓勵的摯友，我們之間的交談沒有世俗的規則與禁忌，直抒胸臆，其用心皆在於真誠地希望對方能不斷地「優入聖域」，子曰：「友直、友諒、友多聞」，或即此之謂也。做中國思想史研究，不瞭解中國傳統藝術，就不會全面理解中國思想文化。因此在讀書期間，書法院的王曉亮、王亞輝兩位青年才俊細緻入微地為我講解示範，其意義就不只限於書法本身了，在此致以由衷感謝！還要感謝陳治國、高連福、胡紅偉、賴尚清在生活與學習上的合作與幫助。

再次，要感謝我的家人。從1978年入小學開始，我接受教育的歷程是與

中國當代社會變革同步而行的。父母作爲普通的工人，先後經歷了由於企業轉制而不斷變換工作崗位的多次人生轉折。他們以自己的勤勞和努力很好地順應了每一次變化。正是因爲如此，才保證了我的教育有足夠的經濟基礎支持：我上小學的時候，在付憲武叔、韓義叔指導下父母親爲我長年訂閱《少年文史報》、《少年文藝》等三種報刊，家有高鄰是我之幸運，藉此機會特別對憲武叔致以敬意並深切緬懷韓義叔；我上中學六年的住校生活除了有足夠的生活費之外，還可以買新華書店幾乎所有喜歡的圖書；我上大學的時代，同學中仍有很大比例的貧困生在每月的最後幾天往往面臨著青黃不接的情景，我卻從沒有過這樣的窘迫。這些都要感謝父母爲我提供了那個時代較好的生活與教育條件。還要感謝我的妻子許旭虹和我的兒子崔中其。我在讀書與工作兩邊跑的時候，得到了他們的理解和全面支持。

第四，要感謝北京印刷學院對我的支持和培養，特別是 2012 年王永生教授調任學校校長以來，學校發生了顯著的變化，重視教學與科研的意識不斷加強，行政化弊端得以一定程度的改觀，學有專長者都得到了不同程度的支持與培養。在學校尊師重教的具體行動中，我以淺薄之學力經過眾多科學家爲主要委員的評委會層層遴選而系列第二屆全校四名「北印學者」之一，使我在近五年沒有任何項目的情況下獲得了鼎力資助，堪爲雪中送炭。

最後，要感謝由於變革轉型因而變化莫測，重大事件紛至沓來，充滿希望與未知的時代。正是這樣的時代，爲我們創造了充分發揮自己才能、追求並實現理想的得天獨厚的條件。快速的變革與轉型，等於濃縮了歷史進程，讓我們在同樣長的時間跨度中經歷了數倍於以往的歷史變化與進程，所謂讀史以明智，閱歷濃縮的歷史自然也就加倍地啓迪了我們的思維與智慧。

崔存明

2011 年 5 月 16 日於京南春和軒初稿

2015 年 5 月 26 日整理復誌於無我齋

附錄一：荀子思想研究模式的反思與重構

　　經荀子發展的儒家思想對漢代以降中國社會制度的演變與主流文化傳承都產生了實質性的影響。然而與此不相適應的是，由於人們所持的研究方法與立場不同，導致學術史上出現了對荀子思想往往毀譽參半的獨特現象：從漢唐以來的「尊荀——抑荀」觀念的消長，到清末民初以來對「二千年荀學」的批判與「唯物主義代表」的對壘，以及在現實生活中長期存在的「實質繼承和心理抗拒」並存的現象。這些都向我們全面地展示了一部錯綜複雜的荀子思想研究史。所以，當前要推動荀子思想研究發展，就要對自荀學產生至今，荀子思想研究模式的演變規律加以歸納和總結，從而為荀子思想研究的推陳出新打好基礎。

一、尊荀——抑荀：荀子對儒家經典經學化的貢獻及其歷史命運的悖反

　　荀子在稷下的學術活動中，通過對諸子思想的批判與綜合，吸取各家精華，用以解釋和發展儒家六經思想，完成了儒家思想的綜合創新。這樣，荀子的學術活動一方面加快了儒家典籍經學化的步伐，而經學化也就是文化權威化；另一方面也使儒家思想在吸收諸子思想中治世思想精髓後，開始確立了儒家思想的經世致用品質。正如王中江發現：「這種經典權威主義為孔子開創，中經孔門後學和孟子，到荀子被大大擴展。漢以後隨著體制性經學的建立，儒家經典成了中國學術和知識統一體系的大本營，也成了保證意識形態、

教學、教化和價值統一的基礎。」〔註1〕這一觀點將荀子對儒家經典權威化及儒家思想制度化的作用給予了肯定。

荀子對於儒家思想傳承做出的貢獻，自漢代司馬遷《史記》至清代，都有學者加以記述與肯定。司馬遷《史記·儒林列傳》載：「孟子荀卿之列，咸遵夫子之業而潤色之，以學顯於世。」唐代楊倞在《荀子序》中對荀子傳承儒家文化給予了高度評價：「故仲尼定禮樂、作春秋，然後三代遺風弛而復張，而無時無位，功烈不得被於天下，但門人傳述而已。陵夷至於戰國，……則孔氏之道，幾乎息矣。有志之士所為痛心疾首也。故孟軻闡其前，荀卿振其後，……又其書亦所以羽翼六經、增光孔氏。」〔註2〕清代汪中對荀子傳經做了充分的肯定：「荀卿之學，出於孔氏，而尤有功於諸經。……六藝之傳賴於不絕者，荀卿也。周公作之，孔子述之，荀卿子傳之，其揆一也。」〔註3〕皮錫瑞也認為「惟荀卿傳經之功甚巨……荀子能傳《易》、《詩》、《禮》、《樂》、《春秋》，漢初傳其學者極盛。」〔註4〕近代以來，很多學者對荀子在經學上的貢獻加以肯定，如劉師培的《經學教科書》、馬宗霍的《中國經學史》、吳雁南主編的《中國經學史》。

然而，在學術史上對於荀子傳經與發展儒家思想也有著懷疑、非議和否定的一派。漢文帝時，《孟子》列為博士而《荀子》未能，《荀子》研究即受到抑制。《荀子》自劉向校定為三十二篇後，直到唐代中期才有楊倞做注。流傳最廣的貶抑荀子思想的觀點要算韓愈的「大醇小疵」說。這可能與韓愈作為唐宋八大家之一具有廣泛的公眾影響力有關。其實，韓愈對荀子貶抑的關鍵在於他在自己倡導的儒家道統中，將荀子排除在外。《原道》所謂「孔子傳之孟軻，軻之死，不得其傳焉」。這樣，就直接導致宋明理學在以維護儒家道統為己任的背景下，從學術思想的主流上形成了對荀子思想的排斥，甚至出現了將荀子排除在儒家之外的觀點。這一思維的流風餘韻，直到民國時期的古史辨派仍有人在疑古惑經的旗幟下加以繼承與延續。李鳳鼎《荀子傳經辨》就是這一觀點的代表。李鳳鼎針對汪中對荀子傳經之功的肯定，從《毛詩》、

〔註1〕 王中江，《傳經與弘道——荀子的儒學定位》，載姜廣輝主編《經學今詮三編》，遼寧教育出版社，2002年，第258頁。

〔註2〕 楊倞，《荀子集解·荀子序》，《諸子集成》第二冊，上海書店，1986年，第2頁。

〔註3〕 汪中，《述學》，《四部叢刊》初編307號，上海書店翻印，1989年。

〔註4〕 皮錫瑞，《經學歷史》，中華書局，2004年，第31～32頁。

《春秋穀梁傳》、《春秋公羊傳》及《春秋左傳》等三部經典的傳承譜系考證上，否定荀子對此三經的傳承，從而也就否定了汪中對荀子傳經的肯定〔註5〕。同時代之著名國史專家錢穆也在其早年之力作《先秦諸子繫年・孔門傳經辨》中對儒家傳經的統序進行了考證，其中與荀子有關之《詩》統與《穀梁傳》的統系，皆被其考證爲不可信〔註6〕。當代學者也有人通過出土文獻提供的新材料，對荀子傳經思想表示置疑，如江林昌的《郭店楚簡〈詩論〉與早期經學史的有關問題》〔註7〕。

綜上所述，我們可以發現，在荀子傳經的問題上自漢代以來就存在著兩種相互對立的觀點。而且，對立雙方往往都持之有據，言之成理。與此相適應，對荀子思想整體評價也逐漸形成了從漢唐以來的「尊荀——抑荀」模式的此消彼長。這樣，同荀子思想對中國歷史發展產生的實質性影響相比較，人們對於荀子及其思想的認識卻長期存在著相互對立與矛盾的觀點，甚至造成了實際上遵循與理論上反對的悖反現象。正如臺灣學者劉又銘所指出：「值得一提的是，由於後代學者對荀子所謂『性惡』、『天人之分』的觀點成見頗深，對荀學自覺不自覺地排擠往往過度，甚至因爲（在同一個人身上）實質繼承和心理抗拒的並存而出現了『孟皮荀骨』的怪異現象。」〔註8〕

所以，我們今天要準確地把握荀子思想是如何在繼承孔子思想的基礎上，結合時代發展進行了綜合創新，就有必要對這樣一種幾乎貫穿了漢代以來整個學術史的「尊荀——抑荀」模式進行一番清理，做到辨章源流，考訂真偽，從而便於我們正確繼承與利用荀子的思想。事實上，對這一模式的反思與轉換在近代就已經展開並持續至今。

二、古今中西：荀子思想研究模式的近代轉換

如果對近代荀子思想研究進行一下學術史的總結，大致可以分爲二個邏

〔註5〕李鳳鼎，《荀子傳經辨》，載羅根澤編《古史辨》第四冊，上海古籍出版社，1982年，第136～140頁。
〔註6〕錢穆，《先秦諸子繫年》，商務印書館，2001年，第96～101頁。
〔註7〕參見江林昌，《郭店楚簡〈詩論〉與早期經學史的有關問題》，載姜廣輝主編《經學今詮三編》，遼寧教育出版社，2002年，第208頁。
〔註8〕劉又銘，《荀子哲學典範及其在後代的變遷轉移》，載《漢學研究集刊第三期・荀子研究專號》，國立雲林科技大學漢學資料整理研究所出版，2006年12月，第33頁。

輯發展階段：第一個階段，傳統學術思想史上形成的「尊荀——抑荀」模式的延續與轉換；第二個階段，走出傳統學術模式，用西方學術思維研究荀子思想。下面我們以代表性學者及其成果加以說明。

（一）「尊荀——抑荀」模式的延續與轉換

在近代荀學研究史上，延續「尊荀——抑荀」模式的學者大多處於清末民初這一歷史轉折時期。由於新舊時代的劇烈轉換，新舊文化的激盪消長，使這些學者在延續這一模式的同時，也常常表現出學術立場的前後搖擺不定，甚至出現前後相反的情況。這一現象正是荀學研究模式由傳統向現代過渡的重要標誌。我們這裡以康有爲、譚嗣同和章太炎爲代表。

康有爲作爲近代維新變法的領袖，對近代中國的政治與學術的推陳出新都產生了較大的影響。然而，對康有爲學術思想在新舊時代轉換視角下前後不一致的特點研究，歷來似乎重視較少。我們今天就可以從其對荀子研究觀點的前後相悖上來加以領會。有學者已經發現「康有爲對荀子的評價有反覆」〔註9〕。這主要表現在康有爲在 1894 年成書的《桂學答問》中認爲「孔門後學有二大支：一爲孟子，一爲荀子……聖學原有此二派，不可偏廢。而群經多傳自荀子，其功尤大」〔註10〕。這是康有爲對荀子的傳經之功及其對孔子思想的繼承與發揚光大的肯定。但是在他 1897 年完成的《禮運注敘》中又說：「凡中國二千年儒先所言，自荀卿、劉歆、朱子之說，所言不別眞僞精粗美惡，總總皆小康之道也。」〔註11〕可見，康有爲在講學時又對荀子做了否定式的評價，即認爲他同劉歆、朱熹一道，將本來以恢復大同之道爲己任的孔子之道，做了庸俗化的傳承，即窄化爲小康之道。

譚嗣同「二千年荀學說」已經成爲一個對荀子的評價方面普及度很高的觀點，即所謂：「二千年之政，秦政也，皆大盜也；二千年之學，荀學也，皆鄉愿也。惟大盜利用鄉愿，惟鄉愿工媚大盜。二者交相資，而罔不託之於孔。被託者之大盜鄉愿，而責所託之孔，又烏能知孔哉？」〔註12〕這段文字出自其代表作《仁學》，而《仁學》一書的寫作與成書大致在 1896 年譚嗣同居南

〔註 9〕陳榮慶，《荀子與戰國學術思潮》，西北大學博士學位論文，2007 年 5 月，第3 頁。

〔註10〕康有爲，《康有爲全集》第 2 集，上海古籍出版社，1990 年，第 54～55 頁。

〔註11〕康有爲，《康有爲政論集》（上），湯志鈞編，中華書局，1981 年，第 193 頁。

〔註12〕譚嗣同，《仁學》，載《譚嗣同全集》，中華書局，1981，第 337 頁。

京期間。同樣是在這一年，譚嗣同在寫給唐才常的信中，又有這樣的說法：「荀卿生孟子後，倡法後王而尊君統，務反孟子民主之說，嗣同嘗斥爲鄉愿矣。然荀卿究天人之際，多發前人所未發，上可補孟子之缺，下則衍王仲任之一派，此其可非乎？」〔註13〕這顯然是對自己不久前之說法，進行了部分修正。

章太炎在近代學術史上是弘揚國學的典型。因此他的荀子思想研究也顯示出明確的尊荀立場。但是我人也可以從另一方面發現，章太炎也是較早地積極利用西方理論研究荀子並卓有成效的傳統學者之一。這一點江心力已經做了總結：「章太炎作爲一代國學大師，傳統的經史學訓練和西方思想學說的刺激，使他提倡諸子學的研究，走上了尊荀之路。傳統治荀方法的沿用，使他確立了荀子的『後聖』地位，章太炎將荀學與西方思想理論融合的嘗試，促進了荀學研究方法的更新，推動了荀學研究的進一步深入。」〔註14〕這表明章太炎的荀學研究，在堅持傳統思路的同時，也具有較爲自覺的從傳統向近代過渡的探索意識，並且能夠理論聯繫實際地付諸實踐。

（二）西方學術思維下荀子思想研究模式的形成

如果說康有爲、譚嗣同與章太炎的荀子思想研究還帶有傳統方法與近代新方法相糾纏的過渡性特點，那麼以胡適、郭沫若、馮友蘭、侯外廬爲代表的另一派的荀子思想研究者，完全用西方學術方法對荀子思想做現代研究，就形成了另一種與傳統的荀子思想研究模式完全不同的新的研究模式，即西方學術思維下的近代荀學研究模式。近代以來，這一模式曾經在很長的時間內是荀子思想研究的主流模式。

胡適《中國哲學史大綱》中關於荀子思想的研究是荀子思想研究近代模式形成的一個重要標誌。在這本對中國哲學史研究具有奠基意義的著作中，胡適將荀子思想列爲三章：第一章荀子；第二章天與性；第三章心理學與名學〔註15〕。這是全面運用西方學術思維解讀荀子思想的重要成果。隨後，馮友蘭在其早期的代表作《中國哲學史》中對荀子的研究，在從學術發展史的角度探討他與先秦學術關係的基礎上，從「天及性」、「荀子之

〔註13〕譚嗣同，《仁學》，載《譚嗣同全集》，中華書局，1981 年，第 525 頁。

〔註14〕江心力，《20 世紀前期的荀學研究》，中國社會科學出版社，2005 年，第 64 頁。

〔註15〕胡適，《胡適學術文集・中國哲學家史》（上），姜義華主編，中華書局，1991 年，第 205～217 頁。

心理學」、「社會國家之起源」等角度進行了研究〔註 16〕。郭沫若在《十批判書‧荀子的批判》中，從宇宙觀（世界觀）、人性論和社會理論的角度，對荀子的思想進行了現代解讀〔註 17〕。郭沫若在胡適的基礎上，突出了社會發展史的新角度，這與他較早運用唯物主義方法進行社會歷史研究的特點相一致。由於郭沫若在中國近代學術史上的影響，他提出的一些觀點，直到今天仍以一種學科常識性的方式影響著學術研究，比如荀子的人定勝天，目前所能看到明確的表達，即始於《十批判書》。侯外廬《中國古代思想學說史》進一步提出了「荀子唯物論的要素及其無神論」、「荀子的認識論與論理學」、「荀子『性惡』論中的兩條路線之鬥爭」〔註 18〕等馬克思主義史學的詮釋路徑。

　　這樣，經由這些中國哲學與思想研究現代範式的開創者們所做的開拓性工作，荀子思想的近代研究模式就逐漸形成。這種模式的基本特點是以天論、性論（或曰人性論，發展到後來直接以荀子性惡論代替荀子性論）以及認識論；或者是以荀子的政治思想、荀子的經濟思想、荀子的倫理思想、荀子的心理學等等為理論框架來進行荀子思想研究。這種模式實際上就是用西方學術思維解讀荀子思想。我們將這一模式概括為荀子思想的西方式解讀。這一模式持續了近一個世紀，直到今天，荀子思想研究仍是以這一模式為主流。儘管新方法不斷產生，但是真正替代近代以來以西釋中的荀子思想研究模式，還需要進一步的努力。

　　綜上所述，近代以來學者對荀子思想的研究形成了兩種固定的模式：「尊荀——抑荀的延續」（這一模式面臨著處理好古今關係的問題）和「荀子思想的西方式解讀」（這一模式面臨著處理好中西關係的問題），因此這兩種模式面對的是荀子思想研究中的古今中西問題。在這兩種研究模式下，當前荀子思想的研究已經陷入了重重框架之中。在這些框架下，一方面，隨著秦漢以來 2000 多年學術史研究的積累，形成了日益複雜的荀學理論體系；另一方面，由於複雜的荀學體系的層層包裹，在後來學者視野中的荀子本義不斷地被時代剃刀削足適履而日漸隱晦。所以，要使荀子思想能夠得到全面準確之理解，

〔註16〕 馮友蘭，《中國哲學史》（上冊），華東師範大學出版社，2000 年，第 212～233 頁。

〔註17〕 郭沫若，《十批判書》，東方出版社，1996 年，第 218 頁～231 頁。

〔註18〕 侯外廬，《中國古代思想學說史》，遼寧教育出版社，1998 年，第 223～244 頁。

並在此基礎上為當前之時代發展提供合理的思想內核，就有必要打破荀子研究的這兩種固有模式尋找出新的研究方法。

三、反思與重構：中外學者解構與建構傳統荀子思想研究模式的嘗試

針對近代以來形成的日益僵化的荀子思想研究模式，學術界已經做出了頗有成效的除舊布新之努力。這一方面，主要是以日本學者與港臺地區學者的研究成果為主。特別是近年來，在日本與港臺的學者中，逐漸形成了一種在對舊有的荀子思想研究模式加以總結的基礎上，對其加以解構與建構的風氣。這種推陳出新式的研究思路的特點是，抓住近代荀子思想研究過程中形成的荀學核心論題「天人相分」與「性惡論」等加以解構。

從 1970 年代的日本開始，到當前的港臺學術界，這一學術工作卓有成效，促進了人們對荀子思想研究模式進行學術反思的自覺，實質性地推動了荀子思想研究的發展。這種發展，主要是體現在學者開始跳出歷史藩籬，對荀子思想本來面目進行逐本溯源性的考察，因而就有了不少超越歷史局限性的成果。比如劉又銘通過對荀子哲學典範的反思，發現「程朱、陸王學派以及當代的牟宗三、蔡仁厚等人對荀子哲學的詮釋，基本上是以孟子哲學典範為片面的、單一的標準來論證荀子哲學的不足和不能成立，藉以凸顯孟子哲學的正統性（也就是唯一正當性）。它們其實不能真正進入荀子哲學的筋骨血脈，不能真正呈現荀子哲學的內在生機。不妨說，它們是不自覺地以孟子哲學的倒反或負面為模型所建構出來的荀學，它們不是真正的荀學，而只是『廣義的孟學』的一環，只是孟學的周邊、延伸而已」〔註19〕。

在對現有的荀子哲學研究進行具有啟發性的反思工作的同時，這些學者也做了重新建構荀子哲學研究模式的努力。具體來說，當前荀子哲學建構工作主要有兩種方式：

其一，對荀子思想中的一些重要概念進行重新思考與清理的觀念史研究方式。這一層次的研究，實際上處於為新的荀子哲學研究重新清理基本概念的階段。如佐藤將之在對中日學者荀子哲學解構工作進行了總結之後，拈出

〔註19〕 劉又銘，《荀子哲學典範及其在後代的變遷轉移》，載《漢學研究集刊第三期·荀子研究專號》，國立雲林科技大學漢學資料整理研究所出版，2006 年，第33 頁。

《荀子・不苟》中的「誠」概念進行重新解讀〔註 20〕。從某種程度上，1978
年以後，中國哲學與思想史研究走出單一的二元對立模式的一個重要方法，
就是轉向概念範疇研究方法，這同西方思想史研究中的觀念史研究方法有著
異曲同工之效。其目的是爲重新建構中國哲學與思想體系提供經過重新清理
的基本概念單元。直到現在，這一基礎性工作，在中國哲學與思想史的研究
中，仍然是一個重要的組成部分。在當前的荀子思想研究中，也同樣有許多
學者在紮實地做這項工作。這一研究方法的不足之處已經引起學者的思考，
杜保瑞認爲主要有二點「問題意識不明確」和「體系性建構力不足」〔註 21〕。
我們認爲，並不是建構力不足，而是因爲這一階段是爲建構工作準備原材料
之階段。所以，我們主張要在對荀子主要的概念單元進行清理後，主動轉向
建構的工作中去，而這一轉向的關鍵在於找到正確的新的研究方法，即建構
方法。

其二，對荀學思想核心概念的重新定位。日本學者在對荀子核心概念進
行解構後，用新的概念對其進行替換，力圖完成新的荀子思想體系的構建。
如兒玉六郎主張用「性樸論」代替「性惡論」〔註 22〕。中國有學者用創造詮
釋學的方法重建荀子思想體系〔註 23〕。我們認爲，這一類的荀子思想重構工
作可以概括爲荀子思想的「另一種西方式的解讀」。因爲他們在做這一工作的
時候，其方法的指導思想還是西方式的邏輯思維，沒有考慮到在當前的時代
背景下中西方思想的融合問題。因此，同他們所做的解構工作相比，其重構
工作相對薄弱。

四、趨勢與展望：荀子思想研究走向蠡測

儘管中日學者對荀子哲學的解構建構工作取得了一定的成就，但是總體

〔註 20〕 參見佐藤將之，《荀子哲學的解構與建構：以中日學者之嘗試與「誠」概念之
探討爲線索》，載《國立臺灣大學哲學論評》，第三十四期，2006 年。

〔註 21〕 杜保瑞，《中國哲學的基本哲學問題與概念範疇》，載《文史哲》，2009 年 4
期。

〔註 22〕 參見佐藤將之，《荀子哲學的解構與建構：以中日學者之嘗試與「誠」概念之
探討爲線索》，載《國立臺灣大學哲學論評》，第三十四期，2006 年，第 93
頁。

〔註 23〕 如劉又銘《荀子哲學典範及其在後代的變遷轉移》所提出的觀點，載《漢學
研究集刊第三期・荀子研究專號》，國立雲林科技大學漢學資料整理研究所出
版，2006 年 12 月。

上可以用「解構發人深省、建構稍嫌不足」來加以總結。我們認爲，荀子思想研究要取得新的突破與進展，就仍然要對前邊所說的古今中西問題加以解決。近代以來的學術研究取得重要進展的經驗表明，新學術成果的取得大致不外乎二方面之突破：一曰新方法之發明；二曰新材料之發現。荀子研究的中西問題實際上是一個方法問題，所以我們認爲要結合中西比較的前沿，探索研究方法上的更新；荀子思想研究中的古今問題，實際上可以通過新材料的運用加以推進，我們主張與出土文獻相結合，從而以逐本溯源之方式，爲荀子思想研究模式的轉換提供新的文獻根據。

（一）中西比較前沿與荀子思想研究的中西問題之解決

荀子思想西方式解讀實際上是與中國哲學整體上是在西方學術思維下產生與發展起來的這一學科特殊性背景下的必然結果。近年來，中國哲學的這一先天特點已經得到學術界的關注，先是有關於「中國哲學合法性」的討論，然後又有「反向格義」說的討論〔註24〕。這些討論實際上是我們對中國哲學與思想研究模式的自覺反思。所謂「中國哲學合法性」的討論，實際上起到了對西學框架建構中國哲學的反省作用。「反向格義」的討論，從學理邏輯上看，是對前些年「中國哲學合法性」討論的深化。從這一角度，我們不同意後來有的學者將「中國哲學合法性」討論總結成一個僞問題，那樣是以今釋古，忽略了思想認識提升的過程。

我們認爲不論東西方，學術研究的進展都有一個逐級深入的過程。基於這一認識，我們認爲當前的中西比較只是在文化層面的比較，因此就必然會陷入以西釋中還是以中釋西的格義循環中難以定論。要超越這一格義循環，在原層次打轉是不能解決問題的，必須尋求層次的提升。那就要深入到思想層面的相互比較與切蹉融合，然後求得公約性，再回歸到各自的文化主體中，對其加以指導，完成文化之更新。

荀子思想作爲近代中國哲學史的內容之一，當然也具有被西方模式建構之學科特點。因此，要對其研究方法加以革新，就必然要在中西融合與會通的基礎上，形成具有東西方公約性的方法論後，重新闡釋與建構適應當前時代語境的荀子思想。

〔註24〕關於「反向格義」問題的討論，請參看劉笑敢：《關於「反向格義」之討論的回應與思索》，載劉笑敢著，《詮釋與定向——中國哲學研究方法之探究》，商務印書館，2009 年，第 415 頁。

（二）出土文獻與荀子思想研究古今問題的解決

如果說中西比較前沿與荀子思想研究的結合解決了荀子思想研究中的方法論問題，那麼大量出土文獻的發現，就爲我們重新研究與建構包括荀子思想在內的古代思想提供了新材料。學術界也逐漸形成了運用出土文獻修正與重建思想史的思潮，而且取得了豐富的成果。如李學勤較早地提倡用出土文獻對疑古思潮進行反思，提出了走出疑古時代的說法〔註25〕。日本學者淺野裕一利用出土文獻對日本的先秦思想史研究的許多重要觀點進行了修正〔註26〕。這些研究成果的取得說明我們利用出土文獻，對荀子思想做返本開新的研究時機已經成熟。

具體到荀子思想研究方面，我們主要是利用荀子同時代以及盡可能接近荀子時代的傳世文獻與出土文獻，重構荀子思想產生的歷史語境。這樣就會對我們擺脫學術史的歷史積累所造成的日益複雜的荀學體系對荀子思想本義的遮蔽，盡可能恢復荀學本來面目提供可能。

五、結論

針對荀子思想研究中長期以來形成的「尊荀——抑荀模式」及其在近代的延續，以及爲了擺脫傳統束縛形成的「荀子思想的西方式解讀模式」對當前荀子思想研究的滯後性影響，本文主張通過及時吸收運用中西比較的前沿成果，在方法論上形成公約性後，結合出土文獻所提供的新材料，重構荀子思想，使其既恢復中國思想之本源特點，又能以融會中西的視野加以準確地把握。這樣，我們才能完成對荀子思想切合於當前時代語境的解讀，實質性推動荀子思想研究模式的推陳出新、繼往開來。

（原載北京：《哲學動態》2010 年第 10 期）

〔註25〕 有關這一說法的觀點與論述請參考李學勤，《走出疑古時代》，遼寧大學出版社，1995 年。

〔註26〕 參見淺野裕一，《新出土文獻與思想史的改寫——兼論日本的先秦思想史研究》，載《文史哲》，2009 年第 1 期。

附錄二：荀子與儒家《春秋》的經典化

　　在儒學史上，漢代以前孟荀並稱，唐宋以後黜荀申孟，荀子逐漸隱沒於歷史深處。因此恢復荀子本來的學術地位，把握荀子與時俱進的思想特徵，是我們今天準確把握儒家思想精華，為當前文化發展提供富有生機與活力之因素的重要保證。本文以荀子與儒家《春秋》經典化為切入點，以個案研究的方式重新展示荀子在儒家思想發揚光大的過程中所發揮的重要作用，以期見微知著，為荀子思想研究的返本開新做一個新的嘗試。

《春秋》經典地位的確認

　　荀子是孔門後學中第一個把《春秋》與《易》納入儒家經典體系的思想家。《荀子‧大略》言：「禮者，本末相順，終始相應……《易》曰：『復自道，何其咎？』《春秋》賢穆公，以為能變也。」通過這條材料，我們可以發現荀子在論述自己觀點的時候，把《春秋》與《易》同時當做經典引用。據現有的材料來看，《詩》、《書》、《禮》、《樂》作為儒家經典，在荀子之時已經基本成為共識；而把《易》與《春秋》同前四經並稱，形成六經觀念，當屬荀子首倡。正是從荀子開始把《春秋》與《易》納入儒家經典體系，完成了儒家六藝向六經的轉變。因此，作為六經之一的《春秋》的經典地位，也就自然得到了確立。

　　荀子納《易》與《春秋》入儒家經典體系中，確立了六經觀念的同時，還對各經在六經體系中的獨特作用作了明確的定位與分工。這樣就使六經形成了一個互為條件的有機體系，《春秋》也在這一有機體系中得到了明確的經典定位。《荀子‧勸學》有言：「故學至乎《禮》而止矣，夫是之謂道德之極。

《禮》之敬文也，《樂》之中和也，《詩》、《書》之博也，《春秋》之微也，在天地之間者畢矣。」荀子在這裡以《禮》的精神與要求為最終歸宿，從學習的角度論述了六經所各自擔負的獨特教育功能，以及通過接受六經的系統教育，學習者就會在「天地之間」達到「道德之極」。由此觀之，六經中的每一經作為整個六經體系的組成部分，都具有不可替代的作用，因此每一經的經典地位都得到了凸顯。在《荀子・儒效》中，荀子對六經在儒家經典體系中的分工進行了再次的確認與論證：「《詩》言是其志也；《書》言是其事也；《禮》言是其行也；《樂》言是其和也；《春秋》言是其微也。」

這樣，荀子一方面把《春秋》同其他各經並稱，確認了《春秋》同其他四經一樣的經典地位，也確立了儒家六經的觀念；另一方面，也把《春秋》納入了儒家經典教育的體系中，擔負著不可或缺的重要職責，稱之為「《春秋》之微」，強化了《春秋》作為儒家經典的身份。

《春秋》門派家法觀念的超越

正如司馬遷《史記・十二諸侯年表序》所言：「荀卿、孟子、公孫固、韓非之徒，各往往捃摭《春秋》之文以著書，不可勝紀」，荀子結合時代需求，對「《春秋》之文」進行創造性的應用，提煉出適合時代要求的觀點，從而使《春秋》完成了與時俱進的發展。這種發展一方面體現在荀子結合時代要求對傳統命題進行了哲學化概括；另一方面體現在用時代主題觀念超越了傳統的門派家法觀念。

《荀子・大略》云：「《春秋》善胥命」就是荀子結合時代主題，對各家《春秋》思想加以哲學化概括的成果。這一命題是對《春秋・桓公三年》所載「夏，齊侯、衛侯胥命於蒲」這個歷史事件哲學化概括的結果，其含義是對齊、衛二國在外交活動中遵守誠信原則的肯定。荀子之所以要將這一歷史記錄加以理論概括，使之成為教導大家講誠信的一個哲理性觀點，是因為荀子所生活的戰國末年，肇始於春秋初年的「禮崩樂壞」的社會失序狀態已經持續了幾百年，社會秩序的重建迫在眉睫，而在一個良性的社會秩序下，誠信觀念無疑是一個重要的核心價值觀。所以，荀子結合時代主題需要對這一歷史事件進行理論提升。

荀子提煉「《春秋》善胥命」這一哲學命題的重要意義，是在解決時代問題的目標下，實現了對傳統的《春秋》門派家法觀念的超越。這一特點我們

可以從荀子對「《春秋》善胥命」這一命題的具體提提煉過程中加以把握。對照《春秋·桓公三年》的原文：「夏，齊侯、衛侯胥命於蒲」，我們可以發現荀子是以間接引用的方式，對原有的史料進行了理論概括。如果我們再結合《公羊傳》、《穀梁傳》的解釋加以分析，就會發現，荀子的理論提煉實際上也是對《公羊傳》、《穀梁傳》的解釋觀點加以消化與吸收的結果。《公羊傳》對這條史料的解釋是：「胥命者何？相命也。何言乎相命？近正也。此其為近正奈何？古者不盟，結言而退。」《公羊傳》的解釋大體上是對齊、衛雙方講誠信的肯定。《穀梁傳》也持類似的觀點：「胥之為言猶相也，相命而信論，謹言而退，以是為近古也。是必一人先。其以信言之，何也？不以齊侯命衛侯也。」由此可見，荀子說「《春秋》善胥命」，正是對《公羊傳》、《穀梁傳》從《春秋》中共同闡發出的古人「言而有信」的微言大義進行了吸收，並做了進一步的理論概括。

因此，對於《春秋·桓公三年》所載「夏，齊侯、衛侯胥命於蒲」這一條史料，《春秋》是從歷史記錄的角度，作了事實描述；《公羊傳》、《穀梁傳》則從闡發「微言大義」的角度，對這一歷史事件加以鋪陳，肯定齊、衛雙方的誠信行為，作了價值判斷；荀子接過《公羊傳》、《穀梁傳》的立場，綜合各家思想後，進行了哲學化概括。這樣，荀子用時代主題意識超越了門派家法觀念，對儒家的《春秋》思想進行了與時俱進的發展，促進了儒家《春秋》的經典化。

《春秋》理論屬性的豐富與發展

荀子在採擷與運用儒家《春秋》相關內容的過程中，對孔子所重視的「《春秋》之義」進行了豐富與發展，進一步概括為「《春秋》之微」。這樣就在孔子《春秋》思想的基礎上，進一步形成了《春秋》表達「微言大義」的基本特徵。這就從理論上增強了《春秋》作為儒家經典的屬性。

《孟子·離婁下》說：「王者之迹熄而《詩》亡，《詩》亡然後《春秋》作。晉之《乘》，楚之《檮杌》，魯之《春秋》，一也：其事則齊桓、晉文，其文則史。孔子曰：『其義則丘竊取之矣』。」在這裡，以「齊桓、晉文之事」為例，孟子在繼承孔子思想的基礎上，從兩個層次上對儒家《春秋》思想所達到的深度進行了闡發：其一，從一般事件角度進行歷史記錄，以備後世參考；其二，借孔子的名義進行褒貶，作價值判斷。這是孟子所理解的儒家《春

秋》思想達到的兩個層次。荀子則是在此基礎上作了進一步深入分析，把《春秋》納入到儒家六經體系中參照、對比，提出了「《春秋》之微」的哲學命題。正如《荀子・儒效》所謂：「《詩》言是其志也；《書》言是其事也；《禮》言是其行也；《樂》言是其和也；《春秋》言是其微也」。這是在以褒貶爲特點的價值判斷的基礎上，賦予《春秋》以哲理意蘊的第三個層次。荀子用「《春秋》之微」把「《春秋》之義」提升到了哲理層面的高度，這無疑增強了《春秋》作爲儒家經典的理論深度。

關於荀子所提出的「《春秋》之微」實際效果，我們可以從《荀子》一書對儒家春秋五霸觀的處理上加以分析。《荀子・仲尼》：「仲尼之門人，五尺之豎子言羞稱乎五伯。是何也？曰：然。彼誠可羞稱也。」這段議論表明，在荀子以前儒家學者只是委婉地以「羞稱」的方式表達了對以齊桓公爲代表的所謂「五霸」事業的否定。這是典型的孔子式的、點到爲止的價值判斷。然而，荀子則直言不諱地表明「彼誠可羞稱也」。這樣，荀子就把孔子賦予春秋五霸的「(暗含褒貶)的微言大義」以闡幽發微的方式明確揭示出來。這說明荀子的「《春秋》之微」在對孔子「《春秋》之義」進行理論提升的同時，也具有實踐中的可操作性。

綜上所述，荀子在「採摭《春秋》之文以著書」的過程中，按照孔子提倡的「《春秋》之義」對各家《春秋》學說加以取捨與應用，既避免了各家「眾說異辭」的現象，用時代主題意識超越了狹隘的門派家法觀念，在確認了《春秋》的經典地位的同時，也在實踐中對「《春秋》義法」進行了哲學概括，提出了「《春秋》之微」的命題，增強了《春秋》作爲儒家經典的理論屬性。此後，荀子通過自己的講學，使自己結合時代特點所發展、豐富的《春秋》思想得以廣泛傳播，進一步推進了《春秋》成爲儒家經典的進程，爲漢以後「《春秋》三傳」先後成爲儒家經典奠定了基礎。

（原載北京：《光明日報》，2012 年 01 月 30 日，國學版）

附錄三：出土文獻與儒家《易》的經典化新證

　　縱觀學術史上關於儒家《易》的經典地位確立時間研究，在近代以前大致上持先秦確立說；由於始於宋代疑古惑經思潮的氤氳與擴散，中間又經過明代後期開始進入中國的西方文化催化，到近代以後，以疑古派爲代表，對儒家《易》的經典化問題開始了全面質疑，形成了很大的影響。在這一近代思潮的影響下，以日本漢學爲代表的海外漢學界同樣對《易》的經典化問題進行了新的解釋，其特點是往往將《易》經典化的時間下限向秦以後推移，與此相關，對孔子及儒家與《易》的關系也開始懷疑、否定。這一傾向愈演愈烈，在海外漢學、特別是日本學術界幾乎已經成爲定論。因此，本文通過傳世文獻與出土文獻的分析比較，對歷來關於《易》的經典化系列爭論問題以新的審視與疏解。

一、古代典籍對儒家《易》的經典化記述

　　我們考察儒家《易》的經典化最常用的方法，就是在古代典籍中尋找相關的記錄，看看《易》是在什麼時候被當作經典稱引與敘說的。

　　就現有文獻來看，較早將《易》與儒家其他經典並稱的首先是《莊子》。例如《莊子‧天運》說：「孔子謂老聃曰：『丘治《詩》、《書》、《禮》、《樂》、《易》、《春秋》六經，自以爲久矣，孰知其故矣……』」；又如《莊子‧天下》有言：「《詩》以道志，《書》以道事，《禮》以道行，《樂》以道和，《易》以道陰陽，《春秋》以道名分」。在《莊子》一書中，先後有二篇比較完整地將

《易》與儒家其他五經並稱，這說明至少在莊子及其後學心目中，《易》作為儒家六經之一的地位已經非常穩定，甚至可以說是一種約定俗成的常識性觀念。同時我們也可以從第二條史料中發現，當時人們對於《易》在儒家思想體系中的作用已經有了明確的定位，即「《易》以道陰陽」。這也是與《易》自身的特點相協調的認識。

　　同樣，關於《易》作為儒家經典的角色定位，在《禮記‧經解》中也有更進一步的理論認識：「孔子曰：入其國，其教可知也。其為人也，溫柔敦厚，《詩》教也；疏通知遠，《書》教也；廣博易良，《樂》教也；絜靜精微，《易》教也；恭儉莊敬，《禮》教也；屬辭比事，《春秋》教也。故《詩》之失愚，《書》之失誣，《樂》之失奢，《易》之失賊，《禮》之失煩，《春秋》之失亂。」這一段文字雖然是從儒家教化方法的角度進行論述的，但是我們從篇名中可以看出，作者是將這六種著作當作「經」來解釋它們所承擔的不同教化功能。我們通過這段文字還可以發現，在《禮記‧經解》成書的時候，人們對於包括《易》在內的儒家經典的理論認識，相對於《莊子》一書而言，更加全面和系統。這主要體現在兩方面：其一，從正的方面來看，《莊子‧天下》的觀點是「《易》以道陰陽」，這是對《易》之特點的最基本的正確把握；而在《禮記‧經解》中，則進一步提出來「絜靜精微，《易》教也」，這無疑比從陰陽這一宏觀角度來把握要深入一層，已經涉及更加具體的「絜靜精微」層面。因此，可以說是對《易》作為經典的更加精緻的理論闡述。其二，從反的方面看，《禮記‧經解》在論述了「絜靜精微，《易》教也」這一正面特長之處後，接著又對其不足之處進行了分析，得出「《易》之失賊」的理論。這就使作為經典的《易》從正反兩個方面形成了精緻而全面的理論體系。

　　通過對《莊子》與《禮記》中有關《易》的稱引與論述，我們就可以大致明白，至少在戰國時期，當時的思想界已經將《易》同其他五經共同視為儒家經典而相提並論了。同時，對於其在儒家經典體系中的定位，也有了明確的理論認識，這說明當時的儒家學者在教學與實踐中已經有非常明確的指導思想，把《易》與其他五經各取所長，共同完成修齊治平之儒家理想化教育。

　　到了漢代，《易》作為儒家經典，已經成為一個沒有疑義的事實。這一點在眾多漢代的主要文獻中都有所體現。首先我們來看一下《史記》中的相關記載：「孔子晚而喜《易》，序《彖》、《系》、《象》、《說卦》、《文言》。讀《易》，

韋編三絕。曰：『假我數年，若是，我於《易》則彬彬矣。』」〔註1〕這是對孔子重視《易》的歷史記錄。《漢書・藝文志》言：「昔仲尼沒而微言絕，七十子喪而大義乖，故《春秋》分爲五，《詩》分爲四，《易》有數家之傳。戰國縱橫眞僞分爭，諸子之言紛然殽亂。」從這一記錄來看，漢代不但認爲《易》是儒家的經典之一，而且還補充記敘了儒家經典在孔子去世後的傳播特點。至此，人們對《易》作爲儒家經典的地位已經形成固定認識，特別是自漢代經學確立之後，更使這一認識得到官方與主流文化的承認。這一狀況，一直持續到近代，才發生了變化。

二、近代疑古思潮對儒家《易》的經典化研究影響

《易》作爲儒家五經之一的經典地位，在漢代得到了全面的確立〔註2〕。這一地位在漢代以後一直得以延續。這也與儒家思想在漢代以後一直受到歷代王朝的尊崇有一定的關系。與此同時，自宋代歐陽修作《易童子問》開始，人們對《易傳》作者、起源問題產生了懷疑，進而又引發了人們對《易經》的質疑。與漢代以來人們對《易》作爲儒家五經之一的尊崇這一主流觀點相比較，對《易》質疑的思潮的影響要小得多，但是卻一直與之共同存在，時隱時現。

然而，到清末民初，隨著西方文化強勢湧入，在思想文化界引發了以反傳統爲激發點的疑古思潮。在這一思潮的影響下，發韌於宋代的疑《易》之風便驟然被放大，對傳統《易》學觀念造成了強烈沖擊。這一沖擊的代表觀點，首先要算錢玄同對孔子贊《易》的全面否定。錢玄同在《重論經今古文學題》一文中論及《周易》時說：「今人如錢穆、馮友蘭、顧頡剛諸氏，對於《易傳》都有非孔子所作之說，而以李鏡池氏的《易傳探源》最爲詳審精密。至《論語》之『加我數年，五十以學易，可以無大過矣』一語，其中『易』字明明是古文家所改，《經典釋文》：『魯讀易爲亦，今從古』，是其鐵證。」〔註3〕我們在眾多質疑《易》的觀點中選取錢玄同作爲代表，是因爲他的觀點最爲極端。從引文中我們發現他先是通過對眾人否定《易傳》爲孔子所作的列

〔註1〕 司馬遷，《史記・孔子世家》，中華書局，1982年11月第2版，第1936頁。
〔註2〕 先秦時期儒家的六經，到漢代時《樂》已經亡佚，因此自漢以後，人們就習慣稱儒家有「五經」了。
〔註3〕 顧頡剛編著，《古史辨》（第五冊），海南出版社，2005年5月，第40頁。

舉，代表了他自己對孔子作《易傳》所持的與他所列舉者相同的否定觀點，這是其一；其二，我們通過這段引文還可以發現他通過《經典釋文》的相關注釋，實際上否定了孔子與《易》的關系。這兩方面綜合起來，錢玄同實際上否定了《易》是經過孔子編選而成爲儒家經典之一的這一漢代以來幾乎成爲常識性的觀點。以錢玄同爲代表的宋代以來的疑古惑經思潮對《易經》的傳統觀念所產生的影響是重大而深遠的。直到 20 世紀 80 年代末，有學者還提出「先秦無《易經》，《易經》成於西漢昭、宣間」的觀點〔註4〕。隨著疑古思潮影響的擴大，我們認爲海外漢學研究人員對中國典籍的全面、大膽懷疑的思潮，可能也是受到中國本土學者這類觀點的影響，至少是互動。在這樣一個疑古學術思潮氛圍下，海外學者同樣對《易》作爲儒家經典的諸問題提出了許多帶有疑古色彩的觀點。池田知久的觀點就是一個代表：「直到戰國末的古本《易》，只是由卦畫、卦名、卦辭、爻辭構成的簡單的《六十四卦》，它與以後的《易經》（特別是《易傳》）不同，尚不包含高度的形而上學等的哲學、陰陽五行的自然哲學、道德思想、政治思想等……在西漢初期，《周易》已被認爲是孔子讀過且作了注釋的儒教正統的文本，是儒教信奉者必須學習的經典。」〔註5〕

當然，在日本學者中也有著對疑古模式的《易》學研究進行反思的一派，這一方面的代表是淺野裕一。他正是從反思的角度對日本學界近一個世紀以來的帶有濃厚的疑古色彩的《易》學研究進行了富有啓發性的總結：「日本也同樣站在疑古派方法的基礎上對《易》的形成與經典化提出新的說法……關於《易》成爲儒家經典之時期的代表說法，雖然各家有些微出入，但多半傾向於秦始皇焚書到漢初之間，而這就成爲日本學界的一般說法。」〔註6〕淺野裕一的這一總結，是對日本學者中以津田左右吉、平岡武夫、武內義雄和金穀治爲代表的，在中國先秦思想史研究領域具有廣泛影響力的日本學者觀點較爲全面的總結。淺野裕一在歸納出日本學術界這個通行的看法後，也提出了自己的解決方法，那就是利用新出土文獻，從孔子聖人化的角度，把儒家對《易》的經典化歷程同孔子聖人化結合起來考察，作出新的探索，最後得

〔註 4〕陳玉森、陳憲猷，《先秦無〈易經〉論》，載《中山大學學報》（哲社版），1986
　　　年第 1 期。
〔註 5〕池田知久，《〈周易〉研究的課題與方法》，載卜憲群、楊振紅主編，《簡帛研
　　　究》（二〇〇六），廣西師範大學出版社，2008 年 11 月。
〔註 6〕淺野裕一，《儒家對〈易〉的經典化》，載《周易研究》，2009 年第 2 期。

出了「孔子與六經的深厚關系是一種僞造結果⋯⋯最遲至戰國時期已經形成。對於《易》的經典化，應該從作爲這種運動之一環的角度來重做探討」〔註7〕的結論。我們認爲，淺野裕一利用新材料推動當前先秦思想研究的方法是具有前沿性意義的，因此是值得肯定的。但是，他將《易》的經典化與所謂「孔子聖人化運動」結合起來，認爲「孔子與六經的深厚關系是一種僞造結果」則是一種缺乏深度論證的結論，有待進一步地研究。

綜上所述，《易》作爲儒家經典，在漢代基本上成爲一個公認的事實。但是，其經典化的規律與完成的過程則由於歷史悠久而逐漸模糊，進而在千年以後的中古時期，人們就開始對其最初的經典地位產生了懷疑。這一懷疑到了近代疑古思潮盛行時，更是達到了新的高度，並形成了廣泛的影響，甚至對海外漢學的主流觀點也產生了潛移默化的影響。所以，我們今天要准確把握儒家《易》學思想，就要祛除與清理歷史迷霧給我們造成的遮蔽與影響，重新整理《易》的經典化歷程，把握其演進規律，從而才能准確地掌握其思想精髓。

三、出土文獻與儒家《易》的經典化研究新證

對學術史上關於儒家《易》的經典化問題的紛爭進行初步總結，可以得出一個規律：時代愈後，懷疑與否定的氣氛愈濃厚。從對《易》作爲儒家經典的確立時間的懷疑開始，逐漸發展到三種最爲重要的否定性觀點，其一就是否定孔子與《易》的關系；其二就是否定孔子作過所謂「十翼」的《易傳》；其三就是對《易》成爲儒家經典的時間向後推延到漢代。對於上述問題，由於近年來大量《易》類出土文獻的湧現，爲我們重新思考與解答提供了豐富的新材料。

（一）出土文獻對孔子學《易》問題的新解答

否定孔子與《易》的關系又表現爲否定孔子曾經「贊《易》」和否定孔子學《易》。否定孔子「贊《易》」的理論根據是《論語》全書只有三條關於《易》的記錄，且都和「贊《易》」無關；否定孔子學《易》則是對唯一記錄孔子可能學《易》的《論語》記載的「加我數年，五十以學《易》，可以無大過矣」提出質疑，質疑的根據是所謂的「《魯論》說」，即根據《魯論》，此段話應爲：「加我數年，五十以學，亦可以無大過矣。」

〔註 7〕淺野裕一，《儒家對〈易〉的經典化》，載《周易研究》，2009 年第 2 期。

關於孔子學《易》的問題，我們首先要面對的一個關鍵問題就是對《論語》記載的「加我數年，五十以學《易》，可以無大過矣」中「易」與「亦」的異文的處理問題。李學勤先生從考古文獻與傳世文獻的角度進行了全面論證，最後得出結論：「《論語‧述而篇》『加我數年，五十以學《易》』等語是孔子同《周易》一書直接有關的明證。」〔註8〕對於這一結論，馬王堆帛書《周易》不但有明確的記載，而且還有孔子回答弟子關於學《易》目的記錄。馬王堆帛書《周易》的《要》篇有雲：「夫子老而好《易》，居則在席，行則在囊。子贛（貢）曰：『夫子它日教此弟子曰：德行亡者，神靈之趨，智謀遠者，卜筮之蔡（繁）。賜以此爲然矣，以此言取之，賜緡行之爲也，夫子何以老而好之乎？『夫子曰：『君子言以方也。前羊（祥）而至者，弗羊（祥）而考也。察其要者，不詭其德。尙書多過矣，周易未失也。且有古之遺言有焉，予非安其用也』。」〔註9〕

首先，這條材料明確地說明孔子老年不但學過《易》，而且「好《易》」，用今天的話來說就是好《易》達到了手不釋卷即所謂「居則在席，行則在囊」的程度，大意就是坐下來放在手邊，走路的時候帶在身上。

其次，通過這條材料我們也可以看到孔子的得意門生子貢對孔子老年好《易》的目的進行了問難。這是因爲孔子在教育學生的時候對卜筮之類的神靈、方術一類的東西是持反對態度，最起碼也是敬而遠之的，這在《論語》中是可以找到理論依據的，所謂「子不語怪力亂神」（《論語‧述而》）；「務民之義，敬鬼神而遠之，可謂知矣」（《論語‧雍也》）；「夫子之言性與天道，不可得而聞也已矣」（《論語‧公冶長》）對於這一質疑，孔子的回答實際上表明了他對《周易》的二個基本態度：其一，「察其要者，不詭其德」。這說明孔子學《易》是要掌握其精要之處，就是不要埋沒了其中所蘊含的德義；其二，「且有古之遺言有焉，予非安其用也」。這說明孔子認爲《易》中保存了大量的古代遺言，這正符合孔子述而不作的原則，孔子並不是要學習《易》的卜筮之用途。

在同一篇中，通過回答子貢的進一步提問，孔子對重視學習《易》之德義，而輕其卜筮進行了詳細解說：「子貢夫子亦信其筮乎……《易》我覆其祝卜，我觀其德義耳。幽贊而達乎數，明數而達乎德，又（？）仁□者而義行

〔註8〕 李學勤，《周易溯源》，巴蜀書社，2006年1月，第82頁。
〔註9〕 李學勤，《周易溯源》，巴蜀書社，2006年1月，第82頁。

之耳。贊而不達於數，則其爲之巫；數而不達於德，則其爲之史。史巫之筮，向之而未也，好之而非也。後世之士疑丘者，或以《易》乎，吾求其德而已，吾與史巫同途而殊歸者也。君子德行焉求福，故祭祀而寡也。仁義焉求吉，故卜筮而希也。祝巫卜筮其後乎。」〔註10〕孔子在這裏回答子貢進一步的質疑，因此他也做了進一步的解釋。概括地說，孔子將當時人們對於《易》在生活的應用中分爲三類，第一類是「贊而不達於數，則其爲之巫」。就是明白《易》的占卜實用，卻不明白《易》所包含的規律，則是祝巫之《易》；第二類是「數而不達於德，則其爲之史」，就是能夠明白一些《易》所蘊含的規律，卻不能明白《易》所蘊含的成德之義，則是史官之《易》。第三類則是孔子在總結了前二種《易》的不足之處的基礎上，進行了超越，即「《易》我覆其祝卜，我觀其德義耳」。這說明孔子在這裏將學習《易》的目標進行了理論提升，儒家學習《易》不是爲了占卜，而是將《易》中所蘊含的德義，作爲學習與汲取的重點。這樣我們就會明白《論語・子路》中的「子曰：『南人有言曰：人而無恆，不可以作巫醫，善夫。』『不恆其德，或承之羞』，子曰：『不占而已矣』」這段話所代表的正是孔子對《易》的基本觀點，不是用來占卜，而是把握其德義的。這樣就將《易》納入了儒家思想的經典體系中，成爲德義之《易》。因此可以說，孔子開啓了把《易》作爲儒家經典的進程。

（二）出土文獻對孔子作《易傳》問題的新啓示

否定孔子作《易傳》可以追溯到宋代。周予同先生對這一問題做了較好的總結：「說《系辭》以下六種不是孔子作的，始於宋歐陽修……說『十翼』全不是孔子作的，始於崔述……說《史記》『序、彖、系、象、說卦、文言』八字不是原文，而是經古文學家故意增竄，始於康有爲及崔適。……到了現在，『十翼』不是孔子所作，已成爲中外學人的定論了。」〔註11〕

對於《易傳》晚出問題，我們首先可以從傳統文獻的檢索中尋找一些線索。李學勤認爲：「很多先秦到漢初的古書，都曾引用《易傳》，有的明引，有的暗引，足供查考。例如《禮記》中子思所作的《坊記》、《中庸》、《表記》、《緇衣》等篇，體裁文氣很像《文言》、《系辭》，引《易》的地方

〔註10〕 陳松長、廖名春，《帛書〈二三子問〉、〈易之義〉、〈要〉釋文》，載陳鼓應主編，《道家文化研究》（第三輯），第 435 頁。

〔註11〕 朱維錚編校，《周予同經學史論》，上海人民出版社，2010 年 2 月，第 239～240 頁。

也很多。有的語句，可以看出是引《文言》的。又如《禮記》中公孫尼子所作的《樂記》，更直接襲用了《系辭》。子思和公孫尼子都不得在『七十子之弟子』一輩，他們引用《易傳》，可見《易傳》不會晚於七十子時期。」〔註12〕其次，如果我們再從出土文獻方面加以考察。比如，在馬王堆帛書《周易》發現後，康有爲及崔適的主要立論根據馬上就失去了說服力。因爲他們的主要根據是這樣的觀念：「因爲除了傳世本《周易》中存在著《易傳》之外，在其他典籍記載中，以及在諸如汲塚發現的其他版本的《周易》中，都沒有發現相同的《易傳》，所以《易傳》是後來成書的。」現在由於在馬王堆帛書《周易》中發現了六篇《易傳》性質的著作：《二三子問》、《系辭》、《衷》、《要》、《昭力》、《繆和》。其中，《系辭》、《衷》二篇都與傳世本的《系辭》有不同程度的內容相同；而《二三子問》、《要》、《昭力》、《繆和》四篇主要是記載眾人向孔子或「子」問《易》的內容〔註13〕。這就說明，此前持「《易傳》晚出說」的基本理論根據已經完全錯誤。此外，馬王堆帛書中類似《易傳》的文獻的發現還至少可以說明二層意思：第一層意思是除了傳世本的《周易》有《易傳》之外，別的版本的《周易》也帶有《易傳》。雖然二種《周易》所包含的《易傳》不完全相同，但是二者還是存在一定程度上的相同的內容，而且二者在解《易》的觀點與方法上基本上同屬於儒家的基本立場。第二層意思是這六篇《易傳》類的作品盡管其中有《昭力》、《繆和》二篇沒有把孔子作爲問《易》的對象，但有四篇直問孔子。這說明《易傳》的大部分內容是對孔子易學觀點的記錄。我們還可以認爲盡管《昭力》、《繆和》二篇沒有把孔子作爲問《易》的對象，從此處的「子」所持的易學觀點同其他四篇同屬一類來看，也是屬於儒家學者，因此肯定也是對孔子易學思想的繼承與發展。

　　所以，我們認爲孔子即使沒有親自作《易傳》，正如馬王堆帛書《周易》中有六篇《易傳》所體現出的孔子問答記錄式的《易傳》類作品那樣，現存《易傳》的藍本也可能是對述而不作的孔子易學講述的記錄，又經過後世的

〔註12〕 李學勤，《古文獻論叢》，中國人民大學出版社，2010 年 1 月，第 4 頁。

〔註13〕 《昭力》、《繆和》二篇所記載的昭力、繆和等人問《易》的對象被稱爲「子」，而在《二三子問》與《要》中，眾人問《易》的對象被稱爲「孔子」。李學勤認爲，《昭力》、《繆和》中的「子」「有時又被稱爲『先生』，從人名和事跡來看，這裡的『子』不是孔子，就是傳《易》的經師。」參見：李學勤，《文物中的古文明》，商務印書館，2008 年 10 月，第 393 頁。

不斷完善與加工而形成的。因此，完全否定孔子與《易傳》的關系是站不住腳的。

（三）出土文獻對《易》作為儒家經典確立時間問題的辯證

關於儒家《易》的經典化的另一個古今分歧較大的問題是對於《易》成為儒家經典的時間的確定問題。近年來，對於這一問題，出現了將《易》成為儒家經典的時間向後推延的傾向。這一點如前所述，以海外中國思想研究重鎮的日本學術界的普遍觀點作為代表。其實，這一觀念也正代表了近代以來中國本土的學術界的普遍觀念。因此，這一說法幾乎要成為一個定論。然而，隨著近代以來疑古思潮的降溫，面對這一典型的說法，人們也開始進行反思。這時，大量出土文獻的發現就為我們重新評價這一問題提供了新的材料。我們認為至少三個重要的簡帛本《周易》以及郭店竹簡中的相關內容，為解答這一問題提供了多種證據。

最早對這一問題提出有力駁證的是顧頡剛。他在 1929 年寫作的《周易卦爻辭中的故事》，根據王國維在奠定其著名的「二重證據法」的代表性成果《殷卜辭所見先公先王考》的古史考辨成果，對《周易》經文中的王亥喪牛於易、高宗伐鬼方、帝乙歸妹、箕子明夷、康侯用錫馬蕃庶等故事進行了考證，最後得出的結論是：《周易》卦爻辭的著作時代當在西周的初葉，作者無考，產生地點在西周的都邑中〔註14〕。對於顧氏的這一論點，當然也有不同的聲音。然而，李學勤先生卻認為這是一個經得起考驗的觀點，並根據顧文發表後 60 多年的考古發現，在初版於 1992 年的《周易經傳溯源》一書中，對顧氏的觀點進行了大量的補證〔註15〕。

接下來，讓我們來看郭店竹簡中的相關內容所能提供的新材料。在郭店楚墓竹簡《六德》中有「觀諸《詩》、《書》，則亦在矣，觀諸《禮》、《樂》則亦在矣，觀諸《易》、《春秋》則亦在矣」的記載。〔註16〕淺野裕一據此認為：「從這一點看來，可以得知在《六德》寫成的戰國前期（西元前403～343 年）時，儒家已經將六經視作經典了」〔註17〕。另外，在郭店楚墓竹簡《語叢一》

〔註14〕 顧頡剛，《周易卦爻辭中的故事》，載顧頡剛編著，《古史辨》（第三冊），海南出版社，2005 年 5 月，第 1～25 頁。
〔註15〕 見李學勤，《〈周易〉卦爻辭年代補證》，載李學勤著，《周易溯源》，巴蜀書社，2006 年 1 月，第 1～18 頁。
〔註16〕 荊門市博物館，《郭店楚墓竹簡》，文物出版社，1998 年 5 月，第 188 頁。
〔註17〕 淺野裕一，《儒家對〈易〉的經典化》，載《周易研究》，2009 年第 2 期。

中也可有「《易》所以會天道人道也，《詩》所以會古今之志也者，《春秋》所以會古今之事也」〔註18〕的論述。「這種論述表示，最遲至《語叢一》寫成的戰國前期，儒家已經將《易》《詩》《春秋》視爲自身的經典。」〔註19〕因此，通過郭店楚墓竹簡中的這兩部分歷史記載的分析，我們認爲其下葬的戰國時代，《易》被當作經典稱引已經成爲一個學術常識。

上海博物館藏戰國楚竹書《周易》的時間與郭店楚墓竹簡的時期大致相同，因而也進一步說明在戰國時代《易》就已經成爲較固定的經典文本了。安徽阜陽漢簡《周易》墓主人是西漢汝陰侯夏侯竈，根據《史記》、《漢書》等傳世文獻記載，其卒年爲漢文帝前元十五年（公元前165年），與出土大量帛書的長沙馬王堆3號墓的下葬年僅差3年。這兩種漢代簡帛《周易》的埋藏年代都在漢代初期，而這時的《周易》已經非常完整，可見其成書至少在秦以前。

綜上所述，根據甲骨、金文等新材料對《周易》卦爻辭成書的新證，以及上海博物館藏戰國楚竹書《周易》、郭店楚墓竹簡中相關篇章以及安徽阜陽漢簡《周易》、長沙馬王堆帛書《周易》等的埋藏時代，同時也通過對這些出土《周易》文本的結構與內容的完整與成熟情況的研究，以及它們在文獻中被稱引時的習慣稱謂，《周易》的經典化應該在先秦時期就已經基本完成，《周易》經典化晚成於漢代說很難成立了。

（原載北京：首都師範大學出版社，《首都師範大學哲學學位論文選》，2012年12月）

〔註18〕 荊門市博物館，《郭店楚墓竹簡》，文物出版社，1998年5月，第194～195頁。
〔註19〕 淺野裕一，《儒家對〈易〉的經典化》，載《周易研究》，2009年第2期。